Centro studi delle Residenze Reali Sabaude
La civiltà delle corti

Collana diretta da
Paolo Cornaglia, Clara Goria, Andrea Merlotti

Ha collaborato alla redazione
Paolo Armand

CENTRO STUDI DELLE RESIDENZE REALI SABAUDE
LA CIVILTÀ DELLE CORTI
VIII

LUDOVICA DI SAVOIA
UNA PRINCIPESSA NELL'OMBRA

a cura di
ANDREA MERLOTTI

LEO S. OLSCHKI EDITORE
MMXXV

CASA EDITRICE LEO S. OLSCHKI
Viuzzo del Pozzetto, 8
50126 Firenze
www.olschki.it

ISBN 978 88 222 6981 2

Andrea Merlotti

INTRODUZIONE

Questo libro tratta d'una principessa sabauda vissuta nel corso del Seicento: Ludovica di Savoia, figlia primogenita del duca Vittorio Amedeo I e di Cristina di Borbone (detta Madama Reale).[1]

Nata nel 1629, tredicenne, nel 1642, Ludovica ebbe dalla madre l'ordine di sposare lo zio Maurizio (fratello del padre e già cardinale) per porre fine a una guerra civile, che per diversi anni (1638-1642) aveva diviso gli Stati sabaudi.[2]

La storiografia otto-novecentesca ha teso a stilizzare la figura della principessa nel *cliché* della vittima sacrificale senza dedicarle quasi alcuno studio (solo cenni sparsi in opere più generali), relegandola così ai margini di un'epoca, in cui ebbe, invece, un ruolo forte e marcato.

A chi abbia dimestichezza con la storia sabauda del XVII secolo, in effetti, Ludovica appare una principessa decisamente più rilevante e complessa, che sfugge a facili stereotipi. Questa convinzione ha accomunato il curatore e gli autori del volume, i quali hanno voluto cercare di comprendere quale ne fosse stata la vera personalità, per troppo tempo cristallizzata nel ruolo di strumento inerme della ragion di Stato, quasi come un insetto nell'ambra.

Va detto che il matrimonio fece molto scalpore. Contrariamente a quanto l'odierna sensibilità potrebbe immaginare, ciò non avvenne per l'età della principessa, ma per la strettissima parentela di Maurizio di Savoia

---

[1] Su Maurizio si veda il recente *Maurizio di Savoia, mecenate, diplomatico e politico (1593-1657)*, a cura di J. Morales, C. Santarelli e F. Varallo, Roma, Carocci, 2023. Su Cristina: *De Paris à Turin. Christine de France duchesse de Savoie*, a cura di G. Ferretti, Paris, L'Harmattan, 2014; *Édifier l'État: politique et culture en Savoie au temps de Christine de France*, a cura di A. Becchia e F. Vital Durant, Chambéry, Université Savoie Mont Blanc, 2014; *L'État, la cour et la ville. Le duché de Savoie au temps de Christine de France (1619-1663)*, a cura di G. Ferretti, Paris, Garnier, 2017. Rimando ai saggi in tali volumi per la bibliografia precedente.

[2] Cfr. C.Rosso, *Il Seicento*, in *Il Piemonte sabaudo. Stato e territori in età moderna*, Torino, UTET, 1994, pp. 221-242; P. Bianchi – A. Merlotti, *Storia degli Stati sabaudi (1416-1848)*, Brescia, Morcelliana, 2017, *passim*.

con lo sposa, di cui era non solo zio paterno, ma anche padrino di battesimo.[3] Ma soprattutto il fatto che Maurizio fosse stato un cardinale, che per le nozze non aveva esitato ad abbandonare la porpora (al punto che al momento delle nozze, papa Urbano VIII non aveva ancora formalmente accettato la rinuncia).

A cogliere il potenziale polemico del matrimonio fu il più caustico fra gli scrittori libertini del tempo: Ferrante Pallavicino. Questi, infatti, gli dedicò alcune pagine del celebre *Divortio celeste* apparso nel 1643. La sua uscita, com'è noto, precedette di poco il processo e la condanna a morte dell'autore, avvenuta nel 1644.

Nell'opera s'immagina che Cristo, desideroso di divorziare dalla Chiesa, invii sulla terra San Paolo, per documentarne le colpe. Attraversando l'Italia, il santo, nelle vesti d'un anziano religioso, incontra al Santuario di Loreto l'ambasciatore del Ducato di Savoia presso Urbano VIII, di ritorno a Torino dopo aver ottenuto la dispensa per le nozze. Questi gli racconta allora la vicenda delle nozze, adducendo che alla base non vi sarebbero state solo ragioni politiche, ma anche gli «stimoli d'amorosa compiacenza [...] nel petto del signor cardinale verso la tenera persona della principessa sua nipote».[4] Di fronte allo stupore del santo, l'ambasciatore gli risponde, chiudendo il dialogo:

> Ma parmi di vedervi, o venerando Religioso, con ciglio troppo austero attento alla narrazione di questa storia, quasi parendovi strano che un cardinale della Santa Chiesa abbia rinunciato il cappello per maritarsi con la propria nipote. Padre, escusatemi, voi non siete pratico. Se sapeste bene le cose di Roma, forse ringraziareste l'onnipotenza divina ed ascrivereste ad effetto di sopraumana virtù, che quel cappello da cardinale non abbia infuso nel capo del prencipe altri peggiori affetti di questo.[5]

---

[3] Nelle dinastie italiane era raro, ma non inusuale che l'età delle spose fosse inferiore a 15 anni. Il 2 agosto 1634, per esempio, il granduca Ferdinando II de' Medici aveva sposato Vittoria Della Rovere, che aveva appena dodici anni (era nata il 7 febbraio 1622). Un'età fra 13 e 14 anni era abbastanza comune per i Borbone di Francia, come nel caso dei figli di Enrico IV. Elisabetta e Cristina avevano 13 anni quando avevano sposato, rispettivamente, Filippo IV di Spagna (ancor più giovane della sposa avendo appena 10 anni), e Vittorio Amedeo I, che invece poteva esser padre della sposa con i suoi 32 anni (Maurizio, invece, era di ben 36 anni più vecchio di Ludovica). Luigi XIII, poi, sposò a 14 anni la coetanea Anna d'Asburgo. In quanto ai Savoia, Enrichetta Adelaide, sorella minore di Ludovica, si sposò un mese dopo aver compiuto 14 anni. Mezzo secolo dopo, Vittorio Amedeo II sposò le figlie Adelaide e Gabriella a 12 e 13 anni con Luigi e Filippo di Borbone (rispettivamente delfino di Francia e re di Spagna).

[4] F. PALLAVICINO, *Il divorzio celeste cagionato dalle dissolutezze dalla sposa romana*, Villafranca, s.n.t., 1643. Cito però dall'edizione: Regunea, Cipetti, 1679, t. I, *De' costumi dissoluti dell'adultera*, pp. 107-113 (cit. da p. 111). Su Pallavicino rimando alla voce dedicatagli da Mario Infelise in *Dizionario Biografico degli Italiani* (*DBI*), Roma, Treccani, LXXX, 2014, pp. 506-511 e, sull'opera in questione, ad A. METLICA, *Letteratura religiosa e pamphlet libertino*, in F. PALLAVICINO, *Libelli Antipapali. La Baccinata. Il Divorzio celeste*, a cura di A. Metlica, Alessandria, Edizioni dell'Orso, 2011, pp. 1-44.

[5] *Ivi*, p. 113.

Pochi anni dopo, la vicenda fu affrontata dall'abate Siri, nel secondo volume del *Mercurio*, apparso nel 1646. Ecclesiastico, politicamente filo-francese, Siri non era stato estraneo all'arresto di Pallavicino[6] e non stupisce che, trattando delle nozze, egli evitasse ogni critica all'ex-cardinale. In ogni caso, però, egli presentava la principessa come un tipico esempio di agnello sacrificale, peraltro pienamente consapevole del proprio ruolo:

> Sapeva molto bene la principessa che dagli arbitrii suoi non dependeva l'accettare o disdire quelle nozze; costretta à secondare la volontà della madre et gl'interessi dello Stato, essendo la vittima sacrificata alla pace de' prencipi con Madama, il che fu accennato da lei a Madama Palunghera [*sic*] quando, nell'essere condotta al luogo preparato per quella solennità, le disse: "Che si vegga se il sacrificio è in ordine, che la vittima è pronta".[7]

Il ruolo di Siri quale «historiografo» di Anna d'Austria, reggente di Francia e dedicataria dell'opera, dava a questo giudizio un valore quasi ufficiale. Da Siri, in effetti, l'episodio passò ad altri autori come Brusoni, che nella *Historia d'Italia* definì Ludovica «vittima consacrata dall'interesse di Stato».[8] Gregorio Leti ne scrisse nel *Teatro gallico*, riprendendo con alcune varianti quanto raccontato da Siri.[9] Questa versione dei fatti sopravvisse sino al giurista tedesco Christian Weirauch.[10] Ancora il vescovo Marco Battaglini, nei suoi *Annali del sacerdozio e dell'imperio* (1701-1711), usò l'esempio delle nozze di Ludovica con lo zio cardinale per mostrare che «ne' matrimonii de' grandi [...] stringendosi per lo più dall'interesse di Stato e non dal genio, per lo più le spose sono le vittime d'un tal sacrifizio».[11]

---

[6] Si veda la voce dedicata a Siri da Alessia Ceccarelli in *DBI*, XCII, 2018.

[7] V. Siri, *Del Mercurio overo Historia de' correnti tempi*, Casale, Christoforo della Casa, 1647, t. II, lib. II, p. 899. «Madama Palunghera» dovrebbe essere Cristina Broglio, dama di Madama Reale, moglie del conte Antonio Costa di Polonghera.

[8] G. Brusoni, *Della historia d'Italia di Girolamo Brusoni libri XL [...] dall'anno 1625 fino al 1676*, in Venetia, A. Tivanni, 1676, lib. X, p. 319.

[9] Egli, per esempio, riporta diversamente la risposta della «spiritosa principessa»: «essendo andata Madama Reale per portare questa nuova alla figliuola dell'articolo d'un tal matrimonio, rispose "che cosa intendo, cara Madre, hora che sono senza padre, mi volete far sposare il mio avo?"». Cfr. G. Leti, *Teatro gallico, o vero La monarchia della Real Casa di Borbone in Francia sotto i regni di Henrico IV, Luigi XIII e Luigi XIV*, Amsterdam, De Jonge, 1691, t. 1, p. 188.

[10] Questi lo riprende quasi alla lettera nel suo trattato *Della Ragion di Stato. Das ist Von der Geheimen und Ungemeinen Regirungs-Klugheit*, Leipzig, Fellgibeln, 1673, p.n.n. (ma pp. 294-295). Fra le altre opere che in area tedesca ripresero tale narrazione ricordo solo J. Ludolf, *Allgemeine Schau-Bühne der Welt, Oder: Beschreibung der vornehmsten Welt Geschichte Des Siebenzehenden Jahrhunderts*, Frankfurt am Mayn, J.D. Sunnern, 1701, t. II, coll. 933-934 e I. Weber, *Einleitung zu der Teutsch-Europäischen Staatshistorie*, *ibid.*, J.M. von Sand, 1716, p. 994.

[11] M. Battaglini, *Annali del sacerdozio e dell'Imperio o sia storia universale sacra e profana*, Ancona, s.n.t., 1749, t. II, p. 297, a. *1642*, n. 13.

In campo protestante le nozze di Maurizio e Ludovica, invece, furono spesso raccontate in un quadro di critica anti-cattolica. Esemplare l'*Histoire du regne de Louis XIII* di Michel Le Vassor, oratoriano convertito al protestantesimo e poi giunto su posizioni dell'Illuminismo radicale: «la jeune princesse – scriveva – peu touchée des raisons politiques, avoit une extréme répugnance à épouser son oncle, assez avancé en âge. *Faut-il*, disoit elle, *que pour terminer un différend qui se pourroit bien accommoder autrement, on m'oblige à épouser mon pere?*».[12] L'espressione «mon pere» dipendeva dal fatto che Maurizio era stato padrino di Ludovica nel 1629, assumendo quindi il ruolo di sostituto del padre, dopo la morte di questi avvenuta nel 1637.

Come anticipato, l'interpretazione di Ludovica unicamente attraverso il prisma della vittima fu fatta propria anche dalla storiografia dell'Ottocento. Mi limito qui a citare lo storico piemontese Gaudenzio Claretta, a lungo il principale studioso del Seicento sabaudo, che definì Ludovica «una di quelle principesse vittime della politica, che in ogni tempo valgono a suggellare un accordo».[13] In fondo, tale lettura si sposava bene anche con il 'maschilismo' che nel XIX secolo (e ancora per molto tempo dopo) permeava tanta parte della storiografia.[14]

Tuttavia, parallelamente a quest'immagine, l'analisi delle fonti consente di mostrare che già per i contemporanei Ludovica rivestiva un ruolo molto più ampio e vario.

Lo si vede bene, per esempio, in un panegirico di sua madre, Madama Reale, scritto nel 1655 dall'abate olivetano Pietro Marcellino Orafi (1611-post 1659) e dedicato al marchese di Pianezza, il più importante ministro sabaudo dell'epoca.[15] Orafi era stato chiamato a Torino l'anno precedente

---

12 M. Le Vassor, *Histoire du regne de Louis XIII, roi de France et de Navarre*, Amsterdam, Brunel, 1711, vol. X, p. 396.

13 G. Claretta, *Cronistoria del municipio di Giaveno: dal secolo VIII al XIX*, Torino, Civelli, 1875, p. 317. Su di lui si veda la voce di I. Massabò Ricci in *DBI*, XXVI, 1982.

14 Un esempio di tale lettura è quello offerto in A. Vismara, *La storia della dinastia di Savoia narrata al popolo ed all'esercito*, Milano, Bestetti, 1872, vol. 2, p. 203: «Maurizio e Tomaso si pacificarono colla cognata Cristina, reggente degli Stati sabaudi. All'epoca della stipulazione del matrimonio (1642) Luigia non aveva ancora raggiunto completamente il 14° anno di vita, mentre lo sposo Maurizio contava 50 anni. Del certo amor non compose il matrimonio, amor non cementollo. La soverchia differenza di età equivale a disarmonia di affetti, di desiderii, di voleri e la giovinetta sposa pianse, ma obbedì».

15 P.M. Orafi, *Il tempio della gloria eretto alle attioni eroiche, e virtù impareggiabili di M.R. di Savoia Christina Borbona di Francia*, Genova, Benedetto Guasco, 1655. Orafi predicò a Torino sia nel 1654 sia nel 1655. Stando a quanto racconta Gualdo Priorato, a Torino «hebbe si straordinario concorso [di pubblico] che non poteva andar in pulpito, se non spalleggiato dalle guardie del duca». Cfr. G. Gualdo Priorato, *Scena di huomini illustri d'Italia*, Venezia, Giuliani, 1659, *ad vocem*.

come predicatore. Si era così trattenuto a corte quasi tre mesi e, dopo esser tornato a Roma, aveva deciso di scrivere un'opera sulla duchessa.[16] In essa, egli presentava Cristina come un'«amazzone vera, forte e invitta [...] del secol nostro», un'«amazzone nel tempio della gloria»:[17]

> Non sono le donne nate per la sola pietà, ma per la guerra ancora. Non son dotate di solo spirito divoto, ma risoluto: quando in voi sola s'ammira l'un e l'altro insieme. Va errato chi chiama sesso imbelle quello che quando vuole ha del virile [...] La virtù guerriera è mirabile non solo ne gli huomini, ma molto più nelle donne [...] Un Ercole solo vantò l'antichità d'impareggiabil forza e mille Amazzoni d'estremato valore. Voi siete figlia d'un Ercole e Amazzone sola, valutata al peso di mille.[18]

E ancora: «S'imagini di vedere Semirami sulle mura di Babilonia chi non vide la Gran Borbona allora su quelle Torino».[19]

Semiramide e amazzone: mito e confronto ricorrenti alla corte sabauda dell'epoca.[20] Dietro ad Orafi v'era, chiaramente, quella nuova cultura sul ruolo delle donne di potere che solo pochi anni prima, nel 1647, aveva visto la pubblicazione de *La gallerie des femmes fortes* di padre Le Moyne.[21]

La metà del Seicento, infatti, aveva visto affermarsi alla corte di Francia una nuova idea del potere al femminile, in cui coraggio e virtù guerriera non erano affatto escluse.[22] Gli echi a Torino eran stati rapidi e forti, facilitati dal ruolo di reggente della duchessa.

---

[16] Così racconta nella dedica al Pianezza (da lui chiamato «Temistocle del Piemonte»), datata «luglio 1655».

[17] P.M. Orafi, *Il tempio della gloria*, cit., pp. 15 e 42.

[18] *Ivi*, pp. 15-16.

[19] *Ivi*, p. 28.

[20] Per un'analisi del tema da un'angolazione musicale e per un'ampia bibliografia si veda A. Garavaglia, *Il mito delle Amazzoni nell'opera barocca italiana*, Milano, LED, 2015.

[21] Su tale opera cfr. S. Fabrizio-Costa, *La Gallerie des femmes fortes du jésuite P. Le Moyne: avatar français d'un modèle littéraire du baroque italien*, in *Heurs et Malheurs de la littérature italienne en France*, actes du colloque de Caen (25-26 mars 1994), Caen, Presses Universitaires de Caen, 1995, pp. 69-82; Ead., *G.B. Marino et le Père P. Le Moyne: autour de la galerie littéraire*, «Studi francesi», 148 (L/1), 2006, pp. 17-34. Cfr. anche *Die Galerie der Starken Frauen: Regentinnen, Amazonen, Salondamen*, catalogo della mostra (Düsseldorf, Kunstmuseum; Darmstadt, Landesmuseum 1995-1996), a cura di B. Baumgärtel e S. Neysters, München-Berlin, Klinkhardt und Biermann, 1995. Un'ampia analisi del dibattito sul governo delle donne nel Seicento francese è offerta da D. Conroy, *Ruling Women*, London, Palgrave-Macmillan, 2016, 2 voll. (vol. 1, *Government, Virtue and the Female Prince in Seventeenth-Century France*; vol. 2, *Configuring the Female Prince in Seventeenth-Century French Drama*).

[22] Per una visione d'insieme della sovranità femminile fra Sei e Settecento si vedano i saggi raccolti in *Queenship in Europe 1660-1815. The role in Consort*, a cura di C. Campbell Orr, Cambridge, Cambridge University Press, 2004. Cfr. anche *In assenza del re. Le reggenti dal XIV al XVII secolo (Piemonte ed Europa)*, a cura di F. Varallo, Firenze, Olschki, 2008.

Nello scrivere quest'opera Orafi aveva un preciso obiettivo: convincere Madama Reale a patrocinare la fondazione in città di un monastero olivetano (a tal scopo, fra l'altro, donò alla duchessa un dipinto di Guercino).[23] Ma, al là degli obiettivi contingenti del suo autore, il testo dell'abate è interessante proprio per la capacità dimostrata di usare i codici linguistici e mitopoietici di maggior successo in quel momento presso la corte torinese.

Nel panegirico l'abate ripercorreva la recente storia dinastica, insistendo su come la corte di Cristina fosse divenuta una «scuola di politica» dominata dalle donne. Una sovrana tanto astuta che «certo il ripiego di unire la primogenita al principe porporato, onde ne nacque la salute del Piemonte, non uscì da altro gabinetto che dalla vostra testa».[24] Il riferimento alle nozze del 1642 non avrebbe certo potuto esserci, se, tramite Pianezza, non avesse avuto l'approvazione della duchessa stessa.

L'abate Orafi, concluso il lungo *excursus* sulla storia dinastica, passava quindi a descrivere le doti venatorie della duchessa: «Voi pure in altri tempi cacciatrice famosa, avvezza à maneggiar destrieri e a passeggiar carriere, calzata di coturni et impugnata l'hasta, scorrendo le selve et boschi, faceste vedere essere così da regina il reggere i popoli come il distrugger le belve, così l'uffitio come l'esercizio de' regi».[25] Amazzone coraggiosa in guerra, Cristina era non meno fiera cacciatrice in pace. Una dote che la duchessa aveva trasmesso alla figlia Ludovica, anch'essa dipinta come fiera cacciatrice e principessa armata.

> [La] primogenita possiede spiriti di valor congenito e, novella Atalanta d'ogni Ippomene più veloce, alle caccie anch'ella e alle carriere disposta, sdegna la gonna se non quanto la distingue dall'usbergo et emenda gli errori di natura che, pensò, se fatta l'hauesse un huomo di farla un Alcide. E pur se delle donne Sabine, conversi i furori in vezzi, ne nacque la pace a Romani; anche di questa, benché guerriera, cangiato Marte in Imeneo, ne nacque la pace in Piemonte.[26]

L'immagine di Ludovica come «novella Atalanta» o amazzone guerriera trova precisa rispondenza nell'iconografia del tempo, come emerge dalle pagine di Clara Goria, che da tempo ha iniziato una ricerca sulla raffigurazione delle *femmes fortes* alla corte dei Savoia.[27] E insieme nel continuo e

---

[23] M. Di Macco, *«Critica occhiuta». La cultura figurativa (1630-1678)*, in *Storia di Torino*, vol. IV, *La città fra crisi e ripresa*, a cura di G. Ricuperati, Torino, Einaudi, 2002, p. 415.

[24] *Ivi*, pp. 48-49.

[25] *Ivi*, p. 40.

[26] *Ibid.*

[27] C. Goria, *Diana e l'immagine del potere. Jean Miel e il cantiere decorativo della Venaria Reale*, in *Il mito di Diana nella cultura delle corti. Arte letteratura musica*, a cura di G. Barberi Squarotti,

quasi feroce amore per la caccia attestato da numerose fonti, come emerge nei saggi di Franca Varallo e Bruno Farinelli.

Una decina d'anni dopo, anche Francesco Flavio Frugoni nell'*Accademia della fama* l'avrebbe designata nello stesso modo: «qual Atalanta, sulla Dora si vede su brioso corsiere volar veloce a saettar i daini fugaci, e precorrere la sua fama col valoroso suo moto».[28]

Anche Salvatore Castiglione, pochi mesi dopo Orafi, avrebbe raccontato la singolare dimestichezza di Ludovica con l'uso della pistola.[29]

Si potrebbero citare numerose testimonianze sulla considerazione goduta dalla principessa sino almeno agli anni della seconda reggenza.[30] Quando Guichenon, nell'*Histoire généalogique de la Maison de Savoie*, la descriveva «Princesse des plus accomplies de son siècle, soit pour les dons du corps soit pour ceux de l'esprit», esprimeva un giudizio che appare condiviso da molti testimoni.[31] Mi limito qui a ricordare che ancora dieci anni dopo, nel 1670, l'ambasciatore veneto Francesco Michiel, privo di quelle ragioni cortigiane che potevano muovere lo storico, scriveva che «ogni condizione di persone» l'avrebbe acclamata «al comando ed alla sovranità».[32]

È significativo che le prime testimonianze successive alle nozze mostrino Ludovica tutt'altro che docile e rassegnata, ma, anzi, come una giovane piena di vita, in grado di gestire e giocare a pieno il proprio ruolo a corte.

La più importante è certo quella lasciata dall'abate toscano Giovanni Rucellai, di passaggio a Torino nel febbraio 1643. Trentacinquenne, aveva studiato a Pisa, allievo di Galileo, e accompagnava in Francia monsignor Lorenzo Corsi, ambasciatore straordinario del granduca di Toscana presso il re di Francia, cui portava le condoglianze per la morte di Maria de' Medici. Considerando le allora strette relazioni fra i duchi di Savoia e

---

A. Colturato e C. Goria, Firenze, Olschki, 2018, pp. 205-230; Ead., *«Reali eroine». Ritratti equestri di sovrane e dame per le residenze ducali*, in *Il Potere dei Savoia. Regalità e sovranità in una monarchia composita*, a cura di A. Merlotti e M. Vester, «Cheiron», 2022, pp. 167-293.

28 F.F. Frugoni, *Accademia della Fama, tenuta nel Gran Museo della Gloria sopra la magnificenza dell'A.R. di Carlo Emanuele II*, Torino, Zavatta, 1666, pp. 195, 469. La storia di Atalanta ed Ippomene fu, anni dopo, nel 1673, soggetto per uno *zapato* tenutosi alla Reggia di Venaria. Cfr. L. Tamburini, *L'Atalanta un ignoto zapato secentesco*, Torino, Centro studi piemontesi, 1974. Sulla festa dello *zapato* si veda M. Seguro, *«Quella giovial consuetudine de' donativi che si chiamano il Zappato». Una festa barocca alla corte dei Savoia*, «Fonti Musicali Italiane», 17, 2012, pp. 45-57.

29 Cfr. qui il saggio di Franca Varallo.

30 Quella della duchessa Maria Giovanna Battista, vedova di Carlo Emanuele II, reggente per il figlio Vittorio Amedeo II fra 1675 e 1684. Cfr. R. Oresko, *Maria Giovanna Battista di Savoia-Nemours*, Torino, Allemandi, 2017 ed i saggi raccolti in *Maria Giovanna Battista di Savoia-Nemours. Stato, capitale, architettura*, a cura di C. Devoti, Firenze, Olschki, 2021.

31 S. Guichenon, *Histoire généalogique de la Maison de Savoie*, Lyon, Barbier, 1660, t. II, p. 913.

32 F. Michiel, *Relazione di Savoia*, in *Relazioni di ambasciatori veneti al Senato*, a cura di L. Firpo, Torino, Bottega d'Erasmo, 1983, t. XI, *Savoia (1496-1797)*, pp. 405-406.

i Borbone, il soggiorno alla corte sabauda era particolarmente prezioso. Inoltre, Rucellai non aveva mai lasciato l'Italia, e la corte torinese era utile per comprendere gli usi di Francia, che vi imperavano dopo che Cristina aveva assunto il potere.

Il diario di Rucellai consente, quindi, di verificare come Ludovica giocasse un ruolo centrale a corte. Il suo *status* di primogenita, sebbene negli Stati sabaudi vigesse la legge salica, le attribuiva un'importanza politica che sarebbe risultata centrale nel caso in cui Carlo Emanuele II (allora un bambino di nove anni) fosse morto improvvisamente.[33] Sin dai suoi più teneri anni, in effetti, la principessa aveva svolto un ruolo importante nel cerimoniale di corte. Il 16 ottobre 1637, per esempio, Ludovica, a soli otto anni, aveva preso parte al giuramento di fedeltà a Cristina come reggente. Sotto un baldacchino, nella camera di parata di Madama Reale, allestita a lutto, erano state poste «in mezzo due cadreghe grandi». In una era la reggente, nell'altra il duca Francesco Giacinto. Sempre sotto il baldacchino, ma «un scalino più basso, [...] un pocco più indietro» e seduta «sopra cadrega piccola» era Ludovica; dietro di lei, in piedi, la marchesa Villa, «sua governante».[34]

Tornando alla visita di Rucellai, l'abate giunse a Torino il 9 febbraio; quindi poté assistere alle feste per il compleanno di Cristina (il 10), in cui la principessa (stante anche l'assenza del duca, ancora a Chambéry) ebbe un ruolo primario. A colpirlo fu soprattutto lo sfarzo della corte e l'alto numero di dame che faceva corona alla duchessa e alla principessa: una caratteristica – questa – che avrebbe segnato la corte sabauda sino alla riforma del 1684, con cui Vittorio Amedeo II avrebbe pressoché annullato le corti femminili, inclusa quella della sovrana.[35]

---

33 «Tesauro in una nota al Guichenon scrisse "che il cardinale di Richelieu avesse fatto stampare un libretto in Parigi che mancando il duca senza figli, lo Stato apparterrebbe alla principessa Ludovica". Questo libro, egli soggiunge "fece risolvere i principi a venire con diligenza in Piemonte. Ecco i bei consigli dei ministri di M.R. E poi si lamentano dei principi. Il libro io l'ho letto"». Cfr. G. Claretta, *Storia della reggenza di Cristina di Francia, duchessa di Savoia*, Torino, Civelli, 1868, t. I, p. 401.

34 *Registro del cerimoniale del fu eccellentissimo signor conte Francesco di Cumiana, mastro delle cerimonie, indi primo maggiordomo e poi maggiordomo maggiore di S.A.R. e cavaglier dell'Ordine della Santissima Annunziata. Cominciato li 8 settembre 1632 in li 20 ottobre 1643*, Biblioteca Reale di Torino, *St. patria* 726/1, reg. 1, c. 31r. Quattro anni dopo, il 18 marzo 1641, dopo l'ascesa al trono di Carlo Emanuele II e tre anni di guerra civile, a Torino si teneva un nuovo giuramento a Cristina, che sanciva la vittoria di quest'ultima nel sanguinoso conflitto. Anche questa volta, sotto «il solito baldacchino di veluto negro» e sopra «un marchiapiede a tre scalini» era «la cadrega di Madama Reale». Assente il duca, l'unica altra presenza era quella della dodicenne Ludovica, «sotto il terzo scalino, a canto dritto, in cadrega senza barre». *Ivi*, c. 57r.

35 Mi permetto di rimandare a: A. Merlotti, *Les dames de Christine de France, duchesse de Savoie (1637-1663)*, in *Édifier l'État*, cit., pp. 95-122; Id., *Tramonto e fine delle corti delle sovrane sa-*

Ricevuto al palazzo di Maurizio e Ludovica, quest'ultima lo accolse «in una camera con superbissimo letto e paramenti, sotto il baldacchino», circondata dalle sue dame, «adornata d'una collana di superbissimi diamanti e fili di bellissime perle, e veste ricamata d'oro, sì come a proporzione apparivano quelle dame che li facevano corona». L'abate discusse a lungo con lei, restando colpito da quello che oggi definiremmo il suo *charme*. «Discorrendo», scriveva Rucellai nel suo diario privato, «rispondeva tanto sensatamente che con giusta ragione si può dire che il suo spirito et ingegno superi l'età, essendo di 14 in 15 anni».[36] A colpire l'abate, avvezzo agli usi italiani (sino ad allora aveva vissuto solo fra Firenze e Roma), era la libertà concessa alle dame: «libertà che quasi più che franzese ivi si esercitava, con baci e altri diversi giuochi allegri» e «festini che per la città si facevano insino a giorno, dove interveniva ancora la signora principessa in maschera, con alcune dame sue favorite».[37]

Stando a quanto raccontò, anni dopo, Gédéon Tallemant de Réaux, nelle *Historiettes*, Ludovica era nota per gli scherzi che faceva alle sue dame. Dopo le nozze, racconta lo scrittore francese: «La Princesse de Savoye [...] estoit assez enjouée [...] Un jour elle s'avisa de faire mettre une traisnée de poudre à canon sous les siéges qu'elle avoit fait ranger dans sa chambre pour recevoir des dames, et quand la compagnie fut assise elle y fit mettre le feu».[38]

Non è obiettivo di queste pagine ricostruire compiutamente la vita della principessa. Un elemento però che non si può trascurare è il carattere deciso della sua presenza sulla scena della corte e della capitale, soprattutto dopo che la morte del marito, nel 1657, le rese a ventotto anni signora d'una ampia corte e padrona d'un patrimonio con pochi confronti negli Stati sabaudi. Essa fu allora promotrice d'una intensa committenza architettonica e artistica ricostruita qui da Maria Vittoria Cattaneo, Clara Goria, Sara Martinetti e Cecilia Veronese. Attorno a lei era un gruppo di dame che partecipava d'una particolare declinazione del potere, all'esercizio del quale, come mostra Paolo Cozzo, furono anche dedicate opere apposite.

In ogni caso, è indubbio che, nella ricostruzione più diffusa, l'azione principale di Ludovica restò quella legata alle nozze del 1642, lasciando in ombra quanto avvenuto nel cinquantennio successivo.

---

baude (1684-1722), in *Marginalità Principesca. Percorsi femminili, potere e Corte nell'Europa moderna (secc. XVI-XIX)*, a cura di E. Borgognoni e V. Lagioia, Madrid, Dykinson - Universidad Rey Juan Carlos, in corso di stampa.

[36] *Un'ambasciata. Diario dell'abate G.Fr.co Rucellai*, a cura di J.T. Leader e G. Marcotti, Firenze, Barbera, 1884, pp. 40-41.

[37] *Ivi*, pp. 46-47.

[38] G. Tallemant de Réaux, *Histoirette. Mémoires pour servir à l'histoire du XVII siècle*, a cura di M. Monmerqué, Paris, Delloye, 1840, vol. 10, p. 143.

È questo, invece, ciò che la madre, Madama Reale, volle trasmettere nelle pitture del salone della sua villa collinare (non è chiaro se realizzate o meno). Nel 1667 Filippo San Martino d'Agliè, ministro e favorito di Cristina, diede alle stampe un volume che descriveva «l'inventione» di tali pitture. Nel progetto decorativo, il salone era destinato a raffigurare «l'historia dei fatti gloriosi di Madama Reale».[39] Al centro della volta il sole, «regal genio di questa grande eroina»: la duchessa. «Ne' quattro angoli et nelle lunghe fasce della volta, sostenuti dagli architravi, si veggono i genii de' suoi genitori, e de' suoi figliuoli, geni d'heroi et heroine, li quali debbono havere parimente il loro posto fra le stelle». Nelle fasce della volta, «con perfetta blasoneria», erano dipinte le armi del duca e delle sue sorelle, fra cui – chiaramente – anche quelle di Ludovica, sostenute dal «genio» del proprio personaggio: «Il genio eroico di madama la principessa è da lei sostenuto da una parte a foggia di giovanetta vivace, coronata di rose, con un cimiero di penne di vari colori. Porta la spada al fianco e tiene una face in mano, la quale estingue nell'acqua posta in un gran vaso d'oro. Il tutto alludente al suo valore et al furore della guerra civile, ch'ella benignamente estinse, condiscendendo al matrimonio che partorì la pace allo Stato».[40]

Ma qual era la voce di Ludovica? Salvo alcune interessanti lettere, qui analizzate da Blythe Alice Raviola e Claudio Rosso, non abbiamo suoi scritti o testimonianze dirette da cui evincere l'azione e il pensiero della principessa. Ci resta, certo, la costruzione della sua immagine di donna forte, capace di partecipare al clima del secolo.

Forse, tuttavia, un documento involontario della sua personalità può essere individuato nelle sue disposizioni testamentarie relative alla sorte del cadavere.

Così come per tradizione, infatti, essa dispose luoghi diversi per corpo, cuore e viscere. Il corpo, come era prassi, fu inumato nel Duomo di Torino,[41] mentre il cuore – si pensava – sarebbe dovuto giungere alla chiesa di San Francesco da Paola, dove era già quello del marito Maurizio.

Ludovica, invece, destinò ad essa gli «interiori», le viscere.

Il cuore la notte del 16 maggio 1692, intorno alle due, fu portato dal suo scudiere, accompagnato da un corteo di fiaccole, nella chiesa di Santa Cristina, dove fu collocato «nel medesimo deposito di Madama Reale, mia sovrana e madre».[42]

---

[39] F. San Martino d'Agliè, *Le delitie. Relatione della vigna di Madama Reale Christiana di Francia, duchessa di Savoia [...] posta sopra i monti di Torino*, Torino, Rustis, 1667, p. 177.

[40] *Ivi*, p. 185.

[41] Da qui nel 1836 fu portato alla Sacra di San Michele, così come quello di Maurizio e di diversi altri sovrani e principi sabaudi.

[42] Cfr. *infra*, p. 37 nota 49.

Una scelta che riveste un evidente significato simbolico: al marito, che ne aveva avuto il corpo, le viscere; alla madre, con la quale era restata unita sino alla morte, il cuore.

Ma quel ricongiungersi dei cuori nell'ultimo passaggio, esprimeva insieme un vincolo che s'era espresso anche sotto il segno della loro sovranità, diversa per i ruoli che avevano rivestito, ma simile, come mostrava anche la comune scelta di simboli e raffigurazioni.

Il volume nasce da una collaborazione, iniziata nel 2022, fra l'allora Direzione regionale Musei Piemonte (ora Residenze reali sabaude – Direzione regionale Musei nazionali Piemonte) e il Consorzio delle Residenze Reali Sabaude (Reggia di Venaria). I risultati delle ricerche sono stati anticipati in un ciclo di 'conversazioni a corte' tenutosi fra maggio e giugno 2022, e poi nel convegno *Ludovica di Savoia, una principessa nell'ombra*, il 28 novembre di quello stesso anno. Entrambe le iniziative si sono tenute a Villa della Regina, antica residenza della principessa. Ai direttori che in questi anni si sono succeduti alla guida di tali istituzioni – Elena De Filippis e Filippo Masino alla DRM-Piemonte, Guido Curto e Chiara Teolato al Consorzio RRS – va il mio più sincero ringraziamento. Un grazie va inoltre ad Arabella Cifani e a tutti i direttori e ai funzionari che hanno reso possibile la raccolta e la pubblicazione del ricco apparato iconografico.

Claudio Rosso

FUORI DALL'OMBRA. IL MONDO DI UNA PRINCIPESSA

Ludovica di Savoia, pur essendo stata chiamata a svolgere un ruolo cruciale nella ricomposizione del conflitto dinastico e politico che sconvolse il ducato sabaudo fra il 1638 e il 1642, non ha mai richiamato un'adeguata attenzione da parte degli storici, al punto che non sembra incongruo definirla una principessa rimasta nell'ombra.[1] Per farla uscire dall'ombra la cosa migliore è esplorare le fonti che parlano di lei. Mi limito in questa sede alla documentazione custodita dall'Archivio di Stato di Torino, che si rivela peraltro abbondante e preziosa, e che si può grosso modo ripartire in due categorie: le lettere della principessa e le fonti di carattere amministrativo e contabile.

Mi sembra utile qualche osservazione preliminare. Le lettere si scrivono in genere a chi è assente e lontano; e tale è il caso di quasi tutte quelle indirizzate da Ludovica allo zio-consorte. Ciò può far pensare a un matrimonio a distanza; va però precisato che le lettere non coprono uniformemente tutta la durata del matrimonio stesso, e si può pensare che negli anni meno documentati i coniugi abbiano avuto meno necessità di comunicare fra loro per iscritto. Non va poi dimenticata l'ovvia considerazione che le lettere conservate sono solo metà del carteggio, in quanto manca il riscontro di ciò che è stato inviato dalla controparte. Sono in ogni caso attestati lunghi periodi di separazione: il principe è perlopiù a Nizza, mentre la principessa vive a corte, fra Torino e le varie residenze, al seguito della madre, che chiama *Maman*. A Maurizio e a Cristina Ludovica scrive di suo pugno, con una grafia di difficile decifrazione, in un francese sgrammaticato; le lettere in italiano sono opera di segretari.

---

[1] È significativo il ridottissimo spazio riservato a Ludovica da Gaudenzio Claretta nella sua ponderosa *Storia della reggenza di Cristina di Francia duchessa di Savoia*: nel primo volume (Torino, Civelli, 1868) si limita ad accennare al matrimonio con Maurizio (pp. 873-877); nel secondo (*ivi*, 1869) riferisce che nel 1645 la principessa si ammalò di vaiolo e il fatto fu riportato dai «Successi del mondo», la gazzetta ufficiale degli Stati sabaudi (p. 160). Si citano poi la morte e il testamento di Maurizio (1657) e la morte di Ludovica (1692) con la sepoltura accanto al marito nella Sacra di San Michele (pp. 323-327).

Fra il 1646 e il 1649 sono molte le missive in cui la principessa lamenta l'assenza del consorte, lo supplica di tornare al più presto, si dice preoccupata per la sua salute o si rallegra se Maurizio le ha fatto sapere di stare meglio. Nel loro complesso le lettere possono essere oggetto di studio per la storia delle emozioni, oggi così di moda: emozioni ovviamente filtrate dalle regole che impone alla loro espressione l'etichetta della società di corte.

Con le sue lettere Ludovica comunica al principe le novità più o meno importanti, spesso affastellate alla rinfusa, e certamente senza rispettare le priorità che oggi ci potremmo attendere. Vale la pena, a tale proposito, di citare quella inviata da Torino il 4 marzo 1649: dopo aver manifestato la sua soddisfazione per aver ricevuto notizie dal marito dopo un lungo silenzio, ed essersi rammaricata perché Maurizio non intende per ora muoversi da Nizza, implorandolo di tornare sulle sue decisioni e di «revenir me consoler par votre présence, je vous en conjure de me venir voir car je le désire avec toute la passion du monde», Ludovica lo informa sulla sua salute e su quella dei familiari: il giovanissimo duca «s'est trouvé un peu mal d'une ébullition de sang, il n'a point eu de fièvre et n'a tenu qu'un jour le lit», mentre Madama Reale «se porte bien et moi ni bien ni mal, car de temps en temps mon mal de tête me revient».

E così continua:

> Nous n'avons autres nouvelles à vous donner que la deplorable mort du Roi d'Angleterre qui a été executé dans Londres à la grande place devant son palais et à la présence de toute l'armée de Farfas [Thomas Fairfax, comandante in capo dell'esercito del Parlamento]; il a été exécuté le 9 de fevrier, l'on dit qu'il est mort catholique, nous en prendrons le deuil.

La lettera si conclude con le prescrizioni sugli abiti da lutto che anche Maurizio dovrà indossare, e con la preghiera di impartire a chi a Torino ha in mano i cordoni della borsa l'ordine di provvedere alle spese per il lutto che dovranno portare la principessa e gli uomini e le donne da lei dipendenti.[2] In questo modo, riducendolo alle regole cerimoniali della società dei principi, viene comunicato uno degli eventi capitali del secolo, che oltretutto ha per protagonista un parente stretto, cognato di Madama Reale in quanto consorte di sua sorella Enrichetta.

Le angustie economiche sono d'altronde un tema ricorrente nelle lettere. Se, da un lato, Ludovica mostra di gradire e torna spesso a sollecitare i doni alimentari che il principe le invia da Nizza (pesce di mare, ostriche,

---

[2] Archivio di Stato di Torino (ASTo), Corte, Principi diversi, mz. 20, n. 1, *Ludovica Cristina moglie del principe Maurizio (1636-1686)*, lettera da Torino del 4 marzo 1649.

limoni, frutti prelibati),[3] dall'altro non perde occasione per lamentare di essere a corto di vestiti adatti alle stagioni e alle occasioni: «Je vous prie d'envoyer quelques ordres au controleur pour me faire faire des habits pour cet hiver», scrive il 13 dicembre 1648, «car je n'en ai point et meurs de froid et pour votre naissance [compleanno] et celle de Madame Royale».[4]

Il *controleur* è una delle figure chiave della casa di Maurizio, e da lui dipendono, come si è detto, i pagamenti richiesti da Ludovica. Si tratta di Milano Gianatio, da anni fedele servitore del principe cardinale, e che da vedova manterrà nel suo ufficio, promuovendolo intendente generale della casa e mettendo al suo posto il figlio Giacomo.[5]

Dal 1642 al 1657, fra le nozze e la morte di Maurizio, Ludovica non dispone di una casa propria, ma il mantenimento suo e del suo personale è compreso in quello della corte del marito. E la casa di Maurizio, come ogni altra sua uscita, si regge sui frutti dell'appannaggio che gli è stato assegnato dal padre Carlo Emanuele I nel 1620, e che alla sua morte verrà ereditato dalla vedova e diventerà la sua quasi esclusiva fonte di reddito. Lo scopo di tale ingente elargizione era stato quello di permettere al cardinale di Savoia di «trattenersi in Roma con quel decoro ch'era desiderato» dal padre e dal fratello Vittorio Amedeo «come conveniente alla reputazione della Real Casa»,[6] e il patrimonio messogli a disposizione era, e sarebbe rimasto, costituito in massima parte dalle quote di tasso dovute alla Corona da un numero cospicuo di città e comunità grandi e piccole. Il tasso gravava sui redditi fondiari ed era la più importante imposta riscossa dal governo ducale, base fondamentale della fiscalità sabauda. Alle quote di tasso si aggiungono al momento del matrimonio i proventi della dote di Ludovica assegnati da Madama Reale e riscossi sulla gabella generale del sale, l'altra pietra angolare delle entrate ducali.

Per sovrintendere alla riscossione e alla gestione dei redditi e per provvedere alle questioni amministrative e giudiziarie inerenti al governo del patrimonio, Maurizio si avvale di un «Consiglio dei conti, redditi, entrate di nostro patrimonio e sovra le cose di giustizia e dei conti» che si riunisce periodicamente a Torino nel suo palazzo (l'odierno Palazzo Chiablese),

---

[3] *Ivi*, lettere da Torino del 5 aprile 1647, 28 marzo 1649, 7 aprile 1653.

[4] *Ivi*, lettera da Torino del 13 dicembre 1648.

[5] *Ivi*, lettera da Torino del 25 febbraio 1649; ASTo, Corte, Principi Maurizio e Ludovica di Savoia, mz. 2, n. 5, *Registro dell'illustrissimo Consiglio sopra le cose di giustizia e de' conti del Serenissimo Prencipe Maurizio di Savoja (1644 in 1657)*, ff. 29 e 30v; ASTo, Riunite, Camerale, art. 405, *Ordini e discarichi della casa del Principe Maurizio*, registro 20 (1674), f. 36.

[6] ASTo, Corte, Principi Maurizio e Ludovica di Savoia, mz. 3, n. 6, *Dazione in paga con assegnazione e quittanza reciproca tra Sua Altezza Reale e la seenissima principessa Ludovica Maria di Savoia* (11 agosto 1676).

del quale sono rimasti gli atti dal 1643 fino alla morte del principe. Fra le incombenze di maggior rilievo c'è la riscossione dei tassi, che lo strumento dell'appannaggio ha interamente demandato al cardinale sottraendola alla tesoreria generale e a quelle provinciali. Le comunità debitrici sono in origine 181, appartenenti a nove province.[7] Viene disposto che i tesorieri nominati dal Consiglio si trasferiscano «con instante e fameglia necessaria dove sarà spediente, precedente ingiunzione d'un giorno», per

> compellere et astringere con tutti i modi e vie più pronte le comunità, sindaci, consiglieri, esattori, agenti et particolari in persona loro, et dei domestici rispettivamente alla soddisfazione e pagamento di quanto e quello respettivamente devono per i tassi di detto nostro appannaggio et altri assegni maturati per il passato.[8]

All'autorità diretta del duca si sostituisce quindi quella delegata ai rappresentanti del principe suo figlio (o, negli anni successivi, fratello o zio). Non mancano casi di abusi talmente gravi e clamorosi da richiedere un drastico intervento del principe. Nel 1656, uno degli ultimi atti del Consiglio prima della morte di Maurizio è la rimozione dal suo incarico del patrimoniale Giovan Domenico Furno, riconosciuto colpevole di intollerabili malversazioni nella riscossione dei tassi dovuti dalla città di Chieri.[9]

Nel giugno 1657, meno di quattro mesi prima di morire, Maurizio fa testamento istituendo Ludovica sua erede universale e trasferendole di conseguenza l'appannaggio. Lo fa con l'esplicita motivazione di mettere un successore unico e fidato nelle condizioni di pagare i suoi debiti intaccando il meno possibile il patrimonio.[10] E qui veniamo alla 'zavorra' che l'ex cardinale si trascina dietro sin dagli anni romani: l'ingente massa di debiti contratti per vivere all'altezza del suo rango.[11] A luglio Ludovica ottiene dal fratello Carlo Emanuele II (ma in realtà dalla madre, che continua a governare lo Stato, e che infatti debitamente ringrazia) l'usufrutto di una somma di 9333 scudi d'oro annui;[12] altre quote di tasso le vengono concesse nel 1650-1651 ancora da Cristina e nel 1676-1677 da Giovanna Battista,

---

[7] *Ivi*, mz. 1, n. 2, *Instromenti d'appannaggi del Serenissimo Prencipe Mauritio di Savoia* (a stampa), in Torino, per Gio. Sinibaldo, MDCXXXXVI.

[8] *Ivi*, mz. 2, n. 4, *Registro delle sessioni del Conseglio del Serenissimo Prencipe Morizio di Savoia* (1643 in 1644), f. 29.

[9] *Ivi*, mz. 2, n. 5, *Registro dell'illustrissimo Consiglio sopra le cose di giustizia e de' conti del Serenissimo Prencipe Maurizio di Savoja (1644 in 1657)*, fogli non numerati (luglio-agosto 1656).

[10] *Ivi*, mz. 2, n. 6, *Copia d'atto di presentazione in Senato, coll'atto poscia di dissigillamento del testamento del prencipe Maurizio di Savoia in cui istituisce la principessa Ludovica Maria sua consorte erede universale* (21 giugno 1657).

[11] *Ivi*, mz. 3, n. 2, *Bilancio dell'eredità del principe Morizio di Savoia*.

[12] *Ivi*, *Instromenti d'appannaggi*, cit.

e a queste si aggiungono due lasciti testamentari delle infante Margherita e Maria di Savoia, sorelle di Maurizio, quest'ultimo espressamente destinato a consentire al principe di estinguere i propri debiti.[13] Dando prova di notevole oculatezza, Ludovica riesce a chiudere la partita con una serie di transazioni; ma la questione dei debiti del marito defunto si protrae sino alla fine degli anni Sessanta.

Fra il 1657 e il 1658 la principessa riorganizza l'amministrazione della propria casa, ora resasi totalmente autonoma da quella di Maurizio, istituendo un proprio consiglio e confermando nelle loro cariche gran parte dei gentiluomini e dei servitori ereditati dal marito.[14] Di anno in anno, i registri conservati in archivio attestano la sua intenzione di governare la casa sul modello dello Stato più grande guidato prima dalla madre e poi dal fratello, come d'altra parte aveva fatto Maurizio. I servitori vengono nominati con lettere patenti del tutto analoghe a quelle emanate dal duca. Nel maggio 1658 Ludovica comunica al «primo segretario» dei suoi «comandamenti», il monregalese Giovan Maria Bottero, la sua decisione che

> tutte le patenti che da noi verranno concesse a nostri ministri, officiali e servitori, dopo che saranno signate con nostra mano, sottoscritte dal segretaro e passate al controrolo della nostra casa, venghino sigillate col gran sigillo, tutto che le medesime portino o richiedino la prestazione del giuramento, la quale dovrà seguire dopo che saranno passate al medesimo sigillo

esattamente come si fa nella segreteria di Stato.[15]

Fra i componenti della folta corte principesca (alla fine del 1690 risultano stipendiati 26 cavalieri e dame, due ecclesiastici, tre segretari, 28 addetti alla scuderia, 34 alla casa)[16] spiccano figure di particolare rilievo e si registrano casi di fortunata ascesa familiare e sociale. Va anzitutto ricordata la prima dama d'onore della principessa, la marchesa di Ciriè Caterina Benso Doria, che, legatissima a Ludovica, la ospita nei frequenti soggiorni a Ciriè.[17]

Altrettanto fedele e stimato è il primo maggiordomo Carlo Francesco Compagni, esponente di una illustre famiglia fiorentina. Il padre Bartolomeo ha servito Carlo Emanuele I come furiere maggiore di cavalleria e

---

13 *Ibid.*, testamenti di Margherita (Madrid, 1° luglio 1652) e di Maria di Savoia (Roma, 11 giugno 1656).

14 ASTo, Riunite, Camerale, art. 404, *Registro delle sessioni del conseglio della serenissima signora principessa Ludovica Maria di Savoia (1657 in 1670).*

15 *Ivi*, art. 405, *Ordini e discarichi della casa del Principe Maurizio*, mz. 4, f. 42.

16 *Ivi*, mz. 36, ff. 96 sgg.

17 A. Manno, *Il patriziato subalpino*, II, *Dizionario genealogico A-B*, Firenze, Civelli, 1906, p. 245.

governatore del castello di Bene; dei due fratelli, uno, ecclesiastico, diventa grazie all'intercessione della principessa abate di Vezzolano, e l'altro, Cosimo, è gentiluomo di bocca del principe elettore Ferdinando Maria di Baviera, cognato di Ludovica.[18] Nel lasciare in eredità la vigna del cardinale ad Anna d'Orléans, la principessa le raccomanda «di lasciare al governo della medesima il cavaliere Carlo Francesco Compagni mio primo maggiordomo, del cui zelo e affetto sono sempre stata particolarmente soddisfatta».[19]

E fra gli esempi di ascesa sociale vale la pena di citarne due che hanno all'origine l'umile, ma amata figura di una balia. Pietro Antonio Alfatio, figlio di Caterina, balia di Maurizio, viene da lui nominato scudiere di bocca; i suoi nipoti Biagio e Giulio Cesare diventano rispettivamente controllore della casa e segretario; Giulio Cesare è confermato segretario da Ludovica e quando muore viene sostituito dal figlio Giambattista. La «nurissa» (nutrice) Tonsa riceve per anni uno stipendio come servitrice della principessa e il figlio Carlo Tonso (o Toso) è nominato prima aiutante di camera e poi tesoriere.[20]

Le fonti su Ludovica mettono poi in risalto un altro aspetto di non piccolo significato: le raccomandazioni di cui la principessa è prodiga e che sin dal primo anno di matrimonio indirizza, soprattutto alla madre, a favore di personaggi di svariata condizione: i medici Riccardi e Torrini per il posto di protomedico, l'auditore Deorestis, il figlio del suo patrimoniale Maghino;[21] e particolarmente fitta è la corrispondenza con Marcello De Gubernatis, autorevole giurista nizzardo che per molti anni svolge la cruciale funzione di residente sabaudo a Roma: fra il 1686 e il 1692 si contano venti segnalazioni di sudditi sabaudi per il conferimento di abbazie, canonicati, prepositure, o perché siano favoriti e assistiti quando verranno a Roma per soggiornarvi, studiare, sbrigare pratiche, chiedere udienza al pontefice.[22] Nel settembre 1672, nel pieno della fallimentare campagna sabauda contro Genova, Ludovica si rivolge al marchese di Livorno, comandante delle truppe ducali, affinché promuova a un posto di capitano il tenente Antonio Filippi, «persona che ha particolar dipendenza da me», e che in quel momento

---

[18] *Ivi*, pp. 357-359.

[19] ASTo, Corte, Principi Maurizio e Ludovica di Savoia, mz. 2, n. 13, *Testamento della Serenissima Principessa Ludovica Maria di Savoia* (5 aprile 1692).

[20] ASTo, Riunite, Camerale, art. 405, *Ordini e discarichi della casa del Principe Maurizio*, mz. 24 (1678), f. 35; mz. 7 (1661), ff. 35 sgg.

[21] ASTo, Corte, Principi diversi, mz. 20, n. 1, *Ludovica Cristina moglie del principe Maurizio (1636-1686)*, lettera da Nizza a Madama Reale del 4 novembre 1642; alla stessa da Ciriè del 10 giugno 1658 e dell'8 settembre 1659.

[22] *Ivi*, n. 6, *Ordini e biglietti della principessa Lodovica Maria di Savoia figliuola di Vittorio Amedeo I* (1653-1692), *Lettere al conte e presidente Marcello de Gubernatis*.

è prigioniero dei genovesi.[23] L'interessamento della principessa si estende anche alle comunità che chiedono grazie o favori: già nel novembre 1642 intercede presso la madre a favore dei ricorsi presentati dalle comunità del contado di Barcellona, l'odierna Barcellonette, che è feudo di Maurizio, «assicurandola che non solo come interessata parteciperò delle grazie, ma le riputerò singolarmente come fatte a me stessa»;[24] nel novembre 1644 è la volta dei «deputati della valle di Stura soprana», anch'essi sotto la giurisdizione del principe suo marito, che chiedono di essere esentati dal quartiere d'inverno;[25] nel luglio 1655 Ludovica supplica Madama Reale di concedere uno sgravio nel comparto dei grani alla comunità di Racconigi, della quale ha personalmente constatato le miserevoli condizioni.[26]

La documentazione disponibile, come si è detto, getta luce soprattutto sulle comprensibilmente ottime relazioni della principessa con la madre e conserva tracce solo sporadiche di quelle col fratello Carlo Emanuele II e con la cognata Giovanna Battista. Sono in tutto tre le testimonianze dei rapporti col nipote Vittorio Amedeo II: una, dell'aprile 1686, è una lettera di felicitazioni per avere «dompté les rebelles», e cioè i valdesi,[27] mentre le altre due si fanno leggere come testimonianze di attriti e risentimenti. La prima risale all'ottobre 1684, pochi mesi dopo che il giovane duca ha definitivamente posto fine alla reggenza materna e ha assunto direttamente il potere. Ludovica protesta perché il nipote ha deciso di declassare la sua compagnia di soldati, destinandola a «servir avec les jandarmes et les chevaux legers», mentre «elle at touiours eu l'honeur de suivre les gardes de VAR, et sur ce pie là je men suis touiours estimée fort honoree». La novità prospettata equivarrebbe a privarla «de lunique distinction que jay», per cui chiede al giovane duca di sopprassedere.[28] La missiva è accompagnata da un'altra indirizzata, come spesso accadeva, al primo segretario di Stato, Carron di San Tommaso, l'intermediario istituzionale fra il sovrano e il resto del mondo. Ludovica precisa ulteriormente che la distinzione a cui fa riferimento le è stata riconosciuta «en recompance des choses que vous nignores pas».[29]

Non è dato sapere se la disposizione è o non è rientrata. Sappiamo però che sei anni dopo, nell'agosto 1690, la principessa lamenta con lo stesso San

---

23 *Ivi*, n. 1, lettera da Torino al marchese di Livorno del 12 settembre 1672.

24 *Ivi*, da Nizza a Madama Reale del 24 novembre 1642.

25 *Ivi*, da Tenda alla stessa del 12 novembre 1644.

26 *Ivi*, da Racconigi alla stessa dell'11 luglio 1655.

27 *Ivi*, s.l. a Vittorio Amedeo II del 26 aprile 1686.

28 *Ivi*, da Torino allo stesso del 1° gennaio 1684.

29 *Ivi*, da Torino al marchese di San Tommaso del 1° gennaio 1684.

Tommaso che il generale delle finanze non si è ancora degnato di risponderle a proposito delle voci sull'intenzione di Sua Altezza Reale di privarla di ciò che possiede «con sì giusti titoli»: «si tratta», soggiunge,

> di alimenti e proventi dotali di una vedova principessa della sua Real Casa, come son io, che ho procurato sin al presente di mantenermi con tutto il decoro possibile per corrispondere alla condizione della mia nascita, ed all'origine del sangue da cui derivo.[30]

Con ogni probabilità, si allude all'intento da parte del nipote di decurtare i suoi redditi derivanti dall'appannaggio di Maurizio, che in ultima analisi appartengono alla Corona, e ad essa dovrebbero essere restituiti.

Non passano due anni, e con la morte di Ludovica il nodo si scioglie, e in mancanza di eredi diretti i tassi e gli altri proventi che costituivano il patrimonio della principessa ritornano al demanio.[31] Nel testamento, la vedova di Maurizio designa come erede universale il sovrano nipote, facendo salva la donazione della vigna alla sua consorte, la duchessa Anna d'Orléans; e destina redditi minori, fondati su tassi che ritiene essere nella sua disponibilità perché le sono stati concessi o le sono pervenuti al di fuori dell'appannaggio, alla marchesa del Maro Claudia Margherita Scaglia e alla contessa di Bagnasco Francesca Maria Cacherano.[32] Le finanze ducali si accaniranno, dopo la sua morte, a cercare di stabilire se quest'ultimo legato è o non è legittimo, e si aprirà sulla questione una lunga guerra di pareri.[33]

La morte e il testamento pongono fine in ogni caso alla lunga autonomia istituzionale e finanziaria di cui ha goduto per più di settant'anni un ramo cadetto che si è estinto perché privo di eredi, e il recupero di queste cospicue entrate da parte del demanio sovrano segna, non solo simbolicamente, un punto a vantaggio di un duca come Vittorio Amedeo II, ben deciso sin dai primi anni di governo a riportare sotto il diretto dominio dello Stato tutto ciò che nel corso del tempo vi si era sottratto.

---

30 *Ivi*, da Torino allo stesso del 13 agosto 1690.

31 *Ivi*, Principi Maurizio e Ludovica di Savoia, mz. 2, *Instromenti d'appannaggi*, cit.

32 *Ivi*, n. 3, *Scritture riguardanti l'eredità della fu Serenissima Principessa Lodovica Maria di Savoia colle alienazioni e legati dalla medesima fatti, tanto sovra la gabella del sale che tassi dalla medesima posseduti; meglio descritte nella relazione ivi annessa del procuratore generale Rocca* (1620 in 1701).

33 *Ivi*, n. 13, *Testamento della Serenissima Principessa Ludovica Maria di Savoia*, cit.

Andrea Merlotti

UNA NASCITA TRA I SOSPETTI. IL PAGGIO POMEUSE E LA PRINCIPESSA LUDOVICA

Ombre sulla nascita di Ludovica

Affrontando la figura della principessa Ludovica di Savoia pare utile partire dalle ombre e dai sospetti che furono diffusi intorno alle sue vere origini, sin dalla nascita nel 1629.

Come è noto, sua madre Cristina di Borbone, duchessa di Savoia dal 1630 al 1637 e poi reggente *de facto* per il figlio Carlo Emanuele II sino alla morte nel 1663, fu protagonista, suo malgrado, di una leggenda nera che le fu cucita addosso da scrittori francesi e piemontesi. Tale leggenda investiva anche i suoi figli.[1] Secondo la *Relation de la cour de Savoye ou Les amours de Madame Royale*, pubblicata nel 1667, ma scritta certamente ben prima, Cristina avrebbe tradito suo marito Vittorio Amedeo I con una lunga serie di amanti.[2] Non solo. I figli della sovrana non sarebbero stati del duca, ma via via dei favoriti che si avvicendavano nel suo letto. Quest'accusa riguardava in particolare gli eredi al trono, prima Francesco Giacinto (duca fra 1637 e 1638) e poi Carlo Emanuele II (duca dal 1638 al 1675). Quest'ultimo sarebbe stato figlio, infatti, del conte Filippo San Martino d'Agliè, certo il principale favorito della duchessa.[3]

---

1 Cfr. C. Rosso, *Le due Cristine. Madama Reale fra agiografia e leggenda nera* e A. Porpiglia, *L'immagine storiografica di Cristina di Francia dall'Ottocento ad oggi*, entrambi in *In assenza del re. Le reggenti dal XIV al XVII secolo (Piemonte ed Europa)*, a cura di F. Varallo, Firenze, Olschki, 2008, pp. 367-392 e pp. 559-580. Su Cristina si vedano ora i saggi raccolti in *Christine de France et son siècle*, a cura di G. Ferretti, «XVIIe siècle», LXVI, n. 262, 2014; *De Paris à Turin. Christine de France duchesse de Savoie*, a cura di G. Ferretti, Grenoble, l'Harmattan, 2014; *Édifier l'État. Aspects politiques et culturels du Duché de Savoie au temps de Christine de France*, a cura di A. Becchia, G. Ferretti e F. Vital-Durand, Chambéry, Université de Savoie, 2014; *La cour, l'État et la ville. Le duché de Savoie au temps de Victor-Amédée Ier et de Christine de France, 1618-1663*, a cura di G. Ferretti, Paris, Garnier, 2017.

2 *Relation de la cour de Savoye ou les amours de Madame Royale*, Paris (ma Olanda), s.n.t., 1667.

3 Su Filippo d'Agliè (1604-1667), figura di grande rilievo sia in campo politico sia culturale, manca purtroppo una moderna ricerca che ne restituisca il profilo in modo adeguato. Sempre

Anche Ludovica fu oggetto di simili accuse. Nella *Relation*, infatti, si affermava che non fosse figlia di Vittorio Amedeo I, ma d'«un françois nommé Pomeuse». Cristina lo avrebbe amato «à la veue de toute la cour de Savoye» e poi, stanca di lui, lo avrebbe fatto uccidere.[4]

Gli storici sabaudisti ottocenteschi, in particolare Luigi Cibrario e Gaudenzio Claretta, definirono questa vicenda un'«atroce calunnia»,[5] senza perdere però troppo tempo per verificare chi ne fosse il protagonista e, tanto meno, per comprenderne il senso.

Credo, invece, che un simile tentativo possa esser utile, anche alla luce delle ricerche che negli ultimi anni hanno offerto nuovi contributi su Cristina, sgombrando il terreno dalla leggenda nera che le fu costruita attorno prima dalla polemica politica a lei contemporanea, poi dalla storiografia, non priva di elementi di misoginia, del XIX secolo.

La storia della *Relation de la cour de Savoye* resta ancora da ricostruire. Può esser interessante notare come un suo lungo passo sia presente fra i manoscritti del primo segretario di Richelieu, Valentin Conrart (1603-1675).[6] Va detto che sin dagli anni della guerra civile non mancarono autori francesi che accolsero le voci mosse contro Cristina. Fu il caso, per esempio, del poeta Vincent Voiture (1597-1648), scrittore e diplomatico collaboratore di Richelieu, che era stato a Torino nel 1638. In alcune sue poesie, infatti, è possibile trovare «certaines allusions defavorables aux moeurs de la duchesse de Savoye».[7] Certo, al potente politico la diffusione di opere contrarie alla reggente in fondo conveniva, poiché metteva costei in ancor maggiore necessità dell'aiuto francese di quanto già non fosse. Il confino e l'arresto di Pierre Monod (1638-1644), confessore e collaboratore politico della duchessa, e la prigionia a Parigi di Filippo d'Agliè (1640-1642) mostrano bene lo scacco in cui Richelieu teneva Cristina.[8]

---

utile C. GALLINA, *Le vicende di un grande favorito: Filippo San Martino d'Agliè*, «Bollettino storico bibliografico subalpino», XXI, 1919, pp. 185-213, 292-305; XXII, 1920, pp. 63-157. Cfr. *infra* nota 8.

[4] *Relation de la cour de Savoye*, cit., p. 5. In un altro passo, invece, l'opera adombra la possibilità che sia Ludovica sia Francesco Giacinto fossero figli di «un jeune garçon nommé St. Michel, qui avoit este nourry et payé de la duchesse» (*ivi*, p. 7). Nelle fonti il nome del francese è indicato sia «Pomeuse» sia «Pommeuse». Ho scelto qui di adottare la prima versione, pur mantenendo la seconda nelle citazioni ove compare in tal forma.

[5] L. CIBRARIO, *Origini e progresso delle istituzioni della monarchia di Savoia*, Torino, Stamperia Reale, 1855, t. II, p. 417; G. CLARETTA, *Storia della reggenza di Cristina di Francia duchessa di Savoia*, Torino, Civelli, 1868, t. I, p. 192.

[6] Il *Fragment sur Christine de Bourbon duchesse de Savoie* fu pubblicato nel 1858 da Amédée Roux in *Lettres du comte d'Avaux à Voiture, suivies de pièces inédites, extraictes des papiers de Conrart*, Paris, Durand, 1858, pp. 65-67.

[7] *Ivi*, p. 3.

[8] Cfr. A.H. DUFOUR – R. RABUT, *Le père Monod et le cardinal de Richelieu. Episode de l'histoire*

Una risposta indiretta a quanto asserito nella *Relation de la cour de Savoye* apparve pochi anni dopo, nel 1673, nell'*Origine delle guerre civili del Piemonte* di Emanuele Tesauro. Richelieu, in un'«instruttione» inviata a Filippo d'Agliè, scriveva che il cardinal Maurizio in varie occasioni «non si [era] vergognato di parlare in pregiuditio della riputazion di Madama». Tesauro la definiva una «calunnia». Anzi, era cosa «notoria [...] con quanto zelo l'istesso principe (il cardinal Maurizio) facesse di quel tempo da due suoi cavalieri mortificare a mazzate un cavalier servitore di Madama, per non haver di lei parlato con quella riverenza ch'egli doveva». Una nota a margine dello stesso Tesauro forniva il nome del «cavalier servidor»: «Pomoso». Lo storico proseguiva raccontando che Carlo Emanuele I aveva «insieme lodata et censurata» l'azione del figlio: «Ben si vede che il principe cardinale non può dimenticarsi di essere ecclesiastico: doveva fare a colui tagliar la lingua et mandarla in una scatola a Madama».[9]

All'epoca della pubblicazione sia della *Relation* sia dell'*Origine delle guerre civili*, però, Cristina, Maurizio e anche il principe Tomaso di Carignano erano morti da tempo e Carlo Emanuele II sedeva saldamente sul trono.[10]

Le ragioni della tardiva pubblicazione della *Relation de la cour de Savoye* – e delle sue accuse ai natali del duca e di Ludovica – s'inseriscono quindi in un contesto diverso da quello dell'epoca in cui l'opera era stata probabilmente scritta.

---

de France et de Savoie au XVIIe siècle, «Mémoires de l'Académie des Sciences, Belles-Lettres ed Arts de Savoie», s. III, t. VIII, 1880, pp. 17-178. Per una bibliografia su Monod rimando alla voce che gli ho dedicato nel *Dizionario Biografico degli Italiani (DBI)*, Roma, Treccani, 2011, LXXV. Elementi utili su Monod e San Martino sono anche in F. Ieva, *Le Piémont entre la Régence et la Guerre civile Deux conseillers de la cour de Christine: Pierre Monod et Philippe d'Agliè*, in *De Paris à Turin*, cit., pp. 105-120. Sulla detenzione del San Martino: F. San Martino d'Agliè, *La prigione di Fillindo il Costante. Opera inedita (1643) di Filippo San Martino d'Agliè*, a cura di V. Comoli Mandracci e C. Roggero Bardelli, Torino, Centro Studi Piemontesi, 2005.

9 E. Tesauro, *Origine delle guerre civili in seguito dei campeggiamenti del principe Tomaso di Savoia*, Colonia, Pindo, 1673, p. 46. Sul cardinal Maurizio si vedano ora la voce dedicatagli da Paolo Cozzo in *DBI*, XCI, 2018 ed i saggi riuniti in *Il Cardinale Maurizio di Savoia. Mecenate, diplomatico e politico (1593-1657)*, a cura di J. Morales, C. Santarelli e F. Varallo, Roma, Carocci, 2023.

10 Con l'espressione 'guerra civile piemontese' s'intende lo scontro che si svolse fra 1638 e 1642 dopo la morte del piccolo duca Francesco Giacinto e che vide contrapposta Cristina in pratica all'intera Casa Savoia, alla guida della quale erano il cardinal Maurizio ed il principe Tomaso. Cfr. G. Quazza, *Guerra civile in Piemonte. 1637-1642 (nuove ricerche)*, «Bollettino storico bibliografico subalpino», LVII, 1959, pp. 281-321; LVIII, 1960, pp. 5-63; S. Cerutti, *Cittadini di Torino e sudditi di Sua Altezza*, in *Figure del Barocco in Piemonte. La corte, la città, i cantieri, le province*, a cura di G. Romano, Torino, CRT, 1988, pp. 253-300; C. Rosso, *Il Seicento*, in *Il Piemonte sabaudo. Stato e territori in età moderna*, Torino, UTET, 1994, pp. 171-267; P. Bianchi – A. Merlotti, *Storia degli Stati sabaudi. 1416-1848*, Brescia, Morcelliana, 2017, *passim*.

Il quadro era, ormai, quello dell'incerta situazione politica successiva alla presa del potere di Carlo Emanuele II, avvenuta solo alla morte della madre, nel 1663. Sino al 1666 il duca non aveva avuto figli. Erede era stato prima lo zio Maurizio. Alla morte dell'ex-cardinale, nel 1657, il ruolo era passato ad Emanuele Filiberto di Carignano (figlio del principe Tomaso). Il Carignano, però, era di sentimenti filo-spagnoli e ciò lo rendeva fortemente sgradito a Luigi XIV, il quale si opponeva apertamente ad una sua eventuale successione. Il Re Sole mirava, invece, a porre sul trono sabaudo Eugenio Maurizio di Soissons, fratello minore del principe di Carignano, all'epoca al suo servizio come ufficiale e capo delle truppe svizzere.[11] Come pretesto, egli puntava sulla disabilità di Emanuele Filiberto, nato sordo e solo parzialmente in grado di parlare, che lo avrebbe reso inabile al regno.[12] Il principe, peraltro, era invece perfettamente in grado di intendere e di volere, ed era uomo di ampia cultura (soprattutto in campo architettonico). Per dar maggior forza al suo ruolo di possibile erede, Carlo Emanuele II negli anni Sessanta pensò di dargli in moglie proprio Ludovica.

Il matrimonio, però, non si tenne mai. Troppo forte era il rischio d'uno scontro con la Francia. E forse la stessa principessa non era dell'idea, dopo l'esperienza delle nozze con lo zio. In fondo, il principe era un cugino di primo grado e in quanto a matrimoni con consanguinei – se mi si passa l'espressione – lei aveva già dato.

In ogni caso, Ludovica restava una pedina importante sulla scacchiera della fragile successione sabauda. Screditarla, mettere in dubbio la sua paternità, indeboliva il ramo primogenito della dinastia e favoriva, se mai se ne fosse presentata l'occasione, una successione Soissons.

Un tale contesto mi pare chiarire perché negli anni Sessanta la diffusione a stampa della *Relation*, con l'affermazione del padre segreto di Ludovica, avesse un senso politico così chiaro per i contemporanei. Il che spiega anche la pronta risposta di Tesauro.

A questo punto, mi pare opportuno analizzare la leggenda e quale storia vi fosse in realtà nascosta, chiarendo, *in primis*, chi fosse il «françois nommé Pomeuse», presunto padre della principessa Ludovica.

---

[11] Su questa vicenda cfr. I. Massabò Ricci – A. Merlotti, *In attesa del duca: reggenza e principi del sangue nella Torino di Maria Giovanna Battista*, in *Torino 1675-1699. Strategie e conflitti del Barocco*, a cura di G. Romano, Torino, CRT, 1993, pp. 121-174.

[12] Per la bibliografia su Emanuele Filiberto mi permetto di rinviare alla voce che gli ho dedicato in *DBI*, XCI, 2018.

«Un françois nommé Pomeuse»

La trattatistica nobiliare francese permette d'identificare monsieur Pomeuse in Maximilien de Puget (1590 ca.-1645 ca.), figlio secondogenito, ma erede, d'Etienne de Puget, signore de Pomeuse (1560 ca.-1638/39), consigliere del re di Francia e suo «trésorier d'epargne».[13]

Lo storico sabaudista Gaudenzio Claretta, nella *Storia della reggenza di Cristina di Francia*, leggendo «Espagne» (Spagna) per «éspargne» (risparmio), scrive che il paggio era «figliuolo di un tesoriere spagnuolo».[14] In tal modo, lo trasformava in una sorta di personaggio quasi da romanzo, dando implicitamente alla vicenda una patente di scarsa credibilità. Al contrario, un paggio doveva per forza esser nobile, tanto più uno che servisse una «fille de France» (come Cristina).[15]

I Puget de Pomeuse, infatti, erano una famiglia della piccola nobiltà provenzale. Trattando del tesoriere Etienne, il 'Mercure Galant' nel 1689 definiva i Puget de Pomeuse «d'une noblesse tres distinguée par les emplois, par les charges et par les exploits militaires».[16] Pochi decenni dopo un *Supplement* al *Grand Dictionaire Historique* del Moreri presentava i Puget come «maison noble et ancienne de Provence».[17]

Alla corte di Torino Pomeuse non era certo isolato, ma, anzi, ben inserito nel *network* di famiglie francesi presenti alla corte di Cristina. I Puget, infatti, erano strettamente imparentati con i Talon (o Tallon).

Martin Talon (†1641) era stato nominato controllore generale della Casa delle principesse Cristina ed Enrichetta sin dal 1615.[18] Sua moglie Marguerite Anquetin era stata «nourrice» della principessa Cristina dalla

---

13 La madre era Louïse Prevost, figlia di Jean Prevost, avvocato generale alla Camera dei conti di Parigi. Etienne de Pomeuse e La Prevost s'erano sposati nel 1587.

14 G. Claretta, *Storia della reggenza*, cit., t. I, p. 192.

15 Sulla paggeria francese cfr. G. d'Aviau de Ternay, *Les pages des Ecuries du Roi, des Reines et des Dauphines*, Parigi, Patrice du Puy, 2006. Per il caso italiano, rimando ad A. Cont, *Servizio al principe ed educazione cavalleresca: i paggi nelle corti italiane del Seicento*, «Studi secenteschi», LII, 2011, pp. 211-256; LIII, 2012, pp. 141-180, ed ai saggi raccolti in *Paggi e paggerie nelle corti italiane. Educare all'arte del comando*, a cura di A. Merlotti, Firenze, Olschki, 2019.

16 «Mercure galant», 1689, avril, p. 187.

17 *Supplement au Grand Dictionaire Historique de mr. Louis Moreri*, Paris, Vicent, 1735, vol. II, p. 137. Tallemant des Réaux, invece, scriveva che il tesoriere Etienne Puget era «fils d'un apothicaire» (G. Tallemant des Réaux, *Histoirette. Mémoires pour servir a l'histoire du XVII siècle, publiés sur le manuscrit inédit et autographe avec des éclaircissemens et des notes par messieurs Monmerqué, De Chateaugiron et Taschereau*, Paris, A. Levavasseur, 1834, vol. 5, *Les Pugets*, p. 5).

18 Cfr. *Officiers domestiques de la Maison de Mesdames Chrestienne et Henriette de France a commencer du 1er Julliet 1615*, in E. Griselle, *État de la maison du roi Louis XIII, de celles de sa mère, Marie de Médicis, de ses soeurs, Chrestienne, Élisabeth et Henriette de France: comprenant les années 1601 à 1665*, Paris, Catin, 1912, p. 82, n. 3116*.

nascita di questa nel 1606, mantenendo la carica sino almeno al 1615.[19] La coppia aveva poi seguito la principessa a Torino nel 1619 quando aveva sposato il principe di Piemonte Vittorio Amedeo. Anche i figli dei Talon erano divenuti membri della corte della duchessa. Pierre, il primogenito, ne era stato nominato maestro di guardaroba, mentre Louise e Magdalaine «famme de chambre». Louise nel 1623 aveva sposato il savoiardo Benoit Cize (Benedetto Cisa), aiutante di Camera del duca, legandosi così a una famiglia della corte del futuro sovrano.[20] Magdalaine, invece, aveva sposato il nostro Maximilien Puget de Pomeuse.[21]

Le origini nobili di Pomeuse spiegano la decisione di Luigi XIII di farne il paggio di sua sorella Cristina. Una simile carica non poteva certo cadere su un borghese, tanto meno spagnolo, come scriveva Claretta (e, sulla sua scorta, altri scrittori).[22]

Dopo il trasferimento a Torino, la carriera di Pomeuse era progredita: da paggio della principessa ne era divenuto primo paggio (ruolo che prevedeva le fosse sempre accanto) e poi scudiere. In pratica era la figura maschile più vicina ad essa, a parte il marito. Un personaggio la cui prossimità a Cristina implicava anche un rapporto di stretta confidenza. Un'ottima ragione per catalizzare odi e risentimenti, tanto più dopo lo scoppio del conflitto con la Francia.

Nel frattempo il ruolo di Pomeuse era cambiato anche sullo scenario francese. Suo fratello maggiore, anch'egli di nome Étienne (1588-1668), dopo avere inizialmente seguito le orme dell'omonimo padre col divenire tesoriere nell'amministrazione del Regno, aveva deciso di prendere i voti religiosi.[23] Nel 1623, anzi, era stato nominato vescovo di Dardanie e ammi-

---

19 *Ivi*, p. 56, *Officiers de Madame Chrestienne en 1607*, n. 2297. L'incarico le fu confermato ancora nel 1615 (*ivi*, p. 81, *Officiers domestiques de la Maison de Mesdames Chrestienne et Henriette de France a commencer du 1er Julliet 1615*, n. 3012). Per il suo ruolo di nutrice «demoiselle Talon» prendeva uno stipendio di 1200 lire tornesi. Traggo la notizia da A. Jal, *Dictionnaire critique de biographie et d'histoire: errata et supplément pour tous les dictionnaires historiques*, Paris, Plon, 1867, p. 920.

20 Sui Puget de Pomeuse si veda A. de Sainte-Marie, *Le palais de l'honneur ou la science heraldique du blazon*, Paris, Estienne Loyson, 1686, pp. 572-573. Nell'opera Pomeuse è definito «ecuyer de Madame Christine de France, duchesse de Savoye». Notizie sulle relazioni familiari fra Puget e Talon si ricavano dall'*Arrest definitif en la cause de Bernard Rambotteau par lequel il se voit que Maitre Pierre Talon recognoissant etre mal fondé en sa requeste civile obtenue contre l'arrest du 30 Iuillet 1639 rendu au profit du dit Rambotteau* [...], in T. Mongeot, *Arrests notables du Conseil d'Etat et privé du Roy au Parlement de Paris*, Paris, Besongne, 1660, pp. 105-114.

21 Claretta, erroneamente, scriveva che Pomeuse era marito della nutrice, che invece era sua suocera (G. Claretta, *Storia della reggenza*, cit., p. 193).

22 Cfr. per esempio G. Datta de Albertis, *Cristina di Francia, Madama reale*, Torino, Società storica subalpina, 1943, p. 48.

23 Era restato vedovo già nel 1615, come mostra il sonetto che Malherbe dedicò alla morte della moglie di Puget. F. de Malherbe, *Oeuvres completes*, Paris, Hachette, 1862, t. 1, p. 223, sonetto LXIX (edito la prima volta nel 1615).

nistratore apostolico del vescovato di Metz. Era l'inizio d'una carriera che lo avrebbe portato alla prestigiosa sede di Marsiglia nel 1644. Maximilien, nato cadetto, s'era trasformato così nell'erede della famiglia.[24]

Insomma, nel 1629 – quando si consumò lo scontro con il cardinal Maurizio, non causalmente poco prima che nascesse la principessa Ludovica – Pomeuse era una figura che aveva un ruolo di rilievo alla corte di Cristina, ben inserito nel *network* dei cortigiani francesi della principessa, coperto da una famiglia che, pur fra non poche avversità, manteneva un ruolo alla corte di Luigi XIII.

Ciò non vuol dire che il personaggio non avesse personali eccentricità, tali da farlo considerare con qualche riserva anche dai parenti e che probabilmente ebbero un ruolo nelle tensioni che visse a Torino. Lo attesta quanto scrisse su di lui Gédéon Tallemant des Réaux (1619-1692), della cui madre Pomeuse era zio.[25]

Tallemant, nel dedicare un capitolo della sua celebre *Historiette* ai Puget, sosteneva che in tale famiglia esisteva una qualche linea di follia: «tous les Pugets et les Pugettes avoient quelque petit endroit de la tête qui n'alloit pas bien; que quelquefois on étoit long-temps à le dècouvrir, mais qu'enfin on s'en apercevoit».[26] Maximilien, anzi, era stato forse quello in cui tale eccentricità s'era manifestata di più. «Mais celui dont les folies ont le plus éclaté [...] on l'appeloit Pommeuse» scriveva Tallemant.

> Il fut nourri page de madame de Savoie, et parvint à être son premier page. Elle l'aimoit et, s'il eût été sage, il couroit fortune d'être son favori; mais [...] il s'amusa à railler le cardinal de Savoie sur lequel on avoit fait des vaudevilles au voyage qu'il fit à Paris (1618), où on l'appeloit le *Grand Pied*. Le cardinal le fit rouer de coups de bâton comme il revenait en France et cela perdit sa fortune.[27]

È interessante notare come Tallemant non facesse cenno alla presunta paternità di Ludovica, né allo scontro del 1629-1630 che comportò la rovina – in Piemonte – di Pomeuse. Poiché è impossibile che non ne fosse a conoscenza, appare evidente che egli volesse tacere su quella vicenda, che era ancora ricordata dalla *Relation de la cour de Savoye*.

---

[24] Pomeuse dalla moglie ebbe un figlio di nome Estienne. Altri fratelli, poi, compivano la loro carriera alla corte di Francia. Era il caso soprattutto di Jacques de Puget († ante 1664) «Chevalier de l'Ordre du Roy, Maistre d'Hôtel ordinaire de sa Maison, Capitaine d'un vaisseau de sa Majesté et Marefchal de bataille en ses Armées». Cfr. A. DE SAINTE-MARIE, *Le palais de l'honneur*, cit. p. 573.

[25] La madre di Tallemant era Marie de Puget de Montoron, figlia, a sua volta, di Pierre de Puget de Montoron e di Louise de Puget de Pomeuse, sorella di Maximilien.

[26] G. TALLEMANT DES REAUX, *Histoirette*, cit., p. 10.

[27] *Ivi*, p. 11.

Tallemant riportava, piuttosto, la nascita delle tensioni col cardinal Maurizio nel viaggio che questi aveva compiuto a Parigi fra il 1618 e il 1619.[28] Nello stesso tempo, confermava il rapporto stretto fra la principessa e il suo paggio. Va però precisato che con l'espressione «elle l'amoit», Tallemant non intendeva necessariamente alimentare l'allusione a una relazione fra i due, ma solo indicare lo stretto rapporto che era sorto in seguito alla loro vicinanza sin dalla più tenera età della principessa.

Chiarito chi fosse, conviene ora ricostruire, per quanto possibile, quanto successo nel 1629, in un contesto quanto mai drammatico per gli Stati sabaudi e, in particolare, per la principessa Cristina, allora incinta della sua primogenita Ludovica.

L'affare Pomeuse (1629-1630) e i suoi esiti

Lo scontro fra Pomeuse e il cardinal Maurizio, che portò all'allontanamento del primo dagli Stati sabaudi, risale alla primavera del 1629.

In quel momento il Ducato di Savoia e il Regno di Francia erano impegnati, l'uno contro l'altro, nella Guerra di successione mantovana. Francia e Impero appoggiavano due candidati diversi. Carlo Emanuele I di Savoia sosteneva quello asburgico, con la mira dichiarata di annettere il Monferrato.[29] Inizialmente la Francia era impegnata contro l'Inghilterra all'assedio di La Rochelle, ma quando ebbe conquistato la città poté dedicarsi al fronte piemontese. Il 6 marzo le truppe francesi, guidate da Luigi XIII e Richelieu, vinsero quelle del duca di Savoia al colle del Monginevro. Il sovrano e il suo ministro si stabilirono a Susa per gestire direttamente l'occupazione degli Stati sabaudi. Luigi XIII restò a Susa un mese e mezzo, per poi tornare in Francia, seguito di lì a poco da Richielieu, per combattere contro gli ugonotti della Linguadoca. Nelle sei settimane del loro soggiorno a Susa i due furono impegnati a regolare i rapporti con Carlo Emanuele I, cercando di porre gli Stati sabaudi sotto il controllo francese. L'11 fu raggiunto un accordo per cui il duca lasciava il libero passaggio alle armate di Luigi XIII e il 13 rimise loro la cittadella e il castello di Susa. Chiaramente, mentre professava amicizia alla Francia, Carlo Emanuele I cercava tuttavia di rimediare alla situazione con nuovi accordi segreti con la Spagna.

In tale contesto, Cristina si trovava in una posizione molto complessa. Sorella del re di Francia e circondata da una piccola corte francese che le

---

[28] Sul viaggio a Parigi del cardinal Maurizio si veda A. Pennini, *L'ambasciata a Parigi del cardinal Maurizio*, in *Il Cardinale Maurizio di Savoia*, cit., pp. 107-120.

[29] Cfr. D. Parrott, *The Mantuan Succession, 1627-31: A Sovereignty Dispute in Early Modern Europe*, «English Historical Review», 112 (445), 1997, pp. 20-65.

era stata concessa al suo arrivo a Torino, era sotto stretta sorveglianza da parte del marito e del suocero. Per di più, a quasi un decennio dalle nozze, era al quinto mese di gravidanza, e a Torino iniziavano a girare voci sulla paternità del nascituro.

Il 16 marzo Cristina, accompagnata dal marito, si recò a Susa per incontrare il fratello.[30] Pochi giorni dopo, anche Carlo Emanuele I rese omaggio al sovrano, discutendo a lungo con questi e con Richelieu.[31]

Contemporaneamente fra Torino e Susa iniziò un viavai d'emissari in entrambi i sensi che non poteva non inquietare l'occhiuto e sempre più preoccupato duca. Fu proprio allora, su questo sfondo drammatico, che avvenne lo scontro fra il cardinal Maurizio e il signore di Pomeuse.

Alla fine d'aprile, Cristina inviò Pomeuse presso Luigi XIII. Oggetto ufficiale della missione era quello di felicitarsi con lui per la pace stipulata con l'Inghilterra: quel trattato di Susa fra le cui conseguenze vi furono anche le nozze della sorella di Cristina, Enrichetta, con Carlo I Stuart. A Torino, le azioni dello scudiere erano osservate con attenzione. È difficile pensare che in quei frangenti il duca e il cardinal Maurizio fossero adombrati dalle battute salaci che da oltre dieci anni Pomeuse infliggeva – almeno parrebbe – ai membri della corte piemontese. Secondo la *Relation del cour de Savoye* le vere ragioni potevano essere due: o che «Madame fust lasse» dello scudiere o «que le pere ou le fils luy eust fait faire cet affront, pour en faire un plus grand à la princesse».[32]

In realtà, se si lasciano sullo sfondo le indimostrabili calunnie sul comportamento della principessa, il continuo via vai dello scudiere di Cristina (non un giovane paggio, come scrivono la *Relation* e gli storici che l'hanno seguita, ma un ufficiale quarantenne, esperto della corte) lasciava pensare, piuttosto, ad una corrispondenza riservata fra la principessa e Luigi XIII.

Fu quasi certamente per questo che il cardinal Maurizio organizzò un'imboscata ad Avigliana contro Pomeuse. Il luogo non era casuale. Avigliana, infatti, costituiva un saldo presidio per le truppe sabaude, che l'avevano fortificata in chiave antifrancese. Là si trovarono sia il duca sia il principe di Piemonte (anch'egli forse non estraneo alla trama).

Pomeuse fu assalito da un drappello di guardie del cardinale, guidate dal conte Carlo Valperga, fidatissimo consigliere del porporato, e da monsieur de Tournette, suo gentiluomo savoiardo. L'aggressione fu violenta e mirava ad uccidere lo scudiere. Questi, infatti, fu aggredito a bastonate

---

30 Una descrizione della visita è in «Mercure de France», 1629, pp. 142-144. Sebbene a farle da scudiere fosse il principe (p. 143), è difficile credere che Pomeuse non l'accompagnasse nel viaggio.

31 *Ivi*, pp. 144-145.

32 *Relation de la cour de Savoye*, cit., pp. 5-6.

e lasciato a terra solo quando fu creduto morto. Non è chiaro come, ma Pomeuse riuscì, sebbene grave, a salvarsi e a rifugiarsi fuori dai confini sabaudi, dove sfuggì agli uomini del cardinale.

La conferma sulla vera ragione dell'assalto è nella testimonianza del cardinal Richelieu, che, ricordando l'episodio, scriveva:

> le cardinal de Savoye envoya quatorze de siens le rencontrer sur le chemin de Viglane, ou ils l'assassinèrent de coups de bâton le laissant pour mort, et le fouillèrent pour prendre ses lettres, mais de bonne fortune elles étaient dans sa valise que son valet sauva.[33]

Non erano quindi i «guéridon» scritti contro il cardinale, e presi a pretesto dai suoi uomini, la causa dell'agguato,[34] ma le lettere di Cristina che avevano attirato l'attenzione del duca e del cardinal Maurizio verso Pomeuse (anche se questi era probabilmente già loro inviso da tempo).

Proprio a Richelieu la principessa chiedeva protezione. «La mauvaise volonté est grande contre moi», scriveva il 19 maggio, tre settimane dopo l'agguato. «Je fais cette lettre en cachette. [...] Je vous prie d'avoir pitié de moy, je puis bien dire ce mot puisque je suis tout à fait misérable».[35]

Pochi giorni prima Cristina aveva scritto al duca «pour l'offense qui j'ai eu en la personne de Pomeuse». Tramite il conte di Verrua, Carlo Emanuele I le aveva fatto sapere che glielo avrebbe fatto riportare scortato dalle guardie. Ma non era questo che Cristina voleva. «Je vous prie de ne le faire point», scriveva, «puisqu'il ne doit pas être traité comme malfaiteur, ne croyant pas qu'il vous aie offensé». La principessa difendeva strenuamente l'operato del suo scudiere. Chiedeva, anzi, che gli fosse permesso al più presto, appena ripreso dalle ferite, di tornare al suo servizio. Se ciò non fosse stato possibile, allora chiedeva che gli fosse dato il permesso di tornare in Francia.[36]

Richelieu non sottovalutò la vicenda. Inviò in Piemonte un suo uomo, monsieur de Biscarat, affinché ottenesse per la sorella del re una «réparation» per l'accaduto, ma cercando d'evitare che un «affaire particulière» si trasformasse in «une affaire politique».[37] Il 1° giugno, poi, scrisse diret-

---

33 RICHELIEU [A.J. DU PLESSIS DE], *Mémoires sur le regne de Louis XIII depuis 1610 jusqu'a 1638*, a cura di M. Petitot, Paris, Foucault, 1823, t. IV, lib. XX, pp. 408-409.

34 Questi, comunque, esistevano. Nel 1874 Avenel scriveva: «S'il faut en juger par un fragment, conservé dans nos manuscrits, ces chansons écrites à peine en français sans un grain de sel, sans une pointe d'esprit étaient d'une grossièreté si révoltante qu'il est impossible qu'on ait osé les chanter en présence de la princesse». Cfr. RICHELIEU, *Lettres, instructions diplomatiques et papiers d'état*, Paris, Imprimerie Nationale, 1874, t. VII, p. 634.

35 Lettera di Cristina a Richelieu, 19 maggio 1629, *ivi*, p. 635.

36 Cristina al duca, 15 maggio 1629, in G. CLARETTA, *Storia della reggenza*, cit., t. I, p. 193.

37 Richelieu a Cristina, 26 maggio 1629, in RICHELIEU, *Lettres*, cit., vol. VII, p. 977. Biscarat, capitano di una «compagnie de cheveux légers», nel 1639 fu nominato governatore «de Charle-

tamente a Carlo Emanuele I, manifestando la speranza che il duca desse presto alla nuora la «satisfaction touchant l'affaire de Pomeuse, comme je vous en ay desjà suplié, et suplie encore de nouveau par ces lignes».[38] Il duca rispose con belle parole, ma in realtà non intendeva far nulla.

Nel frattempo, la situazione degli Stati sabaudi peggiorava di giorno in giorno. L'11 giugno Carlo Emanuele I dovette firmare un trattato con cui riconosceva a Carlo di Gonzaga-Nevers il possesso del Monferrato. Si trattava del primo passo verso la soggezione degli Stati sabaudi alla Francia, che sarebbe stato sancito due anni dopo dalla cessione di Pinerolo.

Intanto Pomeuse s'andava riprendendo dalle ferite dell'aggressione e non aveva alcuna intenzione di starsene tranquillo in disparte. Dal suo rifugio, anzi, aveva iniziato a rivolgere sfide a chi riteneva responsabile di quanto gli era accaduto. All'inizio di luglio, il cardinal Maurizio scriveva che il comportamento dello scudiere «était arrivé à une audace et insolence insupportable».[39]

Il 27 luglio Cristina dava alla luce Ludovica, prima figlia dopo nove anni di matrimonio. Padrino della principessa era proprio il cardinal Maurizio: un ruolo che avrebbe creato qualche imbarazzo di lì a non molto.[40] Ma nemmeno la nascita della bambina allontanava la sua mente dalla sorte di Pomeuse. Pochi giorni dopo il parto, il 5 agosto, la principessa scriveva, infatti, al padre Monod, ordinandogli di adoperarsi con Richelieu perché il suo scudiere potesse tornare a corte, «car le dit Pommeuse n'a jamais manqué en rien de tout ce qui on a voulu l'accuser».[41]

Alla fine d'agosto del 1629, Carlo Emanuele I e il cardinal Maurizio, ben lontani dal volere accogliere le richieste di Cristina, decisero di agire, facendo catturare Pomeuse con un nuovo agguato. Nei propri *Mémoires* Richelieu presentava l'accaduto come un'evidente prova della doppiezza sabauda: «Pour montrer encore plus clairement aux Espagnols la mauvaise intelligence en laquelle il vouloit estre avec la France, le duc de Savoie fit

---

ville et du mont Olympe». La «Gazette de France» informa che morì nel 1641, ferito alla presa del forte di Rienne (Luxembourg). Il suo nome era scritto spesso «Biscara» o «Biscaras». Lo stesso giorno inviò una lettera analoga al maresciallo de Créquy.

38 Richelieu, *Lettres*, cit., t. III, pp. 333-334.

39 Lettere del cardinal Maurizio al senatore François de Montfalcon, ambasciatore sabaudo presso il re di Francia, 4 luglio e 11 agosto 1629, riportate in G. Claretta, *Storia della reggenza*, cit., t. I, p. 194. Pomeuse era arrivato a scontrarsi anche con un certo Basin, che era stato mandato da lui dalla stessa Cristina.

40 A. Bazzoni, *La reggenza di Maria Cristina, duchessa di Savoia*, Torino, Franco, 1865, p. 246.

41 Lettera di Cristina a Monod da Mirafiori, 5 agosto 1629, in G. Claretta, *Storia della reggenza*, cit., t. I, p. 194. Dal canto suo il cardinal Maurizio informava tutti del comportamento spavaldo di Pomeuse, che non meritava alcun perdono. Cfr. la lettera di Maurizio al senatore Montfalcon, 1° ottobre 1629, *ivi*, p. 195.

prendre Pomeuse, gentilhomme de Madame, sur le chemin du Montferrat et le fit mener prisonnier à Yvrée».[42] A Cristina, ormai totalmente isolata, non restò che rivolgersi ancora a Richelieu.[43]

Da allora i carteggi fra i ministri di Luigi XIII e quelli di Carlo Emanuele I tornarono più volte sulla sorte del nobile. Dalla corte sabauda giungevano parole accomodanti, ma i fatti non seguivano. Il duca, in realtà, sospettava che Pomeuse, oltre che una spia, fosse stato l'amante di Cristina. Fu lo stesso Richelieu a raccontare che Carlo Emanuele I aveva «fait positivement interroger Pomeuse s'il n'avoit pas couché avec M[adame], ou ne sçavoit pas que quelque autre y eust couché».[44]

Un segno che a corte le dicerie sulla paternità di Ludovica erano assai forti, se lo stesso duca non n'era esente. Il cardinale, inoltre, raccontava che durante gli interrogatori a Pomeuse venivano bendati gli occhi così che non vedesse chi lo inquisiva. «Est diabolique et montre la rage de ce petit démon», commentava Richelieu, lasciando intendere che a fare alcuni interrogatori fosse lo stesso duca.[45]

Sia Luigi XIII sia il suo ministro insistettero con sempre maggior forza perché lo scudiere di Cristina fosse liberato. Il duca non aveva le forze per vincere lo scontro. Grazie anche alla mediazione di padre Monod, fu infine raggiunto un accordo, per cui Pomeuse poté far ritorno in Francia.[46]

Pochi mesi dopo, lo scudiere di Cristina era fra gli «échançons» di Luigi XIII: carica che mantenne almeno sino alla morte del padre Etienne.[47]

---

42 Richelieu, *Lettres*, cit., 1858, t. III, p. 548. Id., *Mémoires*, cit., t. V, p. 264: «Ils avoient à peine satisfait Madame de l'injure qu'ils lui avoient faite l'assassinant par le chemin, lorsqu'elle l'envoyoit trouver le Roi, qu'ils lui font derechef celle ci de gaîté de cœur, sans qu il eût fait autre mal que de s'être mis travesti en chemin pour aller à Casal servir le Roi, ce que le duc et le prince son fils ne vouloient pas».

43 «J'ay receu encore un desplaisir par la mesme personne aiant esté cause que l'on ayt mis Pomeuse en prison; qui s'en aloit à Casal travesti, pour passer plus facilement et aussy pour se batre avec un traistre qui m'a deservie» Cristina a Richelieu, 4 settembre 1629, in Richelieu, *Lettres*, cit., t. VII. p. 636.

44 Richelieu a Bouthillier, 27 febbraio 1630, *ivi*, t. III, p. 548.

45 *Ibid.*

46 Il testo dell'accordo, inviato da Monod al duca, è in Archivio di Stato di Torino, Storie della Real Casa, Cat. III, *Storie particolari*, mz. 2 d'add, f. 1/d, *Carte relative all'affare Pommeuse*. Il cardinal Maurizio «voulant temoigner le respect qu'il porte aux inclinations de Madame et sachant qu'elle desire la liberte du sr. Pomeuse, prisionnier de S.A.», accettava che questi fosse messo in libertà, «pardonne tout ce qui s'est passé, et promet de ne l'en faire jamais rechercher». Cristina, da parte sua, prometteva «d'oublier tout ce qui c'est passé», anche in rapporto al conte Valperga. Entrambi avrebbero ordinato ai propri uomini di sospendere faide e vendette. Il duca, in segno di buona volontà verso il re di Francia, avrebbe fatto rimettere Pomeuse a uomini scelti da Cristina. Questi lo avrebbero scortato in salvo in Francia.

47 E. Griselle, *État de la maison du roi Louis XIII*, cit., p. 367.

Nel frattempo, Carlo Emanuele I aveva ordinato a tutti i francesi presenti alla corte sabauda, *in primis* ai membri della piccola corte di Cristina, di lasciare il Piemonte e di tornare in Francia. Il legame fra la partenza di Pomeuse e quella della corte di Cristina è sottolineato anche nei *Mémoires* di Richelieu. Carlo Emanuele I e Vittorio Amedeo, scriveva il cardinale,

> s'échappèrent à dire à Madame qu'elle avoit été jusques alors française, qu'il falloit que de là en ayant elle fût piémontaise, qu'ils lui vouloient ôter le reste de ses Français, et même ils ne voulurent plus permettre qu'elle se servit d'un bon père feuillant que la Reine sa mère lui avoit envoyé pour son confesseur, au lieu du père Monod, jésuite, qu'ils lui avoient donné et qu'elle avoit éloigné d'elle après quelques années, mais lui dirent q'elle n'en auroit point d'autre que piémontais, que ce seroit un espion au lieu d'un confesseur et qu'ils ne le vouloient pas souffrir.[48]

L'espulsione dei francesi è ricordata anche dalla *Relation*.[49]

Cristina, però, non scordò Pomeuse. Un anno dopo, alla fine di settembre, quando il marito Vittorio Amedeo I era ormai divenuto duca (Carlo Emanuele I era morto il 26 luglio 1630) scrisse a Monod: «J'ai toujours les choses de Pommeuse sur le coeur» e gli chiedeva di adoperarsi perché tornasse.[50] Ancora l'anno successivo, dopo che il trattato di Cherasco aveva di fatto soggiogato la politica sabauda a quella francese, la duchessa si rivolse di nuovo a Monod perché convincesse il duca ad accettare il ritorno a Torino del suo antico scudiere. Vittorio Amedeo I stava allora costituendo la nuova corte della moglie e questa sperava di potervi riaccogliere almeno qualcuno dei francesi che erano stati allontanati.

Monod da parte sua non poteva far altro che ricordare a Cristina che già prima di partire aveva «fait très grande instance» al duca. Ma ne aveva ottenuto solo che, quando tutte le cariche di scudiere fossero state assegnate, Pomeuse potesse compiere «un voyage en Piémont pour temoigner qu'il en était pas banni».[51] Non ho trovato prove, però, che questo viaggio sia mai avvenuto.

---

48 Richelieu, *Mémoires*, cit., t. IV, pp. 264-265.

49 «Cela (l'allontanamento di Pomeuse) fut suivy de l'esloignement de tous le domestiques françois de la princesse», ricordava la *Relation;* «les femmes de chambre mesme lui furent ostées, ily eut la mesme année rupture entre la France et la Savoye et la guerre estant declarée, il y eut sujet ad duc de faire sortir tous le françois de ses estats» (*Relation*, cit., p. 6).

50 Cristina a Monod, 23 settembre 1630, in G. Claretta, *Storia della reggenza*, cit., t. I, p. 196.

51 Monod a Vittorio Amedeo I, Parigi 14 settembre 1631, in S. Foa, *Mission du pere Monod a Paris en 1631 s'après ses lettres*, «Memoires de l'Académie des sciences, belles-lettres et arts de Savoie», 1909, pp. 563-655: 590.

Un decennio dopo, la vittoria di Cristina nella Guerra civile piemontese sembrò creare le condizioni per il ritorno di Pomeuse a Torino. Ma così non fu. Il contesto, infatti, era ancora una volta avverso.

Non che Cristina non fosse restata vicina a Pomeuse. Tallemant racconta, anzi, che quando morì Etienne Puget de Pomeuse, fra il 1638 e il 1639, «le désordre de ses affaires» obbligarono suo figlio Maximilien a lasciare la corte e a ritirarsi nel suo feudo. Qui, scontratosi più volte coi funzionari reali, ebbe seri problemi con la giustizia, guai per uscire dai quali si rivolse a «Madame de Savoie», che chiese ed ottenne per lui la grazia del re.[52]

Due anni dopo, però, nel maggio 1641, la reggente rifiutò a Pomeuse il permesso di tornare alla sua corte. La moglie Magdalaine s'era portata a Torino senza l'assenso di Cristina, con la speranza di preparare il rientro suo e del marito al servizio della duchessa. Il momento, però, era complicato. Il 30 dicembre 1640 Richelieu aveva fatto arrestare il conte d'Agliè. I tentativi di pace svoltisi in autunno e inverno erano falliti, per cui la guerra era ripresa con maggior forza. Il ritorno in Piemonte di Pomeuse sarebbe stato un ulteriore elemento di tensione e, probabilmente, anche Richelieu non lo avrebbe apprezzato. «Il m'importe de me défaire de ces deux personnes», scriveva Cristina a don Felice di Savoia (l'unico esponente della dinastia che le fosse restato fedele) «en cette conjuncture ou l'humeur et l'esprit de son mari me seraient d'un grand embarras».[53]

Un anno più tardi, da un'altra lettera a don Felice apprendiamo che Magdalaine Pomeuse era di nuovo in viaggio verso Torino «pour me voir et pour me rendre ses devoirs». La duchessa lo invitava, quindi, ad assisterla nel suo percorso: «les succes de feu sa mère, ma nourrice, et ceux de son mari et les siens m'etant considerables».[54] Pomeuse, però, era restato in Francia. La conclusione della guerra civile con le nozze di Maurizio, non più cardinale, con la tredicenne nipote Ludovica nel settembre 1642, non rendevano politicamente praticabile un suo rientro in Piemonte.

La vicenda Pomeuse e i dubbi sulla nascita di Ludovica tornarono però (non a caso) – come abbiamo visto sopra – quando aleggiò la possibilità d'un matrimonio della principessa col cugino principe di Carignano. Un'ipotesi non concretizzata, ma che – stando a quanto raccontava nel 1670 l'ambasciatore veneto Francesco Michiel – era vista con favore a Torino: «per le di lei [Ludovica] nobili condizioni ogni condizione di persone l'acclamerebbe al comando ed alla sovranità». Infatti, secondo Michiel, «non vi

---

[52] G. TALLEMANT DES RÉAUX, *Histoirette*, cit., t. V, p. 12.

[53] Cristina a don Felice, 23 maggio 1641, in G. CLARETTA, *Storia della reggenza*, cit., t. I, p. 196.

[54] Cristina a don Felice, 1642, *ivi*, pp. 196-197.

sarebbe chi non acclamasse la di lei sovranità per soggettarsi volentieri al giogo dell'ubbidienza ed all'obbligo di suddito d'una sì grande e così ammirabile principessa».[55]

Le accuse della *Relation* e i trentennali pettegolezzi di cui erano espressione non sembrano, quindi, aver impedito che la principessa giocasse un ruolo politico congruo al suo *status*.

[55] F. Michiel, *Relazione di Savoia*, in *Relazioni di ambasciatori veneti al Senato*, a cura di L. Firpo, Torino, Bottega d'Erasmo, 1983, t. XI, *Savoia (1496-1797)*, pp. 405-406 (975-976).

Blythe Alice Raviola*

LUDOVICA DI SAVOIA.
LETTERE DI UNA PRINCIPESSA: AFFETTI, RELAZIONI, AFFARI

Il *corpus* di lettere di Ludovica di Savoia ai familiari – alla madre, al padre, al fratello e alle sorelle, ancor più al marito – lascia intravedere una personalità per nulla sbiadita. Informata delle cose di corte, attenta alle notizie dall'esterno, curiosa, la principessa manifesta sin da bambina un alto grado di adattamento alle esigenze dinastiche della famiglia e gusti precisi. Un breve spoglio delle missive darà dunque conto degli interessi della giovane consorte del principe Maurizio già cardinale, destinata a sopravvivergli di parecchi anni e dunque a gestire il patrimonio acquisito in un costante scambio di notizie e affetti con la madre Cristina ('Maman'), con il fratello Carlo Emanuele e con le sorelle, cui restò legata per tutta la vita da un sentimento profondo e partecipe.

Questo contributo – anche a fronte della scarsa letteratura su Ludovica di Savoia, che pure il volume contribuirà a incrementare – sarà giocoforza breve. Si concentrerà, tuttavia, su alcuni aspetti che paiono salienti nel voler tratteggiare la biografia di un'esponente non secondaria – e dalla lunga vita – di Casa Savoia.

Il 24 febbraio 1636, da Vercelli, la bimba Lodovica Maria di Savoia scriveva al «Serenissimo signor prencipe Cardinale mio signore e zio» dichiarandosi triste per la sua assenza – «son tante le raggioni che vogliono ch'io tenghi memoria di Vostra Altezza che né le feste di Carnevale né la sua lontananza puotran mai divertirmi» – ma chiedendogli anche «d'inviarmi un poco delli guanti di costì per me».[1] Non sappiamo se sia realmente questa

* Oltre agli organizzatori della proficua giornata di studio del 28 novembre 2022, desidero ringraziare Claudio Rosso, con il quale ho condiviso il piacere di schedare le lettere di Ludovica di Savoia presso la sala di studio dell'Archivio di Stato di Torino, anch'essa luogo di affetti e relazioni. Intrecciato al contributo di Claudio, per temi, impressioni, sintonie, va inteso questo mio.

[1] Archivio di Stato di Torino (ASTo), Corte, Lettere di principi diversi, m. 20, Lodovica Maria Cristina di Savoia, moglie del principe Maurizio (1636-1686), fasc. 1, n. 2, 24 febbraio 1636.

la seconda lettera della principessa in assoluto (la prima, datata 3 novembre 1635 e sempre diretta al principe cardinale, contiene una notizia militare),[2] ma è paradigmatico non solo il fatto che sia indirizzata al suo futuro marito, bensì che contenga due tratti della personalità di Ludovica: la diligente devozione per le incombenze di Stato e una comprensibile civetteria.

Da quella letterina a poco più di un anno, nell'ottobre del 1637 Ludovica, al pari dei fratelli Francesco Giacinto e Carlo Emanuele e delle sorelle Enrichetta Adelaide e Margherita Violante, sarebbe rimasta orfana di padre. Com'è noto, la morte di Vittorio Amedeo I gettò la dinastia, la corte e lo Stato nell'instabilità di un'aspra guerra civile, della quale i figli e le figlie del duca e di Cristina di Francia sarebbero stati non solo testimoni, ma pedine cruciali. Di fronte alla minaccia scatenata dalle prime, aggressive mosse militari di Tommaso di Savoia, Cristina aveva infatti «spedito d'urgenza il duchino Carlo Emanuele in Savoia e l'aveva affidato alla guardia di don Felice di Savoia, bastardo del duca Carlo Emanuele I»;[3] insieme con l'erede alla successione si trovavano anche le sorelle. Traccia di quel vissuto protetto eppure incerto è nella terza manifestazione grafica di «Lodovica Maria», una lettera autografa stesa con *ductus* ordinato e qualche errorino da «Chiamberi li 2 lugno 1639». La bambina aveva dieci anni ed era ben al corrente dei venti di guerra che attraversavano il Piemonte:

> La bona nova della ricuperatione di Chivazo mi ha rallegrata grandemente per ii boni progressi delle sue giuste armi, quanto che mi augumenta la speranza di presto rivederla e riverirla con effetuatione della promessa già molte volte fattami che non mi allontanarebe dalla Sua Real Persona. Fui lunedì a M.ian [Montmélian] e vidi Sua Altezza Reale, che sta con buona salute, como ancho la sorelina Adelaida, e tutti insieme suplicassimo la Serenissima Vergine per la conservazione e felicità di Vostra Altezza Reale.[4]

---

2 *Ivi*, n. 1, da Torino, sempre allo zio Maurizio.

3 F. Cognasso, *I Savoia*, Milano, Corbaccio, 1999 (I ed. Milano, Dall'Oglio, 1971), p. 408. Sul ruolo determinante di don Felice, nato da Argentina Provana e luogotenente del Nizzardo prima di Maurizio, cfr. P. Bianchi, *Una riserva di fedeltà. I bastardi dei Savoia fra esercito, diplomazia e cariche curiali*, in *L'affermarsi della corte sabauda. Dinastie, poteri, élites in Piemonte e Savoia fra tardo medioevo e prima età moderna*, a cura di P. Bianchi e L.C. Gentile, Torino, Zamorani, 2006, pp. 305-360: 344-347, e ora A. Goretti, *«Quello che io giudico per suo servitio et conservatione». Il rapporto tra il principe Tommaso di Savoia Carignano e il fratello Vittorio Amedeo I, duca di Savoia (1630-1637)*, tesi di laurea, Università degli studi di Milano, Laurea magistrale in Studi storici, rel. B.A. Raviola, correl. A. Dattero, a.a. 2022-2023, pp. 92 sgg.

4 ASTo, Corte, Lettere di principi diversi, m. 20, Lodovica Maria Cristina di Savoia, moglie del principe Maurizio (1636-1686), fasc. 1, n. 6. Con tutta probabilità «lugno» va inteso per giugno: il 1° di quel mese, infatti, Cristina aveva siglato un accordo con Richelieu per consegnare ai francesi le piazzeforti temporaneamente occupate o minacciate dalle truppe del principe Tommaso, fra cui Ivrea, Biella, Asti, Chivasso e la stessa città di Torino.

Rivolgendosi alla madre come «humilissima figlia e serva», Ludovica dimostrava di conoscere già a fondo i codici del lessico politico e familiare sabaudo. Del resto, era la figlia maggiore – l'esperta zia Margherita di Savoia la chiamava non a caso «picola Madama» –[5] e, nella tradizione principesca, stava ricevendo i primi rudimenti nelle cose di Stato, delle quali, peraltro, nell'età matura, sarebbe stata partecipe con un certo distacco.

La storiografia più recente conferisce la giusta importanza alle lettere quale veicolo di informazioni, come pure di sentimenti ed espressioni sincere. Grazie all'epistolografia, una folta messe di scritture rimaste nell'ombra o giudicate di scarsa importanza, se non imbarazzanti, per la ricostruzione delle vicende di una dinastia, di un *network*, di un ambito percepito come esclusivamente politico e dunque scevro da implicazioni affettive e personali, sta al contrario ricevendo la debita considerazione proprio ai fini di una piena comprensione di quei contesti complessi.[6] Ecco che le missive di una fanciulla, poi donna, per lo più citata solo in relazione al suo matrimonio, possono costituire la base per uno scavo interno tanto alla sua specifica esistenza quanto al gruppo di persone con cui si relazionò. Da sposa bambina a principessa consapevole, potremmo dire, almeno in base alle testimonianze dirette che ci restano: un percorso certo comune alla maggioranza delle figlie dei sovrani europei, eppure diverso nella misura in cui il temperamento, le circostanze, i contatti forgiarono per ciascuna di esse una storia a sé.

La lettera che forse più colpisce e interroga noi contemporanee e contemporanei è quella del 10 agosto 1642 da Torino, che inizia così:

> Quello incognito affetto, che mi fece amante di Vostra Altezza prima che io sapessi cosa fusse amore, è giunto tanto oltre che non lascerebbe quiete in me stessa ogni volta che mi consoli d'averla a servire in breve di presenza. Era oggi il giorno destinato a quelle promesse, le quali hanno ad obbligarle eternamente la mia fede.[7]

In realtà, dal marchese Giovanni Domenico Doria di Cirié, maggiordomo maggiore di Maurizio, Ludovica aveva appreso di dover aspettare il marito per altri «tre o quatro giorni, non senza mia grandissima impatientia,

---

[5] L'appellativo, affettuoso e politico insieme, si trova in un plico della duchessa vedova di Mantova e Monferrato datato 29 dicembre 1632 che cito in *«Hija de tal madre». La dote di Margherita*, in *L'Infanta. Caterina d'Austria, duchessa di Savoia (1567-1597)*, a cura di B.A. Raviola e F. Varallo, Roma, Carocci, 2013 («Studi sabaudi», 1), pp. 519-540: 529.

[6] Cito come esempio recente e virtuoso la raccolta di studi *Scriver dei figli. Lettere "eccellenti" tra Medioevo ed età moderna (XIV-XVIII secolo)*, a cura di M. Ferrari *et al.*, Milano, FrancoAngeli, 2021.

[7] ASTo, Corte, Lettere di principi diversi, m. 20, Lodovica Maria Cristina di Savoia, moglie del principe Maurizio (1636-1686), fasc. 1, n. 13.

che vorrei pure vederlo stretto meco con l'istesso nodo, et insomma tanto mio quanto io sono sua».[8]

Consuete per l'epoca, le nozze impari per età della sposa e dello sposo costituiscono, nelle società di diritto, un abominio, e giustamente scandalizzano ove – per motivazioni antropologiche – tale pratica sia ancora diffusa. Non si tratta qui di discuterne, né abbiamo strumenti per sapere quanto tali parole siano spontanee o frutto, invece, di formulari improntati alla retorica amorosa barocca. Contano, semmai, i riferimenti languidi e insistiti alla nuova condizione nuziale, non privi di un certo brio giovanile: «Vo in me stessa ambitiosa d'esser cara a Signor così caro, et il titolo che si attribuisce di mio schiavo, lo cambierò per quello di Re in ogni mio pensiero e Principe della mia volontà».[9]

Risuonano gli echi del più celebre carteggio sentimentale – e però tutto politico – fra Carlo Emanuele I e Catalina Micaela,[10] sebbene in tal caso predomini certamente l'artificio. Un artificio, possiamo presumere, coltivato dalla madre in virtù della ragion di Stato e delle nozze ventilate per porre fine alla guerra con i cognati Tommaso e Maurizio, ma forse fondato pure su una simpatia di Ludovica per lo zio cardinale, reale o indotta che fosse. Già nel 1640, da Chambéry, la nipote gli era grata per la «memoria che si compiace tenere della persona mia [...] massime non la credendo divisa da quella di Madama Reale» e ricambiava «con quell'istesso affetto che m'obliga l'attinenza del sangue».[11] Nell'età della dissimulazione, tanto più durante il conflitto civile, pesano, e non poco, le allusioni alla consanguineità e alla comunanza di affetti tra genitrice e zio, allora posizionati sui due schieramenti opposti.

Quello tra i due fu, certo, un connubio di clamorosa convenienza politica, per il quale si rese necessaria la dispensa di papa Urbano VIII. Come ebbe a chiosare Cognasso accodandosi alla visione negativa della reggenza di Cristina: «Il matrimonio fu celebrato a Torino il 13 agosto con procura dello sposo, a Nizza il 21 settembre con procura della sposa; il coniugio fu celebrato poi a Sospello. E scomparvero i madamisti ed i principisti, ma quale rovina per il Piemonte, le sue istituzioni e la sua vita economica!».[12]

---

8 *Ibid.*

9 *Ibid.*

10 Carteggio su cui molto si è lavorato negli ultimi anni: cfr. almeno M.J. Del Río Barredo – M. Sánchez, *Le lettere familiari di Caterina di Savoia*, in *L'Infanta*, cit., pp. 189-212. Le missive della figlia di Filippo II al marito sono integralmente trascritte in *Lettere inedite a Carlo Emanuele I (1588-1597)*, a cura di G. Altadonna, 3 voll., Messina, Il Grano, 2012.

11 ASTo, Corte, Lettere di principi diversi, m. 20, Lodovica Maria Cristina di Savoia, moglie del principe Maurizio (1636-1686), fasc. 1, n. 7, da Chambéry, 27 gennaio 1640.

12 F. Cognasso, *I Savoia*, cit., p. 410. Per le valutazioni storiografiche del tempo della reggenza, resta imprescindibile C. Rosso, *Le due Cristine: Madama Reale fra agiografia e leggenda nera*,

A ogni modo, al di là del severo giudizio, Ludovica assunse con piglio compunto il ruolo di consorte di un principe cui furono assegnati, lasciata la porpora, la luogotenenza e il governo della città e contado di Nizza. Ora che anche questo aspetto è stato di recente sviscerato, con le implicazioni relative al controllo di un avamposto sul mare di fondamentale importanza per il ducato,[13] concentriamoci sulla principessa, che raggiunse presto Maurizio a Nizza. Il viaggio fu intrapreso nel settembre del 1642 e toccò i luoghi di Cuneo, Savigliano e Tenda: a Savigliano lo avvisava di aver inviato un servitore «per accompagnare le robbe che Madama Reale mia signora madre ha fatto fare per Vostra Altezza». Gli sposi si ritrovarono a Nizza il 23 settembre e iniziò per loro un soggiorno di mesi, durante i quali la giovane principessa prese via via familiarità con l'*entourage* del posto: il «medico Ghigonio» che le curò la febbre in ottobre,[14] sostituito poi dal medico Riccardi, «meritevole d'ogni accrescimento»;[15] Giacomo Ludovico d'Agliè, valletto di Maurizio;[16] il presidente del Senato nizzardo Monetti, dotato di «sentimenti così buoni e azioni così meritevoli».[17] La comprensibile nostalgia per la corte di Torino si faceva sentire e a fine ottobre la ragazza pregava la madre «de ranvoier Madame la marquise Ville le plutôt qu'elle pourra pour demeurer avec moi un peu de temps».[18] Del resto, ammetteva con

---

in *In assenza del re. Le reggenti dal XIV al XVII secolo (Piemonte ed Europa)*, a cura di F. Varallo, Firenze, Olschki, 2008, pp. 367-392, insieme con A. Porpiglia, *L'immagine storiografica di Cristina di Francia dall'Ottocento a oggi*, *ivi*, pp. 559-579.

13 Mi permetto di rimandare al mio *Il principe di Oneglia. Maurizio di Savoia e il governo di Nizza (le carte torinesi)*, in *Il cardinale. Maurizio di Savoia, mecenate, diplomatico e politico (1593-1657)*, a cura di J. Morales, C. Santarelli e F. Varallo, Roma, Carocci, 2023 («Studi sabaudi», 12), pp. 183-197. Ma l'intero volume è importante perché consente di tratteggiare a tutto tondo la poliedrica figura di Maurizio nelle sue vesti ecclesiastiche, civili e politiche insieme.

14 ASTo, Corte, Lettere di principi diversi, m. 20, Lodovica Maria Cristina di Savoia, moglie del principe Maurizio (1636-1686), fasc. 1, n. 19, Ludovica alla madre, da Nizza, 8 ottobre 1642: «Spero di esser più tosto sana trovandomi senza febre, se ben ieri mi ripigliò. Al solito mi rimetto al ragguaglio che più distesamente ne darà a Vostra Altezza Reale il medico Ghigonio che se ne viene da Vostra Altezza e le renderà per me grazie dell'avermi inviata la sua persona».

15 *Ivi*, n. 23, da Nizza, 4 novembre 1642, sempre alla madre, alla quale chiede di promuoverlo alla carica di «protomedico» già ricoperta dal suo predecessore Fiocchetti.

16 Che Ludovica raccomanda alla madre: *ivi*, n. 20, da Nizza, 13 ottobre 1642.

17 *Ivi*, n. 21, da Nizza, 24 ottobre 1642, ancora Ludovica a Cristina.

18 *Ivi*, n. 22, da Nizza, 27 ottobre 1642. Si tratta, con tutta probabilità, di Anna Delibera Valperga di Masino, moglie del colonnello Guido Villa, su cui mi sia permesso rimandare alla voce per il *Dizionario Biografico degli Italiani* (*DBI*), XCIX, 2020. Con la prestigiosa famiglia Villa i rapporti erano stretti anche attraverso i Doria: il maggiordomo Giovanni Doria, marchese di Cirié, aveva sposato in prime nozze la nipote di Guido, Costanza Maddalena Valperga Asinari, figlia di suo figlio Ghiron Francesco Villa e della prima moglie di lui Gisla Asinari.

candore la fanciulla, «io sto bene in Nizza, ma starei meglio e più volentieri in Torino appresso a Vostra Altezza Reale».[19]

Ambientatasi poco per volta, iniziò a intercedere per persone e comunità com'era consuetudine per le mogli dei potenti: l'*auditoire* De Orestis, il cameriere Spinola, il conte Michele Antonio Benzi suo «primo scudiero», tutti a suo servizio; ma anche «la comunità del contado di Barcelona perché ora vengo a essere a parte indifferentemente e delle loro gravezze e dei loro solaggi».[20]

A questo genere di lettere, si affiancano nei mesi successivi altre di tono ancor più pragmatico, riservate per esempio alla questione dell'appannaggio di Maurizio, oppure informative, dirette allo sposo stesso. Da Fossano, il 12 gennaio 1644, mentre tornava da Torino doveva aveva trascorso le feste natalizie, Ludovica lo ringraziava per i bei regali inviati a lei, alla suocera e al duchino Carlo Emanuele, aggiungendo: «Nous avons dance le balet de vostre naissance, lequel a rieusi asi bien et Son Altesse Royale a fet des miracles, il a dance si parfettement bien que c'est un cose maraveilleuse».[21] Come la madre, Ludovica era appassionata di balletto e lo praticava nel solco della celebre tradizione della corte di Torino lanciata proprio dalla principessa francese;[22] era peraltro consuetudine che se ne allestisse uno per il compleanno del principe, nato il 10 gennaio. Quanto agli abiti, sempre da Torino, due anni dopo commissionava al marito – «car je n'ai fort de besoin» – la spedizione (da Nizza?) di «6 père de soulier, une broderie fait à la mode de la mesure que je vous envoie de l'estoffe pour faire 2 robes de toilette d'argent, un bleu fort et l'autre jeune».[23]

Dalla corrispondenza risulta altresì evidente il legame preferenziale con la madre, destinataria della maggior parte delle lettere di Ludovica fino alla fine della vita. Quelle degli anni Quaranta lasciano ancora trasparire interessi di natura politica, come quando Ludovica, da Torino, seguì le vicende

---

19 ASTo, Corte, Lettere di principi diversi, m. 20, Lodovica Maria Cristina di Savoia, moglie del principe Maurizio (1636-1686), fasc. 1, n. 26, da Nizza, 7 novembre 1642, missiva nella quale Ludovica comunicava di avere «per tutti i rispetti veduto i figlioli della contessa di Verrua, ma particolarmente perché Vostra Altezza Reale mostra desiderarlo».

20 *Ivi*, da Nizza, 24 novembre 1642, con riferimento al luogo di Barcelonette. Per gli altri servitori menzionati si vedano rispettivamente le missive del 9 novembre, 30 novembre e 18 dicembre.

21 *Ivi*, n. 34.

22 D'obbligo il rimando agli studi di M. Viale Ferrero, *I balletti di corte sabaudi. Maurizio di Savoia e Filippo d'Agliè*, «Antichità viva», V, 4, 1966, pp. 7-22, e *Le feste delle Madame Reali di Savoia*, Torino, Istituto Bancario San Paolo di Torino, 1965, nonché a F. Varallo, *Le feste da Maria Cristina a Giovanna Battista*, in *Storia di Torino*, IV, *La città fra crisi e ripresa (1630-1730)*, a cura di G. Ricuperati, Torino, Einaudi, 2002, pp. 483-502.

23 ASTo, Corte, Lettere di principi diversi, m. 20, Lodovica Maria Cristina di Savoia, moglie del principe Maurizio (1636-1686), fasc. 1, n. 29, s.g., ottobre 1646.

militari relative alle campagne franco-spagnole: «si plet à Dieu, l'on reprandera la sitadele d'Asste, et par consequant Votre Altesse Royale retournera à Rivole», si augurava la principessa circa le manovre francesi nei pressi di Asti. E alla firma, in quei mesi aggiungeva spesso il nome «Chrestienne», a voler ribadire il vincolo con la reggente.[24] Sulla via del ritorno a Nizza, Ludovica supplicava quindi la duchessa di voler sgravare «i deputati della valle di Stura Soprana» dal pagamento del quartiere d'inverno.[25]

Nel 1644, invece, chiedeva alla duchessa di intercedere presso la curia romana affinché il pontefice assicurasse una pensione di 100 scudi d'oro al segretario De Grandis.[26] Tale documento, riferibile al tessuto di relazioni costituite dai Savoia con lo Stato pontificio,[27] ci consente di introdurre una riflessione sul profilo di Ludovica di Savoia. Al di là di questo riferimento del tutto pragmatico e a una veloce menzione, peraltro poco chiara, alla «Madone de Lorè»,[28] le carte della principessa paiono pressoché scevre di contenuti devozionali. Sfugge, insomma, la dimensione intima, religiosa di Ludovica e non è semplice capire se si tratti di lacune documentarie o, piuttosto, di un tratto peculiare della sua personalità, che in qualche modo la differenzia da altre esponenti della dinastia, specie dalle infanti che la precedettero.

Sappiamo che Ludovica, come la reggente Cristina, fu ascritta al novero delle consorelle della Compagnia dell'Umiltà di Torino, introdottavi dalla madre stessa, ed è vero che in punto di morte chiese di essere sepolta proprio «in abito di Umiliata»;[29] ma più che attiva e partecipe, la sua presenza

---

[24] *Ivi*, n. 39, da Torino, 2 settembre 1644.

[25] ASTo, Corte, Lettere di principi diversi, m. 20, Lodovica Maria Cristina di Savoia, moglie del principe Maurizio (1636-1686), fasc. 1, n. 40, da Tenda, 12 novembre 1644.

[26] *Ivi*, n. 42, da Nizza, 26 novembre 1644.

[27] Si rimanda nel complesso a *Casa Savoia e Curia romana dal Cinquecento al Risorgimento*, a cura di J.F. Chauvard, A. Merlotti e M.A. Visceglia, Roma, École française de Rome, 2015.

[28] ASTo, Corte, Lettere di principi diversi, m. 20, Lodovica Maria Cristina di Savoia, moglie del principe Maurizio (1636-1686), fasc. 1, n. 38, da Rivoli, 16 giugno 1644, al consorte Maurizio di Savoia: «J'envoy le Conte Broglie vous rancontrer de ma part il vous dira l'impatiance que jay de vous voir et de vous servir, je vous prie de me faire dire si vous voulez que je vous aie au rancontre jusques à Raconis ou à Milefleurs ou que j'aglie avec MR ma maman vers la Madone de Lore». È noto che i principi italiani e soprattutto le principesse manifestarono spesso l'intenzione di effettuare un pellegrinaggio al santuario di Loreto. Per l'ambito sabaudo si ha notizia di ben due viaggi compiuti presso il luogo di culto marchigiano, proprio nel 1644 e nel 1650, da parte dell'infanta Maria Apollonia, che per tutta la vita mantenne rapporti stabili con lo Stato pontificio: B.A. Raviola, *Venerabili figlie: Maria Apollonia e Francesca Caterina di Savoia, monache francescane, fra la corte di Torino e gli interessi di Madrid (1594-1656)*, in *La Corte en Europa. Política y religión (siglos XVI-XVIII)*, a cura di J. Martínez Millán, M. Rivero Rodríguez e G. Versteegen, Madrid, Editorial Polifémo, 2012, vol. II, pp. 887-910; quindi P. Cozzo, *Savoia, Francesca Maria Apollonia*, in *DBI*, XCI, 2018.

[29] Cfr. B.A. Raviola – P. Gentile, *Gentildonne, reti familiari e relazioni con Casa Savoia tra*

pare motivata da una prassi instauratasi presso la corte di Torino, che imponeva alle esponenti di Casa Savoia e alle loro dame di camera di far parte del sodalizio e sostenerlo con il prestigio del nome oltre che con qualche elemosina. Anche svestirsi dei sontuosi panni principeschi indossati in vita faceva parte del *Dispregio del mondo*, per citare il titolo di un'opera di Giovanni Botero datata 1584, raccomandato dai confessori spirituali ai principi e alle principesse in punto di morte sin dal Medioevo. Allo stesso modo, dunque più che altro convenzionale e autorappresentativa, si può intendere la sua partecipazione giovanile, con la madre Cristina, la sorella Margherita Violante e il fratello Carlo Emanuele, alla fastosa cerimonia svoltasi a Torino per la festa del Corpus Domini del 1653 progettata da Emanuele Tesauro e studiata da Mercedes Viale Ferrero.[30] O, ancora, il dono di un bassorilievo compiuto con Maurizio a favore della cappella della Madonna del Soccorso fatta erigere dal principe nella chiesa dei Santi Martiri di Torino l'anno successivo.[31]

Per il resto, non pare che Ludovica abbia manifestato una sensibilità profonda per le questioni del culto attivandosi, ad esempio, per promuovere qualche particolare devozione, collezionando reliquie, intrattenendo pie amicizie con confessori o religiosi di sorta. La difficoltà di inquadrare spiritualmente Ludovica di Savoia (lo si ripete, tutta da verificare) conferisce ulteriore spessore alla dimensione cortigiana e al piccolo *network* che caratterizzarono la sua lunga vedovanza. Maurizio di Savoia morì il 3 ottobre 1657 nella loro splendida residenza sulla collina di Torino, oggi nota come Villa della Regina. Va ricordato che le nozze erano rimaste sterili e che la giovane moglie – allora ventottenne – gli sarebbe sopravvissuta di altri trentacinque anni. Un lasso di tempo esteso che l'avrebbe vista per lo più impegnata a raccogliere parte dell'eredità del marito, a gestirla, ma anche a costruirsi un suo spazio personale: tema, anche questo, meritevole di futuri approfondimenti perché il cono d'ombra entro il quale era finita la figura di Ludovica continua ad avvolgere, in verità, svariati altri esponenti – uomini e donne – delle dinastie europee, e ciò vale in misura maggiore per le vedove non regnanti che si erano sposate in giovanissima età.[32]

Cinquecento e Novecento, in *L'Umiltà e le rose. Storia di una compagnia femminile a Torino tra età moderna e contemporanea*, a cura di A. Cantaluppi e B.A. Raviola, Firenze, Olschki, 2017 («Quaderni dell'Archivio storico della Compagnia di San Paolo di Torino – nuova serie», 1), pp. 29-68: 43.

30 M. Viale Ferrero, *Madama Cristina e le feste della città di Torino*, in *In assenza del re*, cit., pp. 483-493: 492.

31 G. Giamportone, *L'altare della Compagnia dell'Umiltà ai Santi Martiri di Torino*, in *L'Umiltà e le rose*, cit., pp. 245-262: 254.

32 Sulle questioni attinenti alla sfera vedovile si veda, pure in riferimento a ceti meno abbienti, cfr. *Widowhood in Medieval and Early Modern Europe*, a cura di S. Cavallo e L. Warner, Harlow, Longman, 1999.

Nel caso specifico, le missive conservatesi non recano traccia del lutto: si va infatti da una lettera scritta nel giorno di Ferragosto del 1657 a Madama Reale da Giaveno, dove la coppia trascorse buona parte dei soggiorni piemontesi, alla successiva del 18 maggio 1658. Ad agosto Ludovica dava conto di un leggero miglioramento dello stato di salute del coniuge («il n'a point volu se remetre au lit pour souper»)[33] ma, com'è stato ricostruito, la morte dei fratelli Tommaso e Maria Apollonia, avvenuta l'anno prima, aveva molto fiaccato il principe accelerandone il declino fisico fino al decesso di poche settimane dopo.[34] Nella tarda primavera del '58 Ludovica si trovava già a Cirié e ringraziava la madre per l'intercessione a favore del fratello del suo maggiordomo Carlo Francesco Compagni:

> L'abate Compagni m'ha dato parte da Roma della provisione concessale da Sua Santità dell'abbazia di Vezzolano, e mi prega di voler contribuire i miei uffizi appresso di lei; acciò siccome essendo stata V.A.R con la sua lettera di raccomandazione il principal mezzo per farle conseguire simil grazia, così abbia a riconoscere dalla sua bontà compita la medesima nel venir ammesso al possesso del benefizio con sua intera soddisfazione. Confido che la clemenza di V.A.R riflettendo ai meriti della casa del medesimo abate, ed a quelli in particolare del Compagni mio maggiordomo, fratello dell'istesso, come alla mia intercessione, et a diversi altri rispetti, sarà per farle provare in questa occasione gli effetti della generosità del suo animo.[35]

È stata ben posta in luce da Cecilia Veronese la centralità del Palazzo Doria di Cirié quale dimora preferita da Ludovica negli ultimi decenni di vita.[36] I prolungati soggiorni testimoniati dai conti di tesoreria e dai contemporanei interventi di abbellimento della residenza trovano puntuale riscontro nella corrispondenza pervenutaci. A Cirié Ludovica era attorniata da una piccola corte, riceveva e aveva amicizie, delle quali si occupava calorosamente.

In questa fase, anch'essa pressoché libera – almeno così pare leggendo la corrispondenza – da impegni devozionali, torna l'elemento del consumo del lusso cui si è accennato in apertura a partire da un paio di guantini. Se

---

33 ASTo, Corte, Lettere di principi diversi, m. 20, Lodovica Maria Cristina di Savoia, moglie del principe Maurizio (1636-1686), fasc. 1, n. 90.

34 P. Cozzo, *Savoia, Maurizio di*, cit.

35 ASTo, Corte, Lettere di principi diversi, m. 20, Lodovica Maria Cristina di Savoia, moglie del principe Maurizio (1636-1686), fasc. 1, n. 91. Il maggiordomo era il fiorentino Carlo Francesco Compagni, sul quale meglio si rimanda qui al contributo di Claudio Rosso.

36 Oltre al contributo in questo volume, cfr. C. Veronese, *Alterum Eiusdem in Ciriaci Pago Delicium. Prime indagini su Ludovica di Savoia e il Palazzo Doria di Cirié*, in *Studi da Venaria*, a cura di A. Merlotti, Torino, Centro Studi Piemontesi, 2021, pp. 45-55.

non mancò, almeno al principio, un qualche richiamo agli anni nizzardi – come quando scrisse grata alla madre per la promozione a protomedico accordata «al Torrini, mio medico» –[37] in seguito Ludovica si occupò di carrozze, feste, riconoscimenti per il personale al suo servizio. Circa le vetture, merita menzionare una missiva speditale dalla sorella Margherita Violante, duchessa di Parma e Piacenza per aver sposato, il 29 aprile 1660 Ranuccio II Farnese, il 22 settembre 1660. Dopo averla ragguagliata in merito alla «piazza vacante nel collegio Ancarano di Bologna a pro di detto Felice Avogadro», suddito sabaudo allora di passaggio alla corte parmense, la sua «servente sorella Margarita» si dilungava sul punto:

> Ho ancora ricevuto alcuni giorni sono una lettera senza data di Vostra Altezza con la scatola e le frange ch'ella con gran ragione trova molto convenienti e più a suo gusto per la carrozza, e così sottomettendomi in questo e in ogn'altro incontro al suo giudizioso parere la prego di voler adoperarsi affinché la detta carrozza sia presto finita, mentre che da mia parte provvederò alla compra degli cento ras di veluto necessari a questo fine, poiché io me ne devo servire per andar in Piemonte in tempo delle nozze di Sua Altezza Reale, e che dicono non essere molto distanti.[38]

Al di là del cenno alle possibili, imminenti nozze di Carlo Emanuele II (che avrebbe poi sposato in prime nozze Francesca Maddalena d'Orléans soltanto il 4 marzo 1663), desta interesse la discussione sui finimenti della carrozza, proseguita in altri scambi tra le due sorelle,[39] poiché ben si comprende come i veicoli fossero determinanti nei processi di autorappresentazione dinastica. Nell'autunno 1660 Margherita ringraziava «ma chère sœur» per la lettera inviatale mediante il conte della Trinità e per «la bontè de prendre pour le desseins du colleurs au carrosses [...] bien ce concert de violet, avoire et blanc».[40] Non era solo una questione di accostamenti di colore; si trattava di far sì che la carrozza fosse conforme allo *status* ducale e rispettasse lo schizzo inviato:

---

[37] ASTo, Corte, Lettere di principi diversi, m. 20, Lodovica Maria Cristina di Savoia, moglie del principe Maurizio (1636-1686), fasc. 1, n. 92, da Ciriè, 10 giugno 1658, a Madama Reale. La promozione di Torrini seguiva la rinuncia all'incarico del medico Faretto. La «serva e fillia Louisa di Savoya» non mancava di esprimere alla madre «la conoscenza che tengo delle mie immense ed infinite obbligazioni» nei suoi confronti.

[38] *Ivi*, n. 94, da Parma, Margherita Violante alla sorella Ludovica. Sull'importanza delle carrozze quale mezzo di rappresentanza dinastica, e con specifico focus sabaudo, si rimanda a *Carrozze regali. Cortei di gala di papi, principi e re*, a cura di M. Lattanzi, A. Merlotti e F. Navarro, catalogo della mostra (Venaria Reale, Reggia, 28 settembre 2013 - 14 luglio 2014), Cinisello Balsamo, Silvana, 2013.

[39] ASTo, Corte, Lettere di principi diversi, m. 20, Lodovica Maria Cristina di Savoia, moglie del principe Maurizio (1636-1686), fasc. 3.

[40] *Ivi*, m. 19, Lettere di Margherita Violante, duchessa di Parma e Piacenza, 1660, s.g., acclusa alla lettera n. 38 diretta alla madre da Parma (s.d., ma fra settembre e ottobre del '60).

Glielo rimetto qui congiunto con appresso il scudo dell'armi di questa Serenissima Casa segnato e colorito come bisogna, acciocché ella si compiaccia di far compire il lavoro con quella compita diligenza e prestezza che sia possibile. Invero conosco di transcendere con troppa libertà nell'incomodarla, ma la fiducia che tengo nella sua cortesia e nell'affetto ch'ella mi porta, mi fa sperare ch'avrà sempre la buontà di favorirmi come io per debito son sempre pronta a servirla.[41]

Anche con l'altra sorella Enrichetta Adelaide, duchessa elettrice di Baviera, Ludovica restò sporadicamente in contatto e grazie a una missiva del luglio 1670 si svela un *network* transnazionale inerente ancora alla famiglia toscana dei Compagni. Al duca elettore Ferdinando Maria di Wittelsbach, infatti, la cognata esprimeva apprezzamento per «i vantaggi del capitano Cosimo Compagni, gentiluomo di bocca di Vostra Altezza Elettorale [...] figliuolo del fu signor Bartolomeo Compagni, nobile fiorentino, il quale ha servito questa Real Casa quaranta anni in circa in qualità di forier maggiore o sii quartiermastro generale della cavalleria e governatore del castello e presidio di Bene, dove è morto».[42] Ludovica auspicava dunque che anche gli altri suoi figli, fratelli di Cosimo, potessero continuare a ricevere favori tanto in Piemonte (dove, lo abbiamo visto, uno era già abate di Vezzolano e un altro governatore di Saluzzo) quanto eventualmente a Monaco.

Lettere simili si riscontrano anche all'indirizzo del fratello Carlo Emanuele II, con il quale i rapporti furono sempre cordiali e affettuosi, e con la nuova Madama Reale, la sua seconda moglie Maria Giovanna Battista di Savoia-Nemours. A quest'ultima, nel corso degli anni Settanta del Seicento, raccomandò vari servitori o si rivolse per la gestione del «mio appannaggio nella provincia d'Ivrea».[43] Al duca, che sarebbe morto nel giugno 1675, e ai suoi ministri, per primi il marchese Carron di San Tommaso e il conte di Piossasco, Ludovica si rivolse invece per la richiesta di una piccola compagnia di gendarmi e cavalleggeri a sua disposizione.[44]

---

41 *Ivi*, n. 26, da Parma, 12 novembre 1660, Margherita alla sorella Luisa.

42 ASTo, Corte, Lettere di principi diversi, m. 20, Lodovica Maria Cristina di Savoia, moglie del principe Maurizio (1636-1686), fasc. 1, n. 99, da Torino, 20 luglio 1670, Ludovica a Ferdinando di Baviera.

43 *Ivi*, n. 103, da Cirié, 4 dicembre 1676, Ludovica a Madama Reale Giovanna Battista affinché tutelasse «Giovan Ruggiero Margherio, ricevidore del mio appannaggio nella provincia nella provincia d'Ivrea per qualche supposta malversazione; e perché sono circa venticinque anni che il medesimo mi serve in tutta puntualità e vantaggio in simile incombenza, non posso [fare] a meno di porger per esso a Vostra Altezza Reale le mie umilissime supplicazioni affinché, sepur talvolta vi fosse luogo a simigliante inquisizione, si degni aver la bontà di non farli provar del tutto il rigore della giustizia».

44 *Ivi*, lettere da Torino del 1° gennaio 1684 (n. 104) e 1° ottobre 1684 (n. 105).

Più ancora emerge un legame con il ramo dei Savoia-Carignano che pare essersi vivificato dopo la morte di Maurizio e di Cristina (27 dicembre 1663) coagulandosi in particolar modo attorno alla persona di Emanuele Filiberto 'il Muto'. Quando questi si sposò – dopo celebri scandali internazionali e la diffida di Luigi XIV – con Angela Maria Caterina d'Este († 1722) in quel di Racconigi il 10 novembre 1684, la sua «affezionatissima cugina e serva Louisa di Savoia» si congedò da lui e dalla «signora principessa sua» dispiacendosi di non poter trascorrere più tempo con loro visto che, dopo «tanti sinistri accidenti e perturbazioni d'animo», si erano dovuti subito mettere in cammino per una sorta di esilio bolognese: un «fastidioso viaggio, in cui creda che l'ho accompagnata sempre col cuore».[45] Del resto, già in passato Ludovica aveva intrattenuto contatti con Maria di Borbone-Soissons, la controversa e volitiva moglie dello zio e cognato Tommaso di Savoia. Nell'ottobre del 1646, mentre il governatore era a Nizza, alla corte di Torino «nous avons vu Madame la princesse de Carignan et sa fille, qui a fort bonne mine; elle est de assez belle taille et fort sage, mes bien melancolique»: forse per questo le due donne speravano di poter presto «paser à Nise», a salutare Maurizio e a svagarsi.[46] Era poi il gennaio del 1647 quando ella informò il marito di aver festeggiato, in sua assenza, il genetliaco con una fastosa cerimonia alla corte di Torino, durante la quale i «messieurs ont abillée de couleur et toute les dames de noir, et Madame la princesse de Carignan et sa fille étaient tout parée et moi, je a fait tout ce que je ai pu pour la soleniser».[47]

Anche i rapporti trasversali con gli Este, anche di linee secondarie (sia di Modena e Reggio sia gli Este di San Martino in Rio che avevano prosperato nel Piemonte sabaudo dal XVI secolo), dovettero rinsaldarsi nel ritiro dorato di Cirié, se si considera che il marchese Giovanni Battista Giusep-

---

[45] *Ivi*, n. 106, da Torino, 29 dicembre 1684. Sulla travagliata vicenda delle nozze di Emanuele Filiberto, che seguivano quelle, ancor più sgradite alla Francia, di suo nipote Luigi Tomaso di Savoia-Carignano-Soissons con Uranie de La Cropte de Beauvais: E. Lurgo, *Questioni di donne. Diplomazia informale e reti femminili alla corte dei Savoia-Carignano (XVII secolo)*, Venezia, Edizioni Ca' Foscari, 2023 («Studi di storia», 17), pp. 59 sgg. (disponibile online in open access: https://edizionicafoscari.unive.it/media/pdf/books/978-88-6969-698-5/978-88-6969-698-5_naeAcHv.pdf).

[46] ASTo, Corte, Lettere di principi diversi, m. 20, Lodovica Maria Cristina di Savoia, moglie del principe Maurizio (1636-1686), fasc. 1, n. 50, da Torino, 27 ottobre 1646, Ludovica al marito. Sulla Soissons: E. Lurgo, *Questioni di donne*, cit., pp. 15 sgg.; A. Franganillo Álvarez, *Servicio y deservicio a Felipe IV. Los Principes de Carignano entre Francia y la Monarquia Hispanica*, «Hispania», LXXVII, 225, 2017, pp. 91-115. La nipote malinconica, e quasi coetanea di Ludovica, era Luisa Cristina di Savoia-Carignano (1627-1689), che nel 1653 avrebbe sposato Massimiliano di Baden-Baden.

[47] ASTo, Corte, Lettere di principi diversi, m. 20, Lodovica Maria Cristina di Savoia, moglie del principe Maurizio (1636-1686), fasc. 1, n. 54, da Torino, 11 gennaio 1647, Ludovica al marito.

pe Nicomede Doria (1655-1714), titolare del feudo piemontese e marchese del Maro, nipote del maggiordomo di Maurizio, avrebbe sposato nel 1688 la principessa Cristina Margherita d'Este, figlia del marchese di Dronero Carlo Filiberto d'Este e di Thérèse de Marolles, dama d'onore di Maria Giovanna Battista. Doria fu ambasciatore a Londra per conto del duca di Savoia e anche verso l'Inghilterra troviamo una lettera di Ludovica, complici naturalmente i rapporti che Cristina aveva intrattenuto con la sorella Enrichetta e con la corte Stuart.[48]

Sarà meglio comprendere come e quanto questi intrecci familiari con le linee collaterali, nel momento in cui stava cessando la reggenza di Maria Giovanna Battista e si andava affermando con decisione il governo di Vittorio Amedeo II, contribuirono a relegare del tutto in un angolo il ruolo, solo in parte politico e sempre meno influente in tal senso, di Ludovica di Savoia. Memore, tuttavia, della parte giocata in vita e degli affetti più profondi, mediante le sue ultime volontà espresse il desiderio di vedersi estirpare il cuore affinché fosse donato «alle Madri Carmelitane per riporlo nel medesimo deposito di Madama Reale mia sovrana e madre» presso la chiesa di Santa Cristina di piazza San Carlo a Torino.[49]

La sua corrispondenza, finora poco frequentata, rivela tratti umani e psicologici non banali e illumina una volta di più su questioni quali le relazioni dinastiche, gli affetti, i consumi, gli spazi della vita di corte che da tempo la storiografia internazionale ha opportunamente ripreso in considerazione, tra *agency*, *soft power* e marginalità.[50]

---

48 Si tratta di una breve lettera di ringraziamento diretta a Carlo II Stuart il 7 maggio 1670 (*ivi*, n. 154) per «les graces qu'il a plu à Vôtre Majesté de me départir par sa lettre que Milord Faucombris m'a rendu». Di lì a tre anni il fratello del sovrano, Giacomo Stuart, re d'Inghilterra dal 1685 al 1688, si sarebbe unito alla casa di Modena e Reggio mediante le seconde nozze con Maria Beatrice d'Este, celebrate nel 1673.

49 Lo ricorda P. Cozzo, *«Sub invocatione humilitatis». La dimensione devozionale della Compagnia dell'Umiltà (ruoli, pratiche, orientamenti)*, in *L'Umiltà e le rose*, cit., pp. 191-208: 202. Lo stesso autore segnala che le spoglie di Ludovica, nel 1836, furono traslate alla Sacra di San Michele insieme con quelle di Maurizio di Savoia per volontà di re Carlo Alberto: Id., *Savoia, Maurizio di*, cit.

50 Si citano qui solo alcuni dei lavori che, di recente, sono tornati su tali categorie storiografiche – adottate non solo in Europa, ma nel contesto globale – con precipua attinenza agli antichi stati italiani: *La politica* charmante. *Società di corte e figure femminili nelle età di transizione*, a cura di E. Riva, «Cheiron», 1, 2017; *Queenship and Powerful Women. Potere e mediazione politica nelle corti europee (secc. XVI-XVIII)*, a cura di C. Cremonini *et al.*, convegno internazionale di studi, Salerno, 8-9 marzo 2023 (in corso di stampa), e ancora il Workshop internazionale *Marginalità principesca. Percorsi femminili, potere e Corte nell'Europa moderna (secc. XVI-XIX)*, a cura di V. Lagioia, E. Riva e C. Recca, Ravenna, 16-17 maggio 2023 (in corso di stampa).

Paolo Cozzo

FRA DIREZIONE DI COSCIENZA ED EDUCAZIONE ALLE VIRTÙ. *L'IDEA SPIRITUALE DELLE DAME DI CORTE* DEL FRATE ARCANGELO DA SALTO (1671)

Scarse sono le notizie relative alla biografia di Arcangelo Ayra. Si sa che nacque – non è noto l'anno – a Salto Canavese (oggi frazione del comune di Cuorgné, nel Torinese), di cui gli Ayra erano consignori.[1] Entrato nell'Ordine dei Minori Osservanti Riformati, dove prese il nome di frate Arcangelo da Salto, vi percorse la carriera, terminata come guardiano del convento torinese della Madonna degli Angeli, uno dei principali luoghi pii della capitale sabauda. Qui Arcangelo morì il 22 febbraio 1677.[2] Le principali informazioni su questo frate «pius et doctus», come lo definì il coevo erudito monregalese Andrea Rossotto, monaco fogliante autore di un celebre catalogo di scrittori piemontesi,[3] riguardano il servizio a corte. Arcangelo fu infatti figura di spicco negli ambienti aulici torinesi di metà Seicento. Lo si ritrova frequentare la corte a partire dagli anni Sessanta del secolo, quando assume le funzioni di direttore spirituale, di consigliere politico e di agente diplomatico. La molteplicità di uffici ricoperti non può certo stupire, essendo ormai pienamente assodata (grazie anche alle indagini svolte negli ultimi anni in tutta Europa su di un'ampia casistica di

---

1 Nella prima età moderna il feudo di Salto risultava suddiviso fra le famiglie Grassi, Silveschi e Aira: «alcuni di questi signori, vivendo ligi ai Valperga, ed altri ai Sammartini, che erano continuamente in guerra fra loro, furono la causa per cui questo comune dovette sopportare gravissimi danni» (G. Casalis, *Dizionario geografico storico-statistico-commerciale degli Stati di S.M. il re di Sardegna*, XVII, Torino, Maspero & Marzorati, 1848, p. 88).

2 C. Aleyson, *La Madonna degli Angeli in Torino: storia illustrata*, Torino, Bono, 1916, p. 166; le notizie biografiche sul personaggio sono alle pp. 161-167.

3 A. Rossotto, *Syllabus Scriptorum Pedemontii*, Monteregali, typis Francisci Mariae Gislandi, 1668, p. 83. Su Rossotto e la sua produzione: P. Cozzo, *Un fogliante fra cultura religiosa, polemica erudita e orgoglio civico: Andrea Rossotto (1609-1667)*, in *I Cistercensi foglianti fra corte e chiostro (secoli XVI-XIX)*, a cura di G. Armando *et al.*, Roma, Viella, 2020, pp. 297-307.

religiosi)[4] la complessità dei ruoli e delle funzioni assunte dall'«ecclesiastico e gentiluomo»[5] nelle corti di età moderna. Come per molti altri frati e monaci, anche per Arcangelo da Salto avvicinarsi alla coscienza del principe fu ciò che gli consentì di mostrare e far conoscere doti e abilità che vennero poi messe a frutto in altri ambiti – come quello politico e diplomatico – che possono apparire poco coerenti con l'abito religioso solo se si continua ad adottare, proiettandola anacronisticamente (e spesso ideologicamente) nel passato, una visione separatista dei rapporti fra la dimensione civile e quella ecclesiastica.

È in questa cornice che va inserita la vicenda più nota di Arcangelo, ovvero l'incarico affidatogli dalla corte torinese per ottenere che Girolamo Brusoni, erudito veneto con burrascosi trascorsi nell'ordine certosino, autore di una rinomata e controversa *Historia d'Italia*, emendasse quelle parti relative alla reggenza di Cristina di Francia, al ducato di Carlo Emanuele II alle guerre con Genova – tornate di scottante attualità dopo l'umiliante sconfitta subita dai Savoia nel 1672 –[6] ritenute lesive della dignità e del prestigio della duchessa di Savoia e del figlio.[7] Tale incarico vide il frate piemontese intraprendere – al pari di altri «avventurieri» reclutati dalla corte torinese al tempo delle reggenze –[8] una delicata missione a Venezia, conclusasi pochi mesi prima della morte. In Laguna frate Arcangelo riuscì a convincere Brusoni, dietro una lauta ricompensa, a rimaneggiare la sua opera e poi addirittura a trasferirsi a Torino per entrare a servizio della corte sabauda come storiografo.[9]

Quella veneziana non fu l'unica missione diplomatica condotta dal religioso subalpino. Nel 1670 era infatti stato «incaricato di commissioni spe-

---

4 Si veda ad esempio, per la realtà francese, B. Pierre, *La monarchie ecclésiale. Le clergé de cour en France à l'époque moderne*, Seyssel, Champ Vallon, 2013; per quella spagnola *La Iglesia en Palacio. Los eclesiásticos en las cortes hispánicas (siglos XVI-XVII)*, a cura di R. Valladares Ramírez, Roma, Viella, 2019; per l'ambito sabaudo P. Cozzo, *Il clero di corte nel Ducato di Savoia fra XVI e XVII secolo*, in *L'affermarsi della corte sabauda. Dinastie, poteri, élites in Piemonte e Savoia fra tardo medioevo e prima età moderna*, a cura di P. Bianchi e L.C. Gentile, Torino, Zamorani, 2006, pp. 361-386.

5 F. Rurale, *Ecclesiastico e gentiluomo. Clero, sesso e politica nella prima età moderna*, Viterbo, Sette Città, 2018.

6 J. Condren, *Mars as the broker of peace: Louis XIV, the House of Savoy and the Republic of Genoa (1672-1673)*, in *Il potere dei Savoia. Regalità e sovranità in una monarchia composita*, a cura di A. Merlotti e M. Vester, «Cheiron», 1-2, 2022, pp. 185-205.

7 G. Claretta, *Sulle avventure di Luca Assarino e Gerolamo Brusoni chiamati alla corte di Savoia nel secolo XVII ed eletti istoriografi ducali: cenni storici*, Torino, Stamperia Reale, 1873.

8 F. Barcia, *Gli avventurieri e le reggenze*, in *Storia di Torino*, IV, *La città tra crisi e ripresa (1630-1730)*, a cura di G. Ricuperati, Torino, Einaudi, 2002, pp. 631-652.

9 L. Braida, *Editoria, committenza e censura tra gli ultimi decenni del Seicento e il primo Settecento*, in *Storia di Torino*, IV, cit., pp. 1093-1125: 1095-1096.

ciali presso la corte di Spagna»[10] dalla duchessa Maria Giovanna Battista, e inviato pertanto a Madrid dove si celebrava il capitolo generale del suo ordine. Il soggiorno in Spagna è confermato da alcune lettere nelle quali il frate descrive il lungo viaggio intrapreso, soffermandosi sulle tappe devozionali compiute: una al santuario provenzale di Santa Maria Maddalena a Sainte-Baume, l'altra a quello mariano di Montserrat in Catalogna, dove celebrò una messa per la duchessa Maria Giovanna Battista e per l'intera corte, infine a quello andaluso di Arenas, dove si recò per venerare le reliquie di san Pietro d'Alcantara, «dirvi alcune messe e supplicarlo per la salute del principe di Piemonte e prosperità delle nostre reali altezze».[11] La missione iberica di Arcangelo da Salto cadeva in un frangente particolarmente delicato nei rapporti fra Torino e Madrid. Nella corte asburgica non sembravano infatti aver successo le pressanti sollecitazioni affinché il trattamento degli ambasciatori sabaudi fosse equiparato a quello riservato ai rappresentanti delle teste coronate. Il presupposto di tale richiesta era, ovviamente, quel riconoscimento del titolo regale tanto preteso dai Savoia quanto disatteso dalle altre potenze, compresa quella asburgica. L'annosa questione della corona regale – una corona destinata a rimanere «a lungo di carta» –[12] e delle sue ricadute sul piano del cerimoniale si inseriva in quella ben più complessa degli equilibri politici e diplomatici nello scacchiere italiano, condizionati dalla volontà di Madrid «di ridimensionare il ruolo sabaudo nell'area e, soprattutto, di avvalersi delle pretese di rango del duca di Savoia per consolidare la posizione spagnola di fronte alla Francia, costringendo Carlo Emanuele II ad aderire al campo della monarchia cattolica».[13]

Sempre nel solco degli stretti rapporti con Casa Savoia va letta anche l'intensa produzione di frate Arcangelo, che dovette godere di una certa notorietà se si considera che anche il celebre erudito agostiniano Ludovico (frate Angelico) Aprosio manifestò il desiderio di leggere i suoi lavori.[14] Ad opere di carattere spirituale e devozionale (come *l'Idea di religioso serafico rapresentata nella vita del b. Angelo di Chivasso [...] composta d'ordine del suo illu-*

---

[10] C. Aleyson, *La Madonna degli Angeli*, cit., p. 166.

[11] Archivio di Stato di Torino, Corte, Materie politiche per rapporto all'Interno, Lettere di Particolari, A, mz. 20, 1670 in 1677, *Lettere dirette a SAR ed al ministro da fra Arcangelo di Salto riformato, scritte da Madrid, dal convento della Madonna Santissima degli Angeli di Torino, da Venezia, da Genova, da Padova e da Trino*, lettere del 30 gennaio 1670 al duca e del 3 aprile 1670 al ministro.

[12] L.C. Gentile, *Corone d'oro, corone di carta. I Savoia e l'oggettivazione della regalità*, in *Il potere dei Savoia*, cit., pp. 77-97: 80.

[13] F. Angiolini, *Medici e Savoia. Contese per la precedenza e rivalità di rango in età moderna*, in *L'affermarsi della corte sabauda*, cit., pp. 435-479: 471.

[14] Biblioteca Universitaria di Genova, Fondo Aprosio, ms. E. II. 4 bis, c. 58, Lettera di Ludovico da Sospello ad Angelico Aprosio, Cuneo, 20 luglio 1672.

strissimo conseglio, e manuscritta à lui presentata dal R.P. Frat'Archangelo di Salto, [...] data in luce l'anno 1664, Cuneo 1664; *Il mistico serpente della Chiesa cioè Christo addolorato, che nella memoria della sua passione, riforma la natura depravata*, Torino 1665, poi ripubblicati nel 1676; *Il protratto di Mose rapresentato nella vita di s. Bernardo di Manton in Savoia*, Torino 1672), Arcangelo affiancò lavori di erudizione storico-ecclesiastica e agiografica. Ne è testimonianza la pubblicazione delle *Primitie della riformata Provincia d san Francesco, detta di S. Tomaso Apostolo*, ossia un catalogo delle eccellenze prodotte dalla provincia piemontese dei Minori Riformati, che era stata istituita mezzo secolo prima su istanza di Carlo Emanuele I.[15] L'opera, uscita a Venezia nel 1676 e dedicata al cardinale Alessandro Cosimo Crescenzi, non mancava di esaltare lo zelo religioso dei duchi sabaudi, manifestatosi nel corso dei secoli e concretizzatosi, più recentemente, con la decisione di Carlo Emanuele I di sostenere «la riforma dell'Osservanza di San Francesco, la quale favorita da ' suoi regnanti successori n'ha formata una provincia di ventitré conventi».[16]

Ancora più esplicito risulta il legame con la dinastia sabauda nella produzione rimasta inedita, nella quale spiccano i *Servigii portati alla Santa Sede della Reale Casa*. L'opera, chiamata originariamente *Gli Atlanti della Chiesa* (titolo che enfatizzava il ruolo dei principi sabaudi quali pilastri della fede cattolica), dedicata a Innocenzo XI, aveva ottenuto nel maggio 1676 l'*imprimatur* del consultore del Sant'Uffizio ed era perciò pronta per le stampe. Tuttavia, per motivi non noti, ma forse da individuare nelle incombenze della missione a Venezia, la pubblicazione non ebbe corso e l'opera rimase perciò inedita. In una seconda versione del manoscritto (dove il titolo dell'opera muta in *Compendio*)[17] Arcangelo confermava che il libro, a suo tempo «visitato col sig. Gran Cancelliere» da Carlo Emanuele II che lo aveva gradito, era ormai pronto per le stampe.[18]

---

15 P. Cozzo, *Appunti per una storia della presenza francescana nel Piemonte di età moderna e contemporanea*, in *Valdo e Francesco. Inizi e sviluppi di due movimenti religiosi dai conflitti alla convivenza*, a cura di P. Pazé, Perosa Argentina, LAR, 2016, pp. 303-326.

16 A. Ayra, *Le primitie della riformata Provincia di San Francesco detta di San Tommaso apostolo, nell'augusto dominio de' duchi di Savoia del molto reverendo padre F. Arcangelo Ayra di Salto, loro teologo e consigliere di conscienza e consultore di S. Officio, all'eminentissimo signor cardinal Crescentino*, in Venetia, appresso Gio. Battista Catani, 1776 (*Al lettore*, p. 2).

17 Biblioteca Reale di Torino (BRTo), Misc St. Patria, vol. 10, n. 3, *Compendio degli atlanti della Chiesa della Real Casa di Savoia, nel quale si narrano li servitii fatti da questa stirpe reale alla Sede apostolica pella fede cattolica (non contiene che il proemio, il rimanente in originale trovasi nei Regi Archivi di Corte)*. Sempre in BRTo esiste un'altra copia dello stesso *Compendio* (Misc. St. Patria, 22, n. 1). Frate Arcangelo avrebbe «ridotto» l'opera in compendio «a soddisfazione di Madama Reale», perché «più facilmente si sappia ciò che contiene» (cit. in A. Bertolotti, *Passeggiate nel Canavese*, Ivrea, Curbis, 1869, p. 591).

18 BRTo, Misc St. Patria, vol. 10, n. 3, *Compendio degli atlanti della Chiesa*, proemio.

Non è tuttavia da escludere che la sospensione del progetto editoriale sia l'indizio di un più complesso e intricato quadro nelle relazioni fra il frate (che nel frontespizio dell'opera si presentava teologo e consigliere di Vittorio Amedeo) ed alcuni ambienti di corte. Non va infatti dimenticato, come a suo tempo aveva ricordato Gaudenzio Claretta ricostruendo la vicenda di Brusoni, che frate Arcangelo aveva sì goduto dei favori e della protezione del potente ministro marchese Carron di San Tommaso, ma aveva anche dovuto subire l'ostilità di un'altra influente e controversa figura ecclesiastica affermatasi in quel tempo a corte, l'abate modenese Vincenzo Dini.[19] Quali che siano stati gli effettivi rapporti tra Arcangelo da Salto e questo suo «accanito avversario»[20] tutt'altro che irreprensibile sul piano morale, nell'affresco di Claretta il religioso piemontese viene dipinto come un «fraticello ambizioso»,[21] animato dalla bramosia di trovare nel contatto con il duca, la reggente e i suoi ministri quel prestigio e quei vantaggi che difficilmente avrebbe potuto avere fuori dagli ambienti aulici. È un ritratto impietoso quello tratteggiato da Claretta, per il quale quell'«arnese di fra Arcangelo»[22] altro non era che un «eterno blanditore dei potenti», destinato peraltro a scarsa fortuna dal momento che il desiderio di vedersi premiato con una nomina vescovile, insistentemente sollecitata a corte tramite il marchese di San Tommaso, non fu mai esaudito. Né tantomeno le soddisfazioni sarebbero arrivate – sempre secondo Claretta – dal suo ordine, dal momento che ad un altro confratello, Domenico De Gubernatis da Sospello, venne affidato «l'ufficio di cronista [...] della provincia della sua religione»,[23] quasi che lo sforzo di erudizione storica compiuto da Arcangelo per redigere le *Primitie* non avesse sortito l'effetto sperato, ovvero l'apertura per lui di altre porte e lo spianamento di altre strade. Claretta non celava il sospetto che i freni alla carriera ecclesiastica di Arcangelo da

---

19 Sprezzante fu il giudizio emesso da Claretta su questo «indegno abate» modenese riuscito a passare ai servigi di Carlo Emanuele II, il quale stimò di accreditarlo agente «a Venezia e poi in Ispagna, in premio di avere condotto il difficile rappacificamento di Savoia con quella repubblica in seguito alla lunga rottura mantenuta pel titolo regio», salvo poi truffare il duca «di quattro mila doppie, somma al certo non isprezzabile a quei giorni» (G. CLARETTA, *Sulle avventure*, cit., pp. 27-28). Venuto a conoscenza della truffa, la reazione di Carlo Emanuele II fu assai dura: scrivendo al suo ambasciatore a Madrid (dove ancora Dini risiedeva), il duca lo autorizzò ad usare maniere forti per recuperare il maltolto, «poiché con gente di tal fatta bisogna per aver danari giuocar di bastone» (*ivi*, p. 40).

20 G. CLARETTA, *Sulle avventure*, cit., p. 49.

21 *Ivi*, p. 77.

22 *Ivi*, p. 75.

23 *Ivi*, p. 76. In realtà, Domenico da Sospello fu autore di un'opera più ambiziosa, l'*Orbis seraphicus: historia de tribus ordinibvs a seraphico patriarcha S. Francisco instiutis, deque eorum progressibus, & honoribus per quatuor mundipartes, scilicet Evropam, Asiam, Aphricam, & Americam*, Romae, typis Stephani Caballi, 1682-1685.

Salto – fra i quali si doveva pure annoverare la perdita di un ruolo apicale nel Commissariato generale di Terra Santa – fossero stati messi proprio da quanti, nel suo ordine, ritenevano che la prossimità con la corte torinese avesse toccato qualche punta di eccesso, mentre sarebbe stato «molto meglio ch'egli facesse il frate piuttosto che vivere sempre distratto fuori convento ed occupato in cose non concernenti la sua religione».[24] Si trattava di una considerazione fatta dallo stesso frate quando, ormai al termine della sua missione veneziana, aveva dovuto confessare di non scorgere per le sue ambizioni episcopali «nessuna risoluzione di Roma», imputandone la ragione alla mancata partecipazione al capitolo generale dei Minori Riformati, i cui superiori non erano sembrati disponibili a dare il giusto peso all'«onore che si arreca alla religione col servizio» prestato al sovrano e alla corte «senza pregiudizio dello stato religioso».[25] È forse nella prospettiva di provare a individuare sulle rive del Tevere chi potesse fornire, *in extremis*, un concreto sostegno alle sue aspettative, che va letta la dedica delle *Primitie* al neo cardinale Crescenzi. Questo influente prelato romano, frate cappuccino poi passato alla congregazione somasca, godette dei favori di Clemente X, che lo nominò maestro di camera e patriarca di Alessandria, prima di conferirgli la porpora cardinalizia nel 1675. È possibile che Arcangelo avesse conosciuto il futuro porporato negli anni – fra il 1646 e il 1658 – nei quali Crescenzi fu nunzio apostolico presso la corte di Savoia. Si trattò di una nunziatura «difficile e delicata, specie per i contrasti con il potere civile in materia giurisdizionale»,[26] a cui si aggiunsero quelli emersi nella spinosa vicenda del complotto ordito ai danni di Carlo Emanuele II e della madre da un manipolo di congiurati, fra i quali figurava anche il monaco fogliante monregalese Gandolfo, la cui condanna a morte nel 1648 produsse una forte tensione fra le corti di Roma e Torino.[27]

Da parte sua Arcangelo, forse perché deluso dal progressivo restringimento delle prospettive di carriera all'interno dell'Ordine minoritico, anziché allentare i vincoli con la corte li intensificò. «Dopo il servizio di Dio» il frate desiderava infatti «impiegare il tempo che gli rimaneva nel servizio della Corona reale di Savoia, scrivendo cose di suo decoro»,[28] mostrando così di voler riporre nel rapporto con la dinastia regnante le residue speranze di ascesa sulla scala del prestigio e del potere. Ne derivò il progetto di

---

24 G. Claretta, *Sulle avventure*, cit., p. 76.

25 *Ivi*, p. 143. È un passo della lettera scritta da Arcangelo da Salto al marchese di San Tommaso (Venezia, 6 giugno 1676).

26 I. Polverini Fosi, *Crescenzi, Alessandro Cosimo*, in *Dizionario biografico degli Italiani*, XXX, 1984, pp. 229-232: 229.

27 F. Barcia, *Gli avventurieri e le reggenze*, cit., pp. 638-639.

28 G. Claretta, *Sulle avventure*, cit., p. 77.

produrre una serie di opere – realizzabili solo con «opportuna commodità et dovuta assistenza» della corte – dedicate a illustrare grandezza e pietà di Casa Savoia.[29] Il motivo per cui queste opere rimasero inedite non è chiaro, ma non pare azzardato ricondurlo ad un possibile ridimensionamento di sostegni e appoggi di cui il frate godeva (o forse credeva di godere) in una corte condizionata da precari e mutevoli equilibri.

Se future ricerche potranno forse contribuire a fare luce su questo problematico passaggio, resta il fatto che l'ambiente aulico si presenta come cornice e sfondo anche dell'opera più eccentrica del frate piemontese, l'*Idea spirituale delle Dame di Corte*. Ricordato da Rossotto nel *Syllabus* con il titolo *Il specchio delle Dame di chorte*, il «curiosissimum opus»[30] di Arcangelo uscì lo stesso anno – il 1671 – nel quale veniva dato alle stampe un regolamento per il convento delle «convertite» terziarie francescane, fondato nel 1634 dalle infante Caterina Francesca e Maria Francesca Apollonia di Savoia, e del quale il frate di Salto risultava «deffinitore».[31] L'interesse per l'universo femminile non poteva essere estraneo all'esponente dei Minori Osservanti Riformati, ordine che nella Torino di metà Seicento con quell'universo aveva instaurato un rapporto privilegiato. La prova di tale relazione speciale è rappresentata dalla Compagnia dell'Umiltà, un pio sodalizio femminile sorto nel XVI secolo in ambienti vicini alla corte sabauda e alla spiritualità gesuita, che aveva scelto come patrona santa Elisabetta d'Ungheria, il cui culto nella prima età moderna risultava particolarmente diffuso fra le sovrane e, più in generale, fra le donne appartenenti alle *élites* politiche e sociali. La Compagnia dell'Umiltà (fra le cui consorelle nel Seicento si ritrovano molte principesse sabaude: le infante Caterina e Maria, la duchessa Cristina di Borbone, Ludovica e Maria Giovanna Battista) ricorreva spesso ai frati del convento di Madonna degli Angeli per le esigenze spirituali delle consorelle e i servizi liturgici richiesti dal pio sodalizio. Si tratta di un rapporto intensificatosi al tempo delle due reggenze, quando più frequente si fece il richiamo a messe e funzioni (specie di suffragio) celebrate per le consorelle «agli Angioli», dove giungevano generose offerte e consistenti lasciti testamentari.[32] Tra le più munifiche sostenitrici della Compagnia

---

29 Le opere progettate erano: *Gli Achilli del Sacro Romano Impero della Real Casa di Savoia; Gl'Heroi delle Corone della Real Casa di Savoia; Le Reali confederationi dei duchi di Savoia; Il Throno della pietà delle Reali Altezze di Savoia* (C. Aleyson, *La Madonna degli Angeli*, cit., p. 164).

30 A. Rossotto, *Syllabus*, cit., p. 83.

31 *Regola e constitutioni delle m. rever. monache del terzo ordine di S. Francesco, dette Convertite del monastero di S. Maria Maddalena nella città di Torino [...] confermate da monsignore illustrissimo, e reverendiss. arcivescouo Michele Beggiamo composte dal R. P. Archangelo di Salto deffinitore*, In Torino, per gl'heredi Gianelli, 1671.

32 P. Cozzo, *«Sub invocatione humilitatis». La dimensione devozionale della Compagnia dell'U-*

dell'Umiltà vi era anche Ludovica di Savoia che, al pari della madre, ogni anno rimpinguava «abondantemente» le casse del pio sodalizio.[33] Come la duchessa Cristina, anche Ludovica dispose nel suo testamento di essere sepolta «in abito di umiliata»,[34] legando un cospicuo lascito al convento dei minori osservanti riformati perché nella loro chiesa si recitassero 100 messe di suffragio.[35]

È dunque questo legame spirituale e devozionale fra le *élites* sabaude e l'ambiente minoritico, mediato dalla Compagnia dell'Umiltà e dalle altre esperienze organizzate di «assistenza al femminile»,[36] che fa da cornice all'opera scritta da Arcangelo per le «dame di corte». L'opera venne dedicata a Ludovica di Savoia – e ciò, di per sé, costituisce una rarità – principessa «degna del scettro d'ogni più ampia monarchia», nella quale l'autore dichiarava di vedere «unitamente compendiate tutte quelle virtuose qualità [...] partitamente [...] descritte in tant'altre principesse». Nella «figlia di quella grande eroessa Christiana di Francia che, nella pace e nella guerra sempre ugualmente inclita, si fece ammirare nel regimme de suoi popoli», il frate non esitava a scorgere reminiscenze e legami con altre principesse sabaude che, prima di lei, avevano portato quel nome, esplicita testimonianza dei secolari vincoli con la Francia. La destinataria della dedica dell'opera di frate Arcangelo, firmata «dalla Madonna Santissima degl'Angioli di Torino li 20 aprile 1671», era dunque l'erede «di quell'altra Lodovica», moglie di Carlo di Valois e madre di Francesco I, la quale «tanto partiale si ravisò nel governo monarchico» che «con giusto titolo fu addimandata di quel vastissimo regno plenipotenziaria reggente»;[37] ma era anche l'erede della figlia del beato Amedeo, la Ludovica che «doppo la morte del marito Ugone ne' sacri chiostri rinchiusa ne professò la vita monastica»;[38] ed era infine l'erede di «quell'altra [Iolanda] Ludovica che per degni rispetti coll'indulto del gran pontefice Alessandro col matrimonio s'astrinse con Filiberto Filippo suo

---

miltà (ruoli, pratiche, orientamenti), in *L'umiltà e le rose. Storia di una compagnia femminile a Torino tra età moderna e contemporanea*, a cura di A. Cantaluppi e B.A Raviola, Firenze, Olschki, 2017, pp. 191-209: 200-202.

33 *Ivi*, pp. 353-362: 357. È un passo degli *Avisi per il padre che succederà nella direzione della Compagnia dell'Umiltà*, composti dal gesuita Francesco Alessandro Scotti, padre spirituale della Compagnia dal 1663 al 1684.

34 B.A. Raviola – P. Gentile, *Donne e uomini. Il legame della Compagnia dell'Umiltà con la Compagnia di San Paolo*, in *L'Umiltà e le rose*, cit., pp. 3-68: 43.

35 P. Cozzo, *«Sub invocatione humilitatis»*, cit., p. 202, nota 75.

36 M. Giuliani, *Le origini devote dell'Umiltà torinese. I gesuiti, la corte sabauda e l'assistenza al femminile*, in *L'Umiltà e le rose*, cit., pp. 167-190.

37 A. Ayra, *Idea spirituale delle Dame di Corte del p. Archangelo Ayra di Salto*, in Torino, per gl'heredi di Carlo Gianelli, 1671, p. 6.

38 *Ivi*, p. 7.

strettissimo parente», la quale «vivendo nel mondo con tale dispositione religiosa n'ha disposto la sua corte».[39]

Rivolgendosi «a chi legge», frate Arcangelo confessava di essere «tanto lontano dalla prattica delle corti» (risultandogli infatti «sconveniente il praticarle») da dover «mendicar da' libri con la retorica» ciò che non gli era concesso di conoscere «coll'esperienza». L'affermazione appare lontana dalla realtà, sapendo quanto intensa e duratura fu, nel corso degli anni, la presenza del frate a corte, al punto che – si è detto – essa venne ritenuta eccessiva nell'Ordine minoritico, contribuendo così ad affievolire le sue possibilità di carriera.

Tornando all'*Idea spirituale*, la tesi sostenuta da Arcangelo era che «anche in mezzo ai grandi pericoli della corte, una dama può conservarsi religiosa e pura»,[40] esplicitando così le virtù teologali, cardinali e morali. L'opera si presentava organizzata in capitoli, ognuno dei quali dedicato ad un'«Idea» («di fede, di speranza, di carità, di temperanza, di castità, di prudenza, di saviezza, di fortezza, di umiltà») che costituiva una virtù nella quale la dama avrebbe potuto eccellere anche in ambiente aulico. Se nella dama si era voluto spesso «più tosto rapresentare un'immagine di diffetto, ch'un'idea di perfetione»,[41] ciò era dovuto al fatto che la corte racchiudeva in sé insidie e pericoli più difficili da evitare da chi, come la donna, era segnata da una intrinseca debolezza. Fra i tanti esempi vi era quello di Salomè, la cui crudeltà e la cui scelleratezza non si sarebbero spinte così in là se ella «non havesse saltato e ballato in corte».[42] Eppure, la storia sembrava fornire anche esempi che andavano in direzione diversa, mostrando come dai tempi antichi fino a quelli più recenti, anche a corte le dame potessero esprimere le loro virtù. Era il caso – per citare solo una delle idee trattate da Arcangelo – della 'saviezza', che nelle corti era stata declinata al femminile in molte occasioni, «se bene» – non si mancava di annotare – «all'homo più convenga lo studio».[43] Arcangelo non poteva infatti omettere di ricordare quanto il male tendesse ad insidiarsi nella debolezza femminile. Ne aveva dato prova nel XVI secolo Lutero «quando, per sfogamento di vendetta», volendo quell'«arrabiato cane» infestare «con la zizania d'essecrande sentenze il campo ecclesiastico, per farla più presto crescere cominciò a seminarla ne' monasteri di sacre vergini, quali con la debilità dell'inteletto [*sic*] non sapendo resistere alla forza de' suoi sofistici argomenti, deposto

---

39 *Ibid.*

40 C. Aleyson, *La Madonna degli Angeli in Torino*, cit., p. 162.

41 A. Ayra, *Idea spirituale delle Dame di Corte*, cit., p. 12.

42 *Ibid.*

43 *Ivi*, p. 308.

l'habito di spose di Christo, allo stato passarono d'infami e sacrileghe meretrici».[44] Ma proprio l'età contemporanea forniva a frate Arcangelo l'esempio più fulgido di come anche «l'idea di saviezza» potesse albergare in una dama di corte. La «Minerva del nostro secolo» era infatti Cristina di Svezia, che sin dall'infanzia aveva dimostrato una straordinaria inclinazione «alle scienze e alle dottrine», sorretta e alimentata dalla fede cattolica. La regina svedese non era tuttavia che l'ultima, in ordine di tempo, di una schiera di teste coronate capaci di illustrare «l'idea di saviezza» che le dame potevano rappresentare nelle corti. Si andava da Ippolita Sforza (la duchessa di Calabria destinata a divenire regina di Napoli se la morte non l'avesse colta nel 1488),[45] la quale «dilettandosi dello studio delle lettere, e sacre e humane [...] sprezzate tutte le prammatiche che li prescriveva la corte, si mostrò adorna della più vera scienza»,[46] a Costanza da Varano (la figlia del signore di Camerino, sposa di Alessandro Sforza signore di Pesaro)[47] «che più facile gl'era l'intendere li libri d'Agostino, di Lattantio, di Seneca e Cicerone, ch'il fare qualsivoglia essercitio donnesco»,[48] senza dimenticare le due principesse portoghesi di casa d'Aviz, Caterina (moglie del duca Giovanni di Braganza, «non meno divota che dotta, tanto bene riuscì nel ben operare, che da patrioti e da stranieri era riverita per la meraviglia del suo secolo») e Maria (moglie del duca di Parma Alessandro Farnese, che «famosa si rese e nella mathematica e nell'astrologia»).[49]

Alla fine della sua opera, Arcangelo rifletteva sul significato delle virtù che le dame potevano rappresentate a corte. Tali virtù erano infatti il fondamento stesso della «commune quiete delle monarchie, le quali dall'osservanza che nell'agire n' aviene nei reggi e nelle regine, nei principi e nelle principesse, nei sovrani e ne' vassalli, niuno uscendo dalla sua sfera, si conserva la concordia».[50]

È persin ovvio notare come questa visione edificante della corte (e del ruolo che in essa avrebbero potuto avere le dame), appaia lontana da quella realtà – la corte come spazio permanente di conflitto ma anche della sua composizione – che gli studi e le ricerche hanno contribuito a far conoscere meglio. Quella visione era stata in parte accolta anche da un contempora-

---

44 *Ivi*, p. 269.

45 Sulla sua figura: M.N. Covini, *Sforza, Ippolita*, in *Dizionario Biografico degli Italiani*, XCII, 2018.

46 A. Ayra, *Idea spirituale delle Dame di Corte*, cit., p. 306.

47 Sulla sua figura: S.G. Ross, *Varano, Costanza da*, in *Dizionario Biografico degli Italiani*, XCVIII, 2020.

48 A. Ayra, *Idea spirituale delle Dame di Corte*, cit., p. 306.

49 *Ivi*, p. 307.

50 *Ivi*, pp. 361-362.

neo e conterraneo di Arcangelo, il fogliante piemontese Andrea Rossotto (l'autore del *Syllabus*), che a metà Seicento aveva pubblicato le *Peripetie della corte rappresentate nelle vite de' favoriti*.[51] Anche in quest'opera lo spazio aulico non era giudicato negativamente a priori («la corte in sé non è cattiva, e tutti non pericolano», dal momento che «i savii, aggiustando le sue attioni a la ragione, sfuggono gl'incontri infelici di quelli che dandosi in preda alle passioni si lasciano signoreggiare dall'ambitione e avaritia»).[52] La corte era infatti un «bellissimo giardino» dove ci si ritrovava però continuamente «in vicinanza del serpente», un labirinto in cui era facile perdersi se sprovvisti di quel «filo delle buone operationi» di cui era dotato solo l'uomo «da bene e prudente»; per Rossotto, insomma, la corte era un mare aperto che da placido si poteva trasformare repentinamente in burrascoso: «sopra quelle acque che pare debbano abissare ciascuno», avrebbe potuto galleggiare solamente «l'arca del giusto».[53]

A distanza di qualche anno, il monaco fogliante e il frate francescano avevano voluto presentare un'immagine per certi versi parallela e speculare della corte: uno spazio non privo di insidie e di pericoli, non immune da rischi e minacce, nel quale emergeva tuttavia il primato delle virtù. Muliebri o virili che fossero, esse, in quell'epoca e in quel contesto – ossia nel Piemonte sabaudo di metà Seicento, frontiera «dimenticata» della Guerra dei Trent'anni,[54] ultimamente «ritrovata» dalla storiografia –[55] continuavano in fondo ad essere intese allo stesso modo: come le naturali e necessarie declinazioni di uno spirito cristiano.

---

[51] A. Rossotto, *Peripetie della corte rappresentate nelle vite de' favoriti [...] All'Eminentissimo principe i sig. Cardinale Gio. Girolamo Lomellino*, in Roma, per Francesco Moneta, 1652.

[52] Sono passi citati in P. Cozzo, *Un fogliante*, cit., p. 300.

[53] *Ibid.*

[54] *El Piamonte en guerra (1613-1659): la frontera olvidada*, a cura B.J. García García e D. Maffi, Madrid, Doce Calles, 2020.

[55] C. Rosso, *Il Seicento ritrovato: società, istituzioni, economia nel secolo barocco*, in *Gli spazi sabaudi. Percorsi e prospettive della storiografia*, a cura di B.A. Raviola, C. Rosso e F. Varallo, Roma, Carocci, 2018, pp. 113-123.

Maria Vittoria Cattaneo

LA TAVOLA DI LUDOVICA

Oltre a essere una persona determinata e volitiva, Ludovica di Savoia era dotata di gusti raffinati: i documenti ci restituiscono l'immagine di una principessa 'alla moda', amante della buona tavola e decisamente golosa. Dopo essere rimasta vedova del principe Maurizio di Savoia riorganizza la propria Casa stipulando, già dall'inizio del dicembre 1657, ad appena due mesi dalla scomparsa del consorte, nuovi contratti con il personale preposto ad occuparsi della cucina, della somiglieria, della vassella, della confetturerla e delle relative forniture.

Una preziosa fonte di informazioni è costituita dal *Registro delle Sessioni del Conseglio della Serenissima Signora Principessa Ludovica Maria di Savoja – 1657 in 1670*.[1] Si tratta di un volume che riporta – relativamente al periodo indicato – le decisioni prese dall'organo preposto al controllo, organizzazione e amministrazione della Casa della principessa riguardo all'assegnazione degli incarichi per la fornitura di «cibarie», di vini, di stoviglie e biancheria per la cucina e per la tavola, di spezie, di legna e di carbone. Sono inoltre indicate le modalità di attribuzione ed emerge il ruolo di Ludovica nell'indirizzare le scelte del Consiglio stesso. Il confronto e l'integrazione tra quanto riportato all'interno di questo registro, la contabilità della principessa[2] – in particolare i conti dei provveditori e i pagamenti al personale addetto alla preparazione e al servizio delle vivande – e alcune carte sciolte non inventariate relative ad acquisti effettuati su suo incarico[3] permettono di conoscere i suoi gusti e quali alimenti e preparazioni venivano serviti alla

1 Archivio di Stato di Torino (ASTo), Riunite, Camera dei Conti, Piemonte, *Real Casa*, art. 404, *Principessa Maria Ludovica di Savoia*. I fogli del registro non sono numerati.

2 Si fa in particolare riferimento alla documentazione in ASTo, Riunite, Camera dei Conti, Piemonte, *Real Casa*, art. 221, *Conti della principessa Ludovica di Savoia* e *ivi*, art. 405, *Ordini e mandati*.

3 ASTo, Riunite, Camera dei Conti, Piemonte, *Feudalità*, art. 805, *Principessa Luigia di Savoia, Principe Maurizio, Casa Savoia-Carignano*, mz. I e II. Alcune informazioni in merito si possono desumere anche dalla corrispondenza della principessa.

sua tavola e a quelle dei suoi cortigiani nei diversi periodi dell'anno, per un arco temporale che si estende dalla sua vedovanza alla sua morte.

Alle riunioni del Consiglio della principessa prendevano parte gli esponenti delle principali cariche della sua Casa: il maggiordomo maggiore, il primo maggiordomo, il maggiordomo serviente, l'intendente della Casa e finanze, il controllore, il tesoriere e il segretario della Casa.[4]

La scelta dei fornitori veniva effettuata sulla base di una procedura che seguiva modalità analoghe alle gare d'appalto per l'assegnazione dei lavori nei cantieri ducali. Gli interessati venivano invitati a partecipare tramite l'affissione di 'tiletti', documenti simili agli attuali bandi di concorso. I partecipanti presentavano un'offerta, il cosiddetto 'partito', nella quale specificavano i costi unitari per le forniture richieste; l'incarico – della durata di tre anni – veniva di solito assegnato dal Consiglio a chi proponeva i costi più vantaggiosi per il committente; alcune eccezioni saranno dovute a specifiche disposizioni di Ludovica stessa. Le forniture erano sia «di bocca», ovvero i prodotti destinati alla tavola di Ludovica e a quanti avevano il privilegio di accedervi, sia per la Casa della principessa, cioè per le altre tavole (quelle dei suoi «Officiali, Cavalieri e Dame» e quelle del personale al suo servizio).[5]

I primi a firmare un contratto sono i cuochi della principessa, Antonio Saloir, detto 'Champagna', e Marino del Bosco, che all'inizio di dicembre 1657 si impegnano a «fornire et spedire» per i tre anni successivi «per servizio di S.A. e di sua Casa [...] tutte le guarniture de piatti quali gli saranno

---

[4] Nel 1658 occupano queste cariche (e le manterranno per diversi anni) il conte Maurizio di Moretta (maggiordomo maggiore), il conte Alessandro Cacherano (primo maggiordomo), Carlo Francesco Compagni (maggiordomo serviente), Milano Gianatio (intendente della Casa e finanze), Giacomo Gianatio (controllore), Bartolomeo della Rocca (tesoriere) e Giulio Cesare Alfatio (segretario della Casa). Alcuni di essi erano già al servizio del principe Maurizio prima della sua morte, ma con ruoli diversi. Per un elenco più completo e dettagliato del personale a servizio di Ludovica nel 1658, comprendente oltre alla Casa anche la Camera, la Scuderia e gli «Ecclesiatici», cfr. ASTo, Riunite, Camera dei Conti, Piemonte, art. 805, mz. I, doc. n. 77, 18 gennaio 1658 (firmato «Louisa di Savoia»); lo stesso elenco è *ivi*, art. 405, *Ordini e mandati*, reg. 1657 in 1658, cc. 118r-v. Per le cariche dei membri della corte si veda il sempre fondamentale contributo di I. Massabò Ricci – C. Rosso, *La corte quale rappresentazione del potere sovrano*, in *Figure del Barocco in Piemonte. La corte, la città, i cantieri, le province*, a cura di G. Romano, Torino, CRT, 1988, pp. 11-40: 19-21.

[5] Per le tavole dei duchi di Savoia: A. Merlotti, *La tavola reale alla corte dei Savoia fra Cinque e Settecento*, in *Sovrani a tavola. Pranzi imbanditi nelle corti italiane*, catalogo della mostra (Venaria Reale, Reggia, 28 settembre - 28 gennaio 2025), a cura di A. Merlotti, S. Ghisotti e C. Goria, Cinisello Balsamo, Silvana, 2023, pp. 141-146, in particolare per il Seicento pp. 143-145; inoltre (con un approccio maggiormente divulgativo), Id., *Vita quotidiana alla corte dei Savoia (1663-1831)*, Torino, Capricorno, 2021, pp. 47-52 e Id., *Il pranzo «en famille»: pubblico e privato alla corte sabauda del Settecento*, in *Le tavole di corte fra Cinquecento e Settecento*, a cura di A. Merlotti (atti del seminario 'Europa delle corti', Venaria Reale 4-5 dicembre 2009), Roma, Bulzoni, 2013, pp. 287-314.

ordinati», «le assiette per la tavola di S.A.», «li piatti di entermes»; inoltre «la verdura [e le] minestre tanto di pasta che d'herbe et altre forniture per tutte le tavole sì di S.A., che de Stati et Cucina», ovvero sia di Ludovica, sia dei suoi cortigiani, sia della sua «Cucina». I due cuochi sono inoltre tenuti a procurare la biancheria «necessaria per la Cucina» (tovaglie, panni, «salviette») e altre cose utili «per servitio della Cucina» quali pentole, spago, gli utensili per affilare i coltelli, latte e burro freschi. Essi dovranno annotare quotidianamente su un apposito «libro» tutto quanto provvisto «in esecutione degli ordini che gli verranno dati» e farlo firmare dal maggiordomo serviente al termine di ogni settimana, per poter successivamente «fare i conti» e procedere con i pagamenti.[6]

Sempre nel dicembre 1657 vengono pubblicati i 'tiletti' relativi alle altre forniture per la Casa della principessa. L'assegnazione degli incarichi viene tuttavia rimandata all'inizio dell'anno seguente per esplicita volontà di Ludovica, affinché tutti gli interessati possano presentare le loro offerte. Nel gennaio 1658 vengono stipulati i contratti per le principali forniture: anzitutto per quella di «companatico», assegnata a Giovanni Pietro Ferrero che per tre anni dovrà «provvedere» gli alimenti indicati in una lista, ai prezzi concordati – «alla libbra» o unitari – e «della bontà e perfettione necessaria». Il lungo e dettagliato elenco, opportunamente confrontato con documenti analoghi relativi agli anni successivi, fornisce puntuali indicazioni sui cibi consumati da Ludovica e dalla sua corte, che spaziano da varie tipologie di carne e di pesce, a formaggi, uova, frutta e condimenti.[7] La carne bovina era soprattutto di vitello, più tenera e pregiata rispetto a quella di manzo; venivano inoltre utilizzati agnello, molti volatili (tordi, pernici, quaglie, beccacce, colombi, ecc.), diversi tipi di pollame (polli, capponi, tacchini, oche, ecc.), selvaggina, salumi e insaccati. Notevole era anche la varietà di pesce, che in quaresima e nei giorni 'di magro' sostituiva la carne: oltre all'anguilla, fresca o «salata», si cucinavano sia pesci d'acqua dolce (come trote, carpe, tinche, lucci, pesci persici, lamprede e bottatrici, ma anche gamberi di fiume), di più facile approvvigionamento e gestione, poiché spesso potevano essere mantenuti vivi nelle peschiere, sia pesci di mare (come acciughe, sardine, tonno, merluzzo o «pesci nobili»); il pesce poteva essere conservato mediante salagione oppure «all'oglio» o

---

[6] ASTo, Riunite, Camera dei Conti, Piemonte, *Real Casa*, art. 404, *Principessa Maria Ludovica di Savoia*, *Registro delle Sessioni del Conseglio della Serenissima Signora Principessa Ludovica Maria di Savoja – 1657 in 1670*, 5 dicembre 1657.

[7] *Ibid.* Il documento è trascritto in appendice (1). Ferrero era già «provveditore di companatico» per i principi Maurizio e Ludovica nel 1656: la lista dei cibi da fornire per contratto in tale anno presenta molte analogie con le «provvisioni» previste successivamente per la principessa.

«all'acetto». Il formaggio preferito era il pregiato «piacentino», simile al parmigiano.

Segue l'incarico per la fornitura di pane «tanto per la bocca che per la Casa di Madama la Principessa»: il pane dovrà essere «bianco, bello e ben conditionato», ossia ben cotto e confezionato, preparato con grano macinato appositamente per la Casa di Ludovica, esente da tasse e gabelle.[8] Vengono inoltre stipulati i contratti relativi alla fornitura della biancheria (tovaglie e «salviette bianche») per le tavole «delle signore Dame, e fame [femmes] dell'Altezza Serenissima»[9] – incarico affidato al mastro di stato Filiberto Cervello – e a tutto il necessario per la pulizia delle stoviglie, con il guardavassella di S.A., tal Giacomo Valletto.[10]

L'ultimo incarico assegnato è quello al «cerero» Cesare Baijno per «le provisioni delle Cerarie, droghe, et altre robbe», cioè zucchero, spezie, olio e candele. Anche in questo caso il dettagliato elenco dei prodotti con i rispettivi prezzi offre utili indicazioni per ricostruire gusti e preferenze della principessa.[11] In ciascun contratto viene sempre specificato che le forniture dovranno essere garantite anche quando la principessa si dovesse recare «fuori di Torino in altri luoghi del Piemonte di qua da Monti»: ai «provveditori» verranno resi disponibili mezzi adeguati per il trasporto di cibi e vivande. Essi godranno inoltre degli stessi «privileggij et immunità» riconosciuti ai «provveditori di luoro Altezze Reali» e avranno diritto a una «ratione di pane, carne et vino» come il resto del personale di Ludovica. Qualora le «merci» consegnate non dovessero risultare «della bontà e perfettione necessaria», il maggiordomo o il controllore potranno procurarne altre di qualità adeguata e il loro costo verrà detratto dal pagamento al fornitore. I documenti riportano numerose attestazioni relative al trasporto di cibi e vivande a Ciriè, dove la principessa era solita soggiornare presso il palazzo dei marchesi Doria del Maro,[12] prevalentemente tra la primavera e l'autunno: pagamenti al cuoco «per piatti di verdure e minestre straordinarie a Ciriè», al panettiere per «condotta di farina a Ciriè», al provveditore di

---

8 *Ibid.* L'incarico è assegnato al «panataro» Giovanni Bogino; nel 1660 gli subentrerà Elena Beri, panettiera di Torino.

9 Per la «lingeria» necessaria per la tavola di Ludovica l'incarico è affidato a una figura apposita (il credenziere Giacomo Sachetto). Cfr. ASTo, Riunite, Camera dei Conti, Piemonte, *Real Casa*, art. 404, *Principessa Maria Ludovica di Savoia, Registro delle Sessioni del Conseglio* […], 30 gennaio 1658 e *ivi*, art. 805, mz. I, n. 77, 18 gennaio 1658.

10 *Ivi*, art. 404, *Principessa Maria Ludovica di Savoia, Registro delle Sessioni del Conseglio* […], 5 gennaio 1658.

11 *Ibid.* Il documento è trascritto in appendice (2).

12 Si veda in merito il contributo di Cecilia Veronese in questo volume; inoltre Ead., Alterum Eiusdem in Ciriaci Pago Delicium. *Prime indagini su Ludovica di Savoia e il Palazzo Doria di Ciriè*, in *Studi da Venaria*, a cura di A. Merlotti, Torino, Centro Studi Piemontesi, 2021, pp. 45-55.

companatico «per vitture e cariaggi nel viaggio di Ciriè». Talvolta gli alimenti venivano danneggiati durante il trasporto, come risulta dalla cifra, tutt'altro che irrisoria, corrisposta «a saldo del fruttiere», «per frutta guasta nelli viaggi di Ciriè».[13]

Il Consiglio si occupa anche di decidere quali piatti si debbano preparare «tanto per la tavola di Madama la Principessa, che de' Stati de' signori Cavalieri, Dame e fame in tempo di Quaresima»; l'approvazione spetta a Ludovica, alla quale il maggiordomo presenta la lista delle pietanze.[14] Analogamente, il Consiglio decide cosa servire per «le tavole straordinarie» di Ludovica alla Vigna, cioè quando la principessa pranza nella sua residenza sulla collina di Torino,[15] dove venivano anche coltivati frutta e ortaggi destinati alle sue cucine.[16]

Un elenco dei piatti da servire nel corso del 1658, sia nei giorni ordinari sia nei giorni «di magro», permette di conoscere quali preparazioni venivano portate in tavola. Quello che oggi potremmo definire 'menu' prevedeva, per ogni «pasto grasso», le seguenti portate: «capone bollito, bisca di quattro colombotti, vitella bollita, quattro polastri in salsa, due entrate di tavola, due assiette», seguiti («al 2°») da un piatto di «pasticcio», uno di arrosto, uno di selvaggina, quattro «colombotti», un piatto di «ragou di vitello», quattro «polastri» e due «assiette»; completavano il pasto due «entremes» (dolci) e sei piatti di «frutte cotte e crude».[17] Lo stesso 'menu' doveva essere servito anche ai «Cavaglieri, Dame e fame» di Ludovica, con alcune variazioni, a seconda che si trattasse delle «Dame e fame» o dei «Cavaglieri». Nei «giorni di magro» venivano portati in tavola pesce (trota o «altro pesce», gamberi, acciughe), uova, formaggio, pasta, verdura, minestre e frutta «cruda» e «al forno».[18]

Anche per i paggi di Ludovica veniva stabilito cosa servire nei «giorni di grasso» e in quelli «di magro». Dal contratto stipulato con l'incaricato «di

---

[13] Cfr. ASTo, Riunite, Camera dei Conti, Piemonte, *Real Casa*, art. 405, *Ordini e mandati*, in particolare le carte relative ai «conti de providenti», *passim*.

[14] *Ivi*, art. 404, *Principessa Maria Ludovica di Savoia, Registro delle Sessioni del Conseglio* [...], 1° marzo 1658.

[15] *Ivi*, 13 aprile 1658. Nei documenti d'archivio sono riportati diversi riferimenti all'utilizzo delle cucine della Vigna: ad esempio, nel maggio 1662 viene dato l'incarico per le «stagnature necessarie per la batteria di cucina della Casa di Madama la Principessa» sia in Torino, sia alla Vigna (*ivi*, 27 maggio 1662).

[16] Parte dei prodotti agricoli proveniva anche dalla residenza campestre del Lingotto: ASTo, Riunite, Camera dei Conti, Piemonte, *Feudalità*, art. 805, *Principessa Luigia di Savoia, Principe Maurizio, Casa Savoia-Carignano*, mz. I, doc. n. 77, 18 gennaio 1658.

[17] *Ivi*, mz. I, doc. n. 76, «Stabilimento della Casa di Madama la Prencipessa Ludovica Maria di Savoia per ogni anno comminciato il primo del corrente 1658».

[18] *Ibid.* Mentre la frutta «cruda e cotta» veniva fornita dal «fruttiere», quella «al forno» era preparata dal pasticcere: cfr. ASTo, Riunite, Camera dei Conti, Piemonte, *Real Casa*, art. 405, *Ordini e mandati*, *passim*.

provedere la spesa cibaria alli cinque signori Paggi di S.A., loro Governatore, e servitori due»[19] sappiamo che i loro pasti erano meno ricchi di quelli predisposti per la tavola della principessa e della sua corte, ma comunque vari e abbondanti. Per «ogni pasto di giorni di grasso» erano previsti «undeci piatti, ciò è un'entrata di tavola, uno di bollito, o' vero stuffato, uno di volaglia però una volta il giorno, e dovrà essere un cappone overo tre colombotti, o tre polastri, o altra volaglia equivalente et il pasto che non darà detta volaglia, proveder à d'altro piatto di vianda [carne], tre minestre, e tre piatti di frutta, et uno di formaggio». Nel «giorno di magro» ad ogni pasto si sarebbero dovuti servire «tredici piatti, ciò è due di pesci, che dovranno essere di lussi [lucci], o tenghe [tinche], carpe, lampredi, botte, strassasachi, due piatti d'ova, due piatti d'herbaggi, tre minestre, tre di frutta, et uno di formaggio, et ciò oltre il pane, e vino, quali dovranno essere sofficienti, et il vino abocato da Natale a Pasqua». Tutti i piatti dovevano essere «ben conditionati», ossia ben cucinati e confezionati. Informazioni interessanti si possono trarre anche dalla «notta de comestibili» che spettavano ogni giorno al primo maggiordomo di Ludovica, documento stilato subito dopo la morte della principessa e riferito a Carlo Francesco Compagni (che aveva iniziato a servirla come maggiordomo ordinario e aveva poi fatto 'carriera') per attestarne il 'trattamento': a Compagni, che da circa quindici anni «non mangiava più al stato con gli altri Cavaglieri e Gentihuomini servienti» della principessa, «ma ben si in casa sua», venivano quotidianamente forniti «per la sua tavola ordinaria» dodici libbre di carne di vitello, «più un polastro e un colombotto», «quattro minestre, cioè due al pranzo, et altre due alla cena», un piatto di frutta, una razione di vino «di tavola», una razione di vino per il suo servitore e due razioni di pane.[20]

Pane e vino completavano sempre i pasti. Ludovica prediligeva i vini piemontesi, sia bianchi sia rossi, perlopiù dolci: tra i vini «per la bocca di Madama la Principessa» si annoverano il nebbiolo di Albugnano, il «vino bianco di Schiarano» (malvasia), il «vino negro di Grinzane dolce», il «vino negro di Brillant», la malvasia «d'asteggiana», «di Canei» e «di Pralormo», il «vino bianco di Cascarolo», il «vino chiaretto», il «vino negro di Ciriè», oltre al «moscatello di Taggia».[21] Apprezzava inoltre i vini toscani, in particolare il «vino di mont'Al-

---

19 *Ivi*, art. 404, *Principessa Maria Ludovica di Savoia, Registro delle Sessioni del Conseglio* [...], 6 agosto 1660. Il «provveditore» dei paggi è tal Giacomo Antonio Corte.

20 ASTo, Riunite, Camera dei Conti, Piemonte, *Feudalità*, art. 805, *Principessa Luigia di Savoia, Principe Maurizio, Casa Savoia-Carignano*, mz. II, doc. n. 183, s.d. [ma 1693]; si vedano anche *ivi*, docc. n. 182, 189, 190, febbraio 1693. Dopo la morte di Ludovica, Compagni passa al servizio di Vittorio Amedeo II come maggiordomo, così come alcuni altri «Ufficiali» che erano al servizio della principessa (*ivi*, mz. II, doc. n. 803).

21 ASTo, Riunite, Camera dei Conti, Piemonte, *Real Casa*, art. 405, *Ordini e mandati*, reg. 1679, cc. 95r, 104r.

cino», che per giungere alla sua tavola faceva un lungo viaggio, passando da Firenze e da Livorno fino a Savona, per arrivare quindi a Torino, dove veniva consegnato al primo maggiordomo della principessa. È documentato anche l'invio nella capitale sabauda, sempre via Savona, di «prugnoli» e di botti contenenti «marzolini».[22] I vini per gli «stati de signori Cavaglieri, Dame, e fame» della principessa dovevano essere «buoni, abboccati e dolci sino a Pasqua» e mantenersi gradevoli fino a Natale; alla servitù erano destinati vini di minor prezzo, che dovevano comunque risultare «buoni e senza difetto».[23]

Per servire l'acqua e i vini durante i pasti venivano forniti, da una figura appositamente incaricata, i «vetri necessarij per la credenza e la somiglieria di Madama la Principessa»: bicchieri di cristallo di Venezia, «sane [calici] fini di Leinì», «sane d'assaggio e per servitio delli stati», contenitori di vetro («amoloni») grandi, medi e piccoli, caraffe per l'acqua grandi, medie e piccole e fiaschi.[24]

Nell'autunno del 1658 viene stipulato anche il contratto con «Monsù Henrico Pertoni, confitturiero e fruttiero» di Ludovica, specificando le condizioni dell'ingaggio:[25] per la «tavola di Madama la Principessa» avrebbe dovuto servire ad ogni «pasto ordinario piatti due di confitture seche o liquide [...] et piatti quatro di frutta cruda, bella, bona e sofficiente», inoltre quattro piatti di frutta cruda per gli «stati delle signore Dame, e fame». «Quando S.A. non mangiarà dal suo canto», Pertoni dovrà comunque servire ai suoi «Cavalieri» e alle sue «Dame» la frutta cruda che gli verrà ordinata. Inoltre in stagione dovrà procurare le fragole, gli asparagi, i carciofi e i meloni che gli saranno richiesti sia per la tavola di Ludovica, sia per quelle dei suoi cortigiani, e preparare sciroppi di vario tipo. Il confitturiere realizzava, per ordine di Ludovica, anche «pachetti» di mandorle, nocciole e pistacchi aromatizzati con spezie per lo scambio degli «zapati» in occasione della festa di San Nicola.[26] La principessa disponeva anche di un pasticcere, preposto alla preparazione di torte, biscotti e di altri tipi di dolci, come «maccaroni», «canoncini» e «marzipani».[27]

---

22 ASTo, Riunite, Camera dei Conti, Piemonte, *Feudalità*, art. 805, *Principessa Luigia di Savoia, Principe Maurizio, Casa Savoia-Carignano*, mz. I, doc. n. 336, s.d.

23 ASTo, Riunite, Camera dei Conti, Piemonte, *Real Casa*, art. 404, *Principessa Maria Ludovica di Savoia*, *Registro delle Sessioni del Conseglio* [...], 5 gennaio 1658.

24 *Ivi*, 18 febbraio 1660 e 1° febbraio 1670.

25 *Ivi*, 22 ottobre 1658.

26 ASTo, Riunite, Camera dei Conti, Piemonte, *Feudalità*, art. 805, *Principessa Luigia di Savoia, Principe Maurizio, Casa Savoia-Carignano*, mz. II, doc. n. 255, s.d. Per la festa dello «zapato» si vedano il recente A. MERLOTTI, *Vita quotidiana alla corte dei Savoia*, cit., pp. 141-145 e M. SEGURO, *«Quella giovial consuetudine de' donativi che si chiamano il Zappato». Una festa barocca alla corte dei Savoia*, «Fonti musicali italiane», 17, 2012, pp. 45-57.

27 ASTo, Riunite, Camera dei Conti, Piemonte, *Real Casa*, art. 405, *Ordini e mandati*, «conti de' proveditori», *passim*.

Dai verbali delle riunioni del Consiglio emerge inoltre l'importante ruolo della principessa nel determinarne le scelte. Il Consiglio decideva infatti soltanto dopo che il maggiordomo aveva «fatta relatione d'ogni cosa» a Ludovica e aveva ricevuto il suo parere («sentimenti») in merito. La principessa dimostra di «inclinare più all'equità che al rigore di giustizia»[28] e tende a fidelizzare e favorire coloro che le prestano servizio in modo consono e soddisfacente: emblematico è il caso del «provveditore» Leonardo Amoretti che, ottenuto nel 1663 l'incarico per la fornitura di «companatico, ceraria, scuderia, vino, legna e carbone» con un'offerta al ribasso, si vedrà rinnovare negli anni successivi il contratto di «provveditore generale della Casa» di Ludovica senza più dover ricorrere alla tradizionale procedura di gara, per esplicita volontà della principessa che, «attesa la buona sodisfatione esperimentata [...] e la buona servitù resa», ordinerà che l'incarico gli venga rinnovato «senza tiletti».[29] Alla fine degli anni Ottanta del Seicento, Amoretti risulta ancora «provveditore generale della Casa» di Ludovica.[30] Dalla lista degli alimenti che era tenuto a fornire con i rispettivi prezzi, opportunamente messa a confronto con un documento analogo del 1658, le variazioni rispetto a un trentennio prima risultano minime: la principale è la netta riduzione di carne fresca di vitello, mentre permangono notevoli quantità e varietà di salumi e insaccati, di pollame, di pesce e di selvaggina; risultano inoltre lumache e tartarughe, inizialmente assenti.[31]

Oltre a quanto fornito 'secondo contratto', i documenti informano di altri cibi fatti appositamente arrivare a Torino per la principessa, come i melograni provenienti da Nizza, la frutta candita da Genova o, ancora, piselli verdi, aragoste e «sardelle» fresche.[32] Da Nizza, con cui Ludovica man-

---

28 *Ivi*, art. 404, *Principessa Maria Ludovica di Savoia, Registro delle Sessioni del Conseglio* [...], 27 novembre 1660.

29 *Ivi*, 30 luglio 1663, 17 giugno 1666, 7 agosto 1669; ASTo, Riunite, Camera dei Conti, Piemonte, *Feudalità*, art. 805, *Principessa Luigia di Savoia, Principe Maurizio, Casa Savoia-Carignano*, mz. I, doc. n. 4, «Partito delle provisioni per la Casa della Serenissima Principessa fatto dal s.r Amoretti per gli anni 1688-89-90».

30 *Ibid.* Il 31 maggio 1687 il contratto viene rinnovato ad Amoretti per gli anni 1688, 1689, 1690. Dalla contabilità della principessa risulta che le somme corrisposte periodicamente (a «quartieri») ad Amoretti per le «provvisioni di companatico, scuderia, ceraria, vino, legna e carbone» sono tra le più significative, sempre nell'ordine di diverse migliaia di lire (ASTo, Riunite, Camera dei Conti, Piemonte, *Real Casa*, art. 405, *Ordini e mandati*, «parcelle e recapiti», *passim*).

31 ASTo, Riunite, Camera dei Conti, Piemonte, *Real Casa*, art. 404, *Principessa Maria Ludovica di Savoia, Registro delle Sessioni del Conseglio* [...], 5 gennaio 1658 e *ivi*, art. 805, *Principessa Luigia di Savoia, Principe Maurizio, Casa Savoia-Carignano*, mz. I, doc. n. 5, gennaio 1691. I documenti sono trascritti in appendice (1, 3). Per un riscontro più puntuale e continuativo si vedano i conti relativi alle «provvisioni di companatico» riportati di anno in anno con cadenza trimestrale nei registri di contabilità della principessa (art. 221 e 405 del Camerale Piemonte).

32 ASTo, Riunite, Camera dei Conti, Piemonte, *Feudalità*, art. 805, *Principessa Luigia di Savoia, Principe Maurizio, Casa Savoia-Carignano*, mz. I, doc. n. 339, s.d.

tenne costanti legami, giungevano anche «piante da fiori», essenze, profumi e acque aromatizzate.[33]

I cibi venivano utilizzati dalla principessa anche come 'doni' («regalie») da elargire durante l'anno al personale al proprio servizio. Da un elenco delle «regalie» fatte agli «Officiali» nel corso di un anno risulta che al maggiordomo maggiore, al primo maggiordomo, al maggiordomo serviente, all'intendente e al controllore erano riservati doni più ricchi, mentre a figure come il credenziere, il somigliere, il fruttiere, il pasticcere e il guardavassella spettavano perlopiù razioni aggiuntive di pane e di vino.[34]

Sono nuovamente le carte d'archivio a testimoniare la golosità di Ludovica, soprattutto nel corso degli ultimi anni della sua vita. Durante un viaggio a Vercelli, nel giugno 1691, fa acquistare dello «zucharo candito» a Crescentino e «delli canestreli di Vercelli», i tipici biscottini locali.[35] Tra le forniture per la sua Casa relative allo stesso anno è riportato inoltre l'acquisto di «zebibo [zibibbo] e fichi» e di «frutti di Genova canditi».[36] La principessa amava molto anche le caramelle, che faceva confezionare in quantità: da una «lista delle caramelle fatte per S.A. Serenessima suo ordine» risulta che, tra la fine di dicembre 1689 e l'inizio del marzo successivo, si era fatta preparare dal confitturiere diciassette pacchetti di caramelle, con una frequenza di circa due pacchetti alla settimana.[37] Infine, dalla sua contabilità emerge che Ludovica non si faceva mancare la cioccolata, bevanda 'esotica' molto in voga presso le principali corti in Europa.[38] Una carta sciolta non datata (ma ascrivibile agli anni Ottanta del XVII secolo) relativa alle «Spese fatte per la Cicolata» riporta l'acquisto degli ingredienti per preparala: «Cacaos», zucchero, vaniglia e cannella.[39]

---

[33] *Ivi*, mz. I, docc. n. 328 e n. 343, Nizza, marzo 1690: sono menzionati «agro di cedro» lavorato dallo speziaro e «acqua di thein» preparata dal profumiere utilizzando fiori.

[34] *Ivi*, mz. I, doc. n. 77, 18 gennaio 1658. Elenchi analoghi, relativi agli anni successivi, sono presenti anche nei registri di contabilità della principessa. Questo tipo di «regalie» era una consuetudine anche presso gli altri membri di Casa Savoia; non di rado cibi e vini venivano utilizzati come doni da inviare a membri delle altre corti.

[35] *Ivi*, doc. n. 120.

[36] *Ivi*, doc. n. 8.

[37] *Ivi*, doc. n. 291.

[38] Sulla cioccolata si rimanda in particolare agli studi di Nicoletta Calapà. Tra i più recenti: Ead., *"Chicchi e chicchere". La cioccolata a corte tra Firenze e Torino nel Sei e Settecento*, in *Sovrani a tavola*, cit., pp. 181-183; Ead., *L'introduzione della cioccolata alla corte sabauda. Una ricerca ancora in corso*, in *Studi da Venaria*, cit., pp. 67-74; Ead., *La bevanda alla moda. La cioccolata alla corte di Giovanna Battista*, in *Maria Giovanna Battista di Savoia-Nemours. Stato, capitale, architettura*, a cura di C. Devoti, Firenze, Olschki, 2021, pp. 111-128.

[39] ASTo, Riunite, Camera dei Conti, Piemonte, *Feudalità*, art. 805, *Principessa Luigia di Savoia, Principe Maurizio, Casa Savoia-Carignano*, mz. I, doc. n. 348.

Fino agli ultimi anni della sua vita Ludovica di Savoia si dimostrò dotata non solo di notevole determinazione e consapevolezza nel gestire i propri beni, ma anche di gusti ben definiti, raffinati e 'alla moda', che trovarono espressione sia a tavola, sia nella scelta di abiti, gioielli e arredi.[40]

---

[40] *Ivi*, mzz. I e II. Oltre a informazioni sugli arredi voluti da Ludovica per le proprie residenze, già oggetto di studi (S. Pettenati, *L'arredo di Villa della Regina: modelli e aggiornamenti della corte fra Seicento e Settecento*, in *Villa della Regina. Il riflesso dell'Oriente nel Piemonte del Settecento*, a cura di L. Caterina e C. Mossetti, Torino-Londra-Venezia-New York, Allemandi, 2005, pp. 189-228: 189-208; S. Martinetti, *Villa della Regina nel XVII secolo: modelli per la decorazione d'interni nel torinese*, tesi di dottorato in Storia del Patrimonio Archeologico e Artistico, Università degli Studi di Torino, tutors proff. G. Romano e G. Dardanello, a.a. 2007-2009, in particolare pp. 380-399), i documenti riportano diverse indicazioni sui gioielli che la principessa si faceva realizzare, sugli abiti che si faceva confezionare dal sarto francese Pierre Le Maire, sui tessuti e sulle pellicce che prediligeva.

APPENDICE

1. Elenco delle «provvisioni di companatico», 5 gennaio 1658 (ASTo, Riunite, Camera dei Conti, Piemonte, *Real Casa*, art. 404, *Principessa Maria Ludovica di Savoia, Registro delle Sessioni del Conseglio della Serenissima Signora Principessa Ludovica Maria di Savoja – 1657 in 1670*).

Carne di vitello quello [che] si vende al macello
Carne di sanato
Lardo
Grassa
Formaggio di gruere [groviera]
Butiro [burro]
Sale
Formaggio piacentino
Lingue salate, prosciuti e salami
Oglio d'oliva
Salciccia e cervelata
Carne d'animale
Trutta [trota]
Lucij, tenche, carpe e [...]
Anguilla fresca, botte, lamprede, stracciasachi e fresse
Bottetris [bottatrici], pesci persici
Sarde, friconi e boga
Tono fresco
Anchiode [acciughe]
Gamberi e rane
Merluzzo bagnato
Somon bagnato
Molua [molva]
Anguilla salata
Tonina grassa
Fichi e zebibo
Fonghi
Amandole [mandorle]
Capponi
Capponotti
Polastri
Colombotti
Pernici
Beccaccie
Quaglie
Uccelletti
Oche, et ochetti
Polastri d'India [tacchini]
Gallo, et galline d'India [tacchini]
Ovi freschi
Ovi communi
Limoni per caduno
La donzena di citroni
Laccietti [animelle], cervelle, giaspi, l'uno
Grive [tordi] caduna
Gorgotti caduno
Lepri caduna
Leprotti caduno
Arenghi [aringhe] rossi l'uno
Lachietti [animelle] d'agnello

2. Elenco delle «provvisioni delle cerarie, droghe, et altre robbe», 5 gennaio 1658 (ASTo, Riunite, Camera dei Conti, Piemonte, *Real Casa*, art. 404, *Principessa Maria Ludovica di Savoia, Registro delle Sessioni del Conseglio della Serenissima Signora Principessa Ludovica Maria di Savoja – 1657 in 1670*).

Cera bianca
Zuccaro fino di fiandra raffinato in Livorno
Candele
Canditi di Genova
Pepe
Canella
Garoffani
Moscade [noci moscate]
Datoli [datteri] e pignoli
Passula [uva passa]
Zaffrano
Muschio, et ambra
Acqua di cedro
Olive di Como
Olive di Spagna
Carta ordinaria
Carta fina tagliata
Pistacci mondi
Confitture bianche
Confitture fini
Confitture [...] di garoffani e pistacci
Farina di riso
Frutti canditi di Lione
Paste di Lione
Amandole
Cera a vento

3. «Nota [del] Proveditore del companatico da cominciare il primo Genaro 1691» (ASTo, Riunite, Camera dei Conti, Piemonte, *Feudalità*, art. 805, *Principessa Luigia di Savoia, Principe Maurizio, Casa Savoia-Carignano*, mz. I, n. 5).

Lardo
Grassa
Butiro
Gruera [groviera]
[Formaggio] Piacentino di Lodi
Ova la donzena
Ovi freschi l'uno
Oglio d'oliva
Lacetti vitello
Lacetti d'agnello
Creste l'una
Cervelle l'una
Brize l'una
Songia [sugna] vechia
Salsiccia fresca
Salami da cuocer
Salami crudi
Lingue salate del Paese
[Formaggio] Piacentino del Paese
Caponi
Colomboti l'uno
Polastri l'uno
Dindoti [tacchinelle] l'uno
Dindo [tacchino] grasso l'uno
Canardo [anatra] l'uno
Oche et ochetti l'uno
Pernici l'una
Becaccie l'una
Quaglie e becassini l'uno
Grive [tordi] l'una
Uceletti grassi
Fagiano gentile

Lepre e leproti
Trutta
Luci, tenche e botetris, pesci persici, anguila
Scaglia, barbi e frezze
Lampredi e strazzasachi
Gambari e rane
Tortue [tartarughe] l'una
Tonina
Tono all'oglio
Pesce di mare nobile fresco
Sarda, friconi e boga e pesci all'acetto
Anchioda
Merluzzo
Arenghi
Somone e molua
Anguila salata
Lumache
Limone agro l'uno
Citrone agro l'uno

Franca Varallo

UN'ABILE AMAZZONE: LA PRINCIPESSA LUDOVICA E LE CERIMONIE PER LA REGINA CRISTINA DI SVEZIA

Chi non dirà che ogni Principe meritamente si tien glorioso a chiamarsi cavaliero, nome che nasce da quest'animal reale, del quale volendo distintamente parlare non si può, perché a rispetto de sua grandezza la lingua non ne potrebbe raggionar tanto ch'el suo dir non fusse nulla.[1]

Così si legge in Federico Grisone (1507-1570?), nobile napoletano, maestro del cavalcare, autore del testo *Ordini di cavalcare, et modi di conoscere le nature de' cavalli*, edito per la prima volta nel 1550 e in seguito più volte ristampato e tradotto in francese, tedesco, spagnolo e inglese, fonte primaria dei due fortunatissimi libri di Antoine de Pluvinelle, *Le Maneige Royal* (Parigi 1623) e *L'Instruction du Roy en l'exercice de monter à cheval* (Parigi 1625).[2]

A fine Seicento, Luigi Santapaulina, cavallerizzo dell'Accademia Delia di Padova, il cui padre Nicola era stato chiamato al servizio della regina di Svezia, dedicò a Cosimo III, granduca di Toscana, il suo *L'arte del cavallo* (1696).[3] Fin dal proemio si coglie il mutato atteggiamento nei confronti del cavallo, non più «animal reale», ma «animale di somma forza, e spirito, e di niuna ragione» che solo l'arte del cavalcare può ridurre «ad una ubbidien-

1 F. Grisone, *Ordini di cavalcare, et modi di conoscere le nature de' cavalli, di emandar i loro vitii, & d'ammaestrargli per l'uso della guerra, & giovamento de gli uomini. Con varie figure di morsi [...] del Sig. Federico Grisone, gentil'huomo Napoletano [...]*, in Venetia, appresso Andrea Muschio, M.DC.XX (prima edizione M.D.L).

2 A. de Pluvinelle, *Le Maneige Royal, où l'on peut remarquer le défaut et la perfection du chevalier en tous les exercices de cet art digne des princes, fait et pratiqué en l'instruction du Roy*, Paris, Crispian de Pas, 1623; Id., *L'Instruction du Roy en l'exercice de monter à cheval*, Paris, Michel Nivelle, 1625. Nella biblioteca del duca Vittorio Amedeo I era presente una copia del *Maneige*, ora nel fondo Saluzzo della Biblioteca Reale di Torino (BRTo).

3 N. Santapaulina – L. Santapaulina, *L'arte del cavallo di Nicola e Luigi Santapaulina, divisa in tre Libri. Ne primi due, che son di Nicola, si tratta l'arte di ridurre a tutta perfettione il cavallo. Nel terzo, che è di Luigi, al presente caval.zo della nobil.ma Accademia DELIA di Padova, vi si aggiunge il modo di usarlo in guerra, & in festa. Dedicati all'Altezza Serenissima di Cosimo Terzo Granduca di Toscana*, in Padova, Nella Stamperia del Seminario, M.DC. XCVI.

za così esatta, che spesso non si può impetrare».[4] Disciplina tanto bella e nobile, quanto difficile, come dimostra «la rarità di quelli, che ne arrivano alla perfezione», e quantunque un cavaliere potesse apparire forte, valoroso e bello al vedersi, le qualità che lo rendevano tale non necessariamente lo facevano anche bravo cavallerizzo, poiché per esserlo «non bastano le apparenze, ma vi vuole la sostanza, la quale consiste in una profonda cognizione di tutte le nature de' cavalli, quanti gradi di forza e di radenza possiedono», oltre alla conoscenza di molte scienze, tutte «necessarissime» e fra queste in particolare la matematica.[5]

Nel trasferimento da Napoli a Parigi e ritorno, molte cose erano mutate, l'ammaestrare il cavallo per «l'uso della guerra, e giovamento de gli uomini» era divenuta un'arte funzionale al cerimoniale di corte sempre più intransigente. I primi due libri dei Santapaulina, scritti dal padre Nicola, sono dedicati alla messa in sella e a tutte le figure del *maneige*, il terzo composto dal figlio Luigi tratta della postura del cavaliere e degli altri usi del cavallo: il viaggiare, la caccia, la guerra e le feste. Per quanto riguarda il viaggiare l'autore ritiene di non doversi soffermare su singoli aspetti, per non essere «cosa particolare di cavaliere, ma comune a tutte le sorti degl'uomini».[6] Al pari la caccia non sembra sollecitare interesse maggiore: «Per la caccia poco posso aggiungervi, [...] l'istesse avvertenze, che vi ho dato nel viaggiare, possono servirvi per la caccia», come ad esempio l'attenzione al terreno e al percorso ecc., con l'aggiunta di un consiglio ai «cavalieri che hanno tal dilettazione, di tenersi un cavallo apposta per tal divertimento».[7] Non va meglio per la guerra, anche questa trattata sbrigativamente:

> Che la guerra sia un arte [*sic*], la quale non cede in nobiltà ad alcun altra, ne lo fa comprendere il vederla esercitata non solo da persone nobili, ma da Principi e monarchi istessi; se così è, come non vi è dubbio, perché non dobbiamo metter tutto lo studio, & applicazione per ridurre un cavallo a tutta quella perfezione, che si richiede in tal affare, tanto più, che un cavallo in una battaglia può esser causa e della salute e della perdita del suo padrone.[8]

Premessa a cui seguono poche e veloci istruzioni per ottenere dall'animale la necessaria perfezione e ubbidienza. Più ampi e articolati i successivi paragrafi dedicati alle «cavalcate e carosello», alle «battaglie finte», all'«incontro a campo aperto», alla «giostra et anello», ai «giochi di teste e ai bal-

---

[4] *Ivi*, s.n.

[5] *Ibid.*

[6] *Ivi*, p. 171.

[7] *Ivi*, p. 173.

[8] *Ibid.*

letti»,[9] dove non mancano esempi accompagnati da descrizioni e solleciti elogi, ovviamente rivolti a principi e duchi con una sola eccezione. Nelle pagine riservate ai balletti – arte nella quale la scuola del maneggio può esprimere il meglio di sé con posate, corvette, capriole, salti e andature, la cui complessità esecutiva si fa veicolo di significati politici e simbolici – Luigi ricorda una festa di sua invenzione per Ferdinando Carlo di Gonzaga-Nevers, duca di Mantova dal 1665 al 1708. La narrazione si sofferma su un balletto per dame e cavalieri, in numero di 24 per parte, tra cui anche Anna Isabella Gonzaga, che prevedeva non «altra operazione che passo, e galoppo», il passo riservato alle dame, i movimenti al galoppo ai cavalieri, balletto che risultò assai apprezzato dalla nobiltà che lo vide, specie per l'iniziativa delle amazzoni che «fecero spiccare il loro spirito, & in particolare la Serenissima Signora Duchessa, la quale, con tutto che si fosse destinato, che le dame non operassero che di passo, volse farne varie di galoppo, il che fu secondato con spirito dalle dame, e fu terminata con applauso».[10]

Nessun altro cenno ad esibizioni di donne o a feste a cavallo che le potessero includere, d'altronde lo spirito del tempo era fortemente mutato rispetto a quando Cristina di Svezia veniva apprezzata per le sue doti equestri e la principessa Ludovica poteva esibirsi in una spericolata caccia che la penna di Salvatore Castiglione immortala in una relazione stilata proprio in occasione del passaggio torinese della sovrana svedese.[11] Pur spogliato da-

---

[9] Questo l'indice completo del Libro Terzo: *Come deva star il cavaliere a cavallo; Delle operazioni a cavallo; Avvertimenti nel viaggiare; Qualità che si richiedono al cavallo da soldato, e in quali operazioni debba esercitarsi; Delle cavalcate e carosello; Delle battaglie finte; Dell'incontro a campo aperto; Della giostra et anello; De giochi di teste; De balletti*, pp. 197-202. Chiude il libro terzo un ultimo paragrafo riservato al *Battersi a cavallo in guerra*, pp. 202-206.

[10] *Ivi*, p. 199.

[11] Salvatore Castiglione, *Copia Di Lettera Scritta Dal Signor Salvator Castiglione Nobile Genovese, All'Illustrissimo, & Eccellentissimo Signor Gio. Filippo Spinola Prencipe di Molfeta, &c. circa L'entrata, & accoglienze fatte dall'AA.RR. di Savoia Alla Regina di Svecia Nell'Augusta Città di Torino*, In Torino, appresso Gio. Giacomo Rustis, 1656 (in calce reca la data 24 ottobre 1656). Salvatore era fratello del pittore Giovanni Benedetto Castiglione detto il Grechetto. Su di lui ci sono pervenute pochissime notizie, perlopiù legate all'attività del fratello, che seguì nel suo soggiorno mantovano. Tra il 1656 e il 1657 fu al servizio della principessa Ludovica della quale fu, come lui stesso dichiara, maestro di pittura, ma le carte d'archivio non consentono di stabilire quando giunse a Torino e quale la sua attività, oltre la stesura della relazione. Il solo documento noto è il pagamento per diversi lavori fatti al servizio della principessa: Archivio di Stato di Torino (ASTo), Camerale, Conti della Casa della principessa Ludovica, aa. 1656-1657, citato da A. Baudi di Vesme, *Schede Vesme. L'arte in Piemonte dal XVI al XVIII secolo*, 4 voll., Torino, Società piemontese di archeologia e belle arti, 1963-1982, vol. I, pp. 297-298; *Lettere e altri documenti intorno alla storia della pittura. Giovanni Benedetto Castiglione detto il Grechetto, Giovanni Francesco Castiglione, Salvatore Castiglione*, Genova, Edizioni per le fonti di storia della pittura, 1971 («Fonti per la storia della pittura», 1); *Lettere e altri documenti intorno alla storia della pittura. Giovanni Benedetto Castiglione detto il Grechetto, Giovanni Francesco Castiglione, Salvatore Castiglione, Francesco Geffels, Daniele van den Dyck, Marco Boschini*, Genova, Edizioni per le fonti di storia della pittura,

gli orpelli celebrativi e dalle concessioni retoriche, il testo costituisce a parer mio un documento oltremodo importante che non può essere trascurato sia nell'ambito degli studi sul ruolo della donna nelle corti secentesche, sia in quelli di carattere storico-artistico volti all'analisi dei ritratti equestri. La descrizione di Ludovica, infatti, non solo può accrescere la conoscenza della pratica equestre e della caccia, ma rappresentare un'utile fonte letteraria da mettere in relazione con la straordinaria serie di tele raffiguranti le principesse e dame a cavallo del salone di Venaria e con i tanti ritratti equestri al maschile e al femminile, tra cui il ben noto dipinto di Dauphin (conservato al castello di Racconigi e datato 1659-1663) il quale restituisce un'immagine imperiosa della principessa, oramai vedova, raffigurata nelle vesti di Minerva con la spada sguainata nella mano destra e lo sguardo rivolto alla spettatore, come il suo imponente destriero (Tavv. 55, 58).[12] La vivace prosa del Castiglione sembra, dunque, voler attestare il ruolo da protagonista di Ludovica, espresso nella combinazione – in genere prerogativa maschile – di arditezza e prestanza fisica, esaltato dalla perfetta complicità del binomio amazzone / destriero, tema centrale, potremmo dire, di un immaginario di corte, funzionale alla circostanza specifica, la presenza di Cristina di Svezia, ma ampiamente omogeneo alle scelte decorative delle dimore ducali e al modello ritrattistico di moda, richiesto indistintamente da sovrani, duchi e principesse per fissare l'immagine aulica di sé, a prescindere da pertinenze biografiche e verosimiglianze anagrafiche. Cosicché la duchessa, le figlie e le dame trionfano nelle grandi tele sulle pareti o nello spazio delimitato ma moltiplicabile dell'incisione (Tavv. 56-57), fino allo scenario della festa dove è reinterpretato, forse con minore esibizione muscolare, ma forte impatto simbolico, dalla duchessa Maria Giovanna Battista in occasione del combattimento con 'leze' (slitte), *Il Trionfo delle virtù contra i mostri*, festa a cavallo

---

1973 («Fonti per la storia della pittura», 2). Il testo è stato da me già utilizzato e pubblicato nel 2010: F. Varallo, *Il tema della caccia nelle feste sabaude nei secoli XVI e XVII*, in *La caccia nello Stato Sabaudo. I. Caccia e cultura (secc. XVI-XVIII)*, a cura di P. Bianchi e P. Passerin d'Entrèves, Torino, Zamorani, 2010, pp. 131-148. Mi permetto di rinviare al mio saggio anche per il confronto tra la relazione di Salvatore Castiglione e quella dello storiografo di corte Valeriano Castiglione, *La Maestà Della Reina di Svecia Christina Alessandra Ricevuta ne gli Stati Dalle Altezze Reali di Savoia L'Anno 1656. Relazione dell'Abbate Don Valeriano Castiglione, Historico delle medesime Altezze*, Torino, per Carlo Gianelli, 1656.

[12] *Diana trionfatrice. Arte di corte nel Piemonte del Seicento*, a cura di M. Di Macco e G. Romano, Torino, Allemandi, 1989, p. 25. Sulla serie delle tele con le principesse di Savoia (Tavv. 54 e 55), a cavallo della Reggia di Venaria e sulla identificazione dei ritratti equestri di Cristina di Francia e di Ludovica di Savoia, si veda il bel saggio di C. Goria, *«Reali eroine». Ritratti equestri di sovrane e dame per le residenze ducali*, in *Il Potere dei Savoia. Regalità e sovranità in una monarchia composita*, a cura di A. Merlotti e M. Vester, «Cheiron», 1-2, 2022, pp. 167-293 e il suo contributo in questo stesso volume. Mi permetto di rinviare anche al mio lavoro: F. Varallo, *L'abile costruzione di sé: arte e cerimonie durante la reggenza di Cristina di Francia, duchessa di Savoia e prima Madama Reale*, «Librosdelacorte.es», XVI, n. 28 primavera-verano 2024, pp. 368-396.

del 1669, nella quale arditamente capeggiava la sua schiera di amazzoni bianco vestite, guidando con mano ferma i cavalli che trainavano la sua slitta sul ghiaccio di Piazza Castello.[13]

La passione di Ludovica per i cavalli è attestata dalle numerose spese per acquisti di animali e carrozze, che ricorrono nei conti della sua casa e del principe Maurizio, in particolare negli articoli 220 e 221, e dopo la morte di quest'ultimo con maggiore entità negli articoli 404 e 405.[14] Ma se le ingenti spese per sé e per le proprie dimore, sono la testimonianza tangibile di un potere reso materialmente manifesto da una disponibilità economica, peraltro non univoca e isolata, altri elementi possono contribuire a far luce sul suo ruolo a corte, via via più centrale man mano che, con il passare degli anni, da comprimaria diviene coprotagonista, a fianco della Madama Reale, sua madre. Primi fra questi i dati che si possono ricavare dal cerimoniale adottato in occasione del soggiorno della sovrana di Svezia i quali, pur nella stringata prosa implicita all'ufficio, permettono di fare considerazioni sui ruoli e le gerarchie della vita di corte. Altri, non meno rilevanti, si possono desumere dalle esequie per la sua morte, avvenuta il 14 maggio 1692, per le quali il duca Vittorio Amedeo II volle cerimonie degne di nota, delle quali ci è pervenuto un disegno inedito e una breve descrizione (Tav. 59).[15]

Dal cerimoniale Scaravello, conservato presso la Biblioteca Reale di Torino,[16] si ricavano informazioni utili a ricostruire nel dettaglio i vari momenti del ricevimento, soggiorno e partenza della regina Cristina di Svezia. La sovrana, giunta a Rivoli, la domenica del 15 ottobre 1656 assistette alla funzione religiosa, dopo pranzo le fecero 'speciale visita' nelle stanze

---

13 *Il Trionfo delle virtù contra i mostri. Corsa delle Dame nelle Leze nella Piazza del Castello di Torino, Alli 24. di Genaro 1669*, BRTo, I-Tr, Misc. 301/20, p. 38.

14 ASTo, Riunite, Camera dei conti, Piemonte, Art. 220 mz. 7 n. 33-35 a. 1657-59, fasc. 33, *Conto del Sig.r Bartolomeo Della Rocca già Ricevidore gen.le de reditti et entrate dell'Alt.za del fu Ser.mo Sig.r Prencipe Mauritio di Savoia per il maneggio fatto nelli anni 1656 et 1657*; ASTo, Riunite, Camera dei conti, Piemonte, Casa della principessa Ludovica, Art. 221 n. 36 1658 in 1664, *Conto che rende il Sig.r Bartolomeo della Rocca cons.re e Tes.re della Ser.ma Principessa Ludovica Maria di Savoia, et già recividore generale del fu Ser.mdi diversi Sig.re Mauritio di Savoia per il maneggio di diversi dinari ricavati dalla heredità di detto fu Ser.mo Principe e pervenuti in sue mani, et in detta Tes.ria dall'anno 1658 fino al 1661, 1662, 1663 et 1664*. A questi si aggiungono ASTo, Riunite, Camera dei conti, Piemonte, Real Casa, Art. 404, Principessa Maria Ludovica di Savoia, mz. 1 aa. 1657-1670; ASTo, Riunite, Camera dei conti, Piemonte, Real Casa, Art. 405 Ordini e mandati, mz. 4 a.a. 1657-1658. Oltre alle spese ricorrenti per la scuderia – cavalli, muli, carrozze, equipaggiamenti – risultano liste interminabili di spese della principessa Ludovica per cibo, vini, abiti cavalli, carrozze, scarpe ecc.; non risultano invece spese per pistole o altre armi da fuoco.

15 Per il disegno e la breve descrizione si veda F. Varallo, *Esibire la morte. Cerimonie e apparati funebri alla corte dei Savoia (secoli XVI-XVIII)*, Roma, Carocci, 2024, pp. 139-142, fig. 4.1.

16 BRTo, ms *Storia Patria* 726, Cerimoniale Scaravello, vol. 2/2 aa. 1643-1672, cc. 69-77.

del Castello a lei destinate le principesse Ludovica Maria, Margherita e la «principessa di Bada». La regina le ricevette «avansandose due o tre passi dal baldacchino sotto quale si ritrovava, dove rituornata con le Prencipesse fece luoro apportar sedie a braccio; s'assentà la Regina, havendo a mano destra, verso il letto la Ser.ma Prencipessa Ludovica Maria, e dall'altra parte Madama Margherita, d'alquanto più a basso la Prencipessa di Bada».[17] Quindi la «sera del medesimo giorno la Regina passò all'appartamento di Madama Reale a fine di visitarla, ove si trattenne longamente».

Il giorno seguente partì da Rivoli per Torino; l'ingresso trionfale si concluse con il *Te Deum* nella chiesa di S. Giovanni, terminato il quale, accompagnata dalle dette tre principesse, si avviò al palazzo, ricevuta ai piedi della 'gran scala' da Madama Reale che la condusse, passando per il gran salone, fino alla porta della camera. Il pomeriggio del giorno successivo si recò in carrozza alla chiesa dei Cappuccini, accompagnata ancora dalle tre principesse.[18] Il mercoledì 18, dopo aver ascoltato messa privatamente nella cappella del SS. Sudario, incontrò il duca nel giardino del Bastion verde dove Carlo Emanuele II aveva fatto venire diversi cavalli; montata su uno dei destrieri, la regina passeggiò a fianco del duca per tutta la città, preceduta dalla nobiltà. Ritornata al palazzo, pranzò nel salone delle Provincie, con tavola apparecchiata su due gradini e un gran baldacchino a lei riservato, in compagnia di Madama Reale, del duca, delle principesse Ludovica e Margherita e del conte Filippo d'Agliè.

Dopo la caccia al cervo a Mirafiori descritta dal Castiglione e la corsa al facchino, la regina restituì la visita alla duchessa, e poi alla principessa Ludovica. Accompagnata al Castello da Carlo Emanuele II, fu accolta dalla Madama Reale alla porta

> dell'ultima sua camera, quale serve per anticamera, alla Camera di Parada, fu introdotta nel gabinetto, ove rendete anco la visita a Madama Margherita, ch'insieme di sopra si ritrovò con M.R. e di suo ordine, doppo alcuni complimenti si licentiò da Madama Reale e restituita nella carrozza, che l'aveva servita al venire partì e s'incamminò verso il palazzo della Seren.ma Prencipessa Ludovica Maria, la quale avvisata della venuta della Regina discese la seconda scala per riceverla, e l'accompagnò sino alla sua camera, ove con essa sotto il baldacchino sedette trattenutasse per qualche tempo in discorsi si licentiò servita dalla Ser.ma Prencipessa sino alla carrozza.[19]

Prima della partenza, Madama Reale omaggiò ancora Cristina di Svezia recandosi nella sua camera da letto dove fu ammessa anche Ludovica,

---

[17] *Ivi*, c. 71r.

[18] *Ivi*, c. 75r.

[19] *Ivi*, c. 76v.

la quale, l'ultimo giorno, il 24 ottobre, si recò ancora a visitare la regina. Medesimo cerimoniale si ripeté nella successiva visita della regina di Svezia a fine luglio 1657, ospitata nel palazzo della principessa Ludovica.[20]

Poche annotazioni, ma utili a confermare le dinamiche e ruoli della corte: la regina di Svezia dimostra maggiore familiarità a Ludovica, seconda solo a Madama Reale, intimità che sembra aumentare proprio dopo la battuta di caccia e l'esibizione della principessa alla cui descrizione credo opportuno, in chiusura, ritornare.

Salvatore Castiglione, letterato e artista genovese al servizio di Ludovica, come detto, era fratello del più noto pittore Giovanni Benedetto Castiglione detto il Grechetto, nonché maestro di pittura della stessa principessa, come attestano anche alcuni pagamenti.[21] La cronaca in forma di lettera da lui stilata, come già detto, per il soggiorno torinese di Cristina di Svezia, sembra avesse preceduto la relazione ufficiale della quale era stato incaricato l'abate Valeriano Castiglione, come da questo medesimo dichiarato nell'ultima pagina del testo rivolto al lettore: «Foriera della presente Relatione è stata una lettera scritta dal Pittore della Real Casa Salvatore Castiglione Nobile Genovese, c'ha genio di Pennello e di Penna».[22] Che ha «genio di Pennello e di Penna» scrive dunque l'abate, riconoscendo alla prosa del suo omonimo una efficacia e una freschezza che pare poter addirsi solo a chi, come il pittore, è avvezzo a una narrazione per immagini. Il richiamo ai grandi cicli decorativi, ai dipinti e alle incisioni dell'epoca emerge con evidenza, mediando tra scrittura e invenzione, come esemplarmente appare nel ritratto della sovrana:

> Vedonsi sotto una fronte proporzionatamente quadra due ciglia inarcate con gratia: due occhi, ne' quali non si può fissare lo sguardo, che non si pieghi il ginocchio; Naso profilato tendente all'aquilino, all'usanza degli antichi Re Persiani: Bocca onde escono concetti, che sono sentenze, di suono armonioso, e soave. Il colore per l'ordinario vivace; ma che però, come osservai in quei congressi, facilmente si cangia in quel rubicondo, che a dir de Dotti, è colore della Virtù: le mani lunghe, e bellissime: la statura quale richiede il sesso: la capigliera posticcia: l'habito fra il virile, e'l donnesco, che in quel giorno era nero, e sempre senza gioie, o affettatione.[23]

---

20 *Ivi*, cc. 81v-82r.

21 ASTo, Riunite, Camera dei conti, Piemonte, art. 220 mazzo 7, cit., c. 203 pagamento al «Pittore Salvatore Castiglione a consideratione de diversi lavori et opere fatte per servitio di S.A. Ser.ma, come ne risulta per suo dis.co delli 16 Genaro dell'anno 1657, che rimette lire 405».

22 V. Castiglione, *La Maestà Della Reina di Svecia*, cit.; edizione moderna V. Castiglione, *La Regina Cristina di Svezia a Torino nel 1656*, a cura di M.L. Doglio, Alessandria, Edizioni dell'Orso, 2010, p. 44.

23 S. Castiglione, *Copia Di Lettera Scritta*, cit., p. 5.

Ma sicuramente i passaggi più singolari sono quelli riservati all'ardimentosa Ludovica a cavallo durante la battuta della caccia al cervo il 19 ottobre 1656 a Mirafiori, dove la scrittura di Salvatore Castiglione, nonostante una malcelata esibizione di modesti «Supplisca V.E. col suo fino intelletto alla debolezza del mio talento, perch'io certo non ho parole da esprimere ciò, ch'osservai», costituisce una memorabile testimonianza:

Viddi dalla Real presenza di 4 Principi imperlate le campagne, imparadisate le selve. Fissava S.M. gli sguardi hor nell'una, hor nell'altra delle Ser. et osservava con meraviglia, con qual dominio sprezzavano la ferocia degl'infuocati Cavalli ... Risuonavano le amenissime Valli, e le verdi pianure dell'armonico suono d'argentee trombe, mentre i Corni de Cacciatori, che con ordinatissima diligenza stavano disposti alla lassa d'impatientissimi veltri, circondando altri il folto del bosco col rauco abbaiare de' bracchi, assordavano anche l'udito alla medesim'Echo, che perciò confusa non sapeva replicare.

La Regina co' nere piume al cappello leggiadramente vestita da campagna; quando di galoppo, quando di tutta carriera, seguiva S.A.R. che nel correre dietro alle fiere volanti, non ha ne' pari, ne chi di gran lunga la secondi. Era un vedere la serenissima Principessa Lodovica calcare il dorso a bizzaro corridore coperto di pelle Tigrina freggiata d'oro, riccamata a trofei, hora spingere, hora ritrarsi, secondo che portava l'impegno, e la traccia de' bracchi; hora, forsi troppo avanzatasi, impiegare i momenti, con che attendevasi il seguito, in maneggiare il cavallo, che insuperbito di peso si pretioso, imitando co' salti la Tigre, di cui era freggiato; quando a corbette,[24] quando a ropoloni, e quando terra a terra; hor erto, e sublime, quasi volando s'alzava al Cielo; hor prono, e basso parea, che a tanta Maestà s'inchinasse; presto, e snello alla bacchetta,[25] al freno, al cenno obbediente aggiravasi; rimettendosi al passo, spingendosi al corso, circolandosi in ruota, spiccandosi in dardo, divincolandosi in biscie, sotto i placidi imperi del gioiellato freno, in un istante a parere fermavasi: il tutto per galanteria di S.A. che non istrutta, ma nata a reali essercitij, possiede per sue tutte quelle virtù, che son degne, non solo degli huomini, ma degli Heroi: honorando per diporto, anche tal'hora le arti più nobili; havendo singolarmente con sue regie mani reso splendore al nobilissimo impiego

---

[24] «Hanno gl'Antichi dato questo nome alla Corvetta, da quell'incorvare, che fa'l cavallo delle sue gambe di dietro, mettendo sotto l'anca, e sollevando la spalla, e per esser bella deve quasi assettare l'anca; non lasciando però di giocarla per ribatterla. / Corvetta dunque è quella, quando il cavallo solleva la spalla, piegando le mani, alzandole da terra due palmi almeno, anzi, quanto più l'alza, più bella è, dovendo però essere alta ad un segno, che possi restar al cavallo vigore nella schiena da ribatterla con li piedi, li quali s'alzeranno da due dita almeno, sino ad un palmo secondo la vivacità della sua anca, & in ogn'una di queste altezze può essere bella; se però solleverà, come ho detto, la detta spalla più del doppio del palmo. / Non si devono mettere i cavalli alla corvetta, & a qual si sia aria, se prima non fanno la posata con facilità, sincerità, e tutte quelle condizioni, che nel trattato della posata ho detto, e che con l'istessa facilità ne facino, quante ne vogliano»: N. SANTAPAULINA – L. SANTAPAULINA, *L'arte del cavallo*, cit., Libro Secondo, Capo Duodecimo, *Della Corvetta*, p. 150.

[25] Frustino che spesso si vede nei dipinti rivolto verso l'alto.

della Pittura. S.M. che col valore suo heroico, non può ricever per nuovo, che una Principessa tant'oltre si sollevi sopra il suo sesso; confessò non haver visto giamai cosa pari in sua vita; quando osservò con qual leggiadria la Sereniss. nel maggior bollore del generoso animale, sparava per trastullo le pistole, e senza fallare, coglieva di mira dove accennava, anche in distanza considerabile; anzi a tutta la portata della pistolla. Il numero grande di nobilissimi Cavaglieri faceva mostra, non so se più di essercito, che di Corte; che tutti dietro a Cervi volanti (che molti ne furono su'l principio seguiti) tutti poi al seguito d'un solo s'applicorono, per non distogliere i cani dalla traccia, e non obbligargli (come spesso avviene a Cacciatori imperiti), a perdere l'eccellenza del fiuto col cambio.[26]

L'immediatezza della scrittura, l'elegante pertinenza nel descrivere i movimenti del cavallo, la ricchezza dei dettagli sulla caccia giustifica anche in questo caso la lunga citazione, che può essere assai interessante confrontare con il passaggio analogo della relazione dell'abate Castiglione.[27] La lettura del brano porta l'attenzione non solo sull'abilità di Ludovica nel cavalcare, ma anche nell'usare la pistola, con cui spara per «trastullo», ma colpendo il bersaglio da lontano e con precisione. Le numerose immagini, soprattutto incisioni, raffiguranti scene di caccia al cervo (e non solo, anche al cinghiale, alla volpe e al leone), mostrano cacciatori con armi da fuoco, ma raramente, mi sembra, compaiono pistole, arma che cominciò ad essere prodotta verso la metà del XVI secolo, ma che si diffuse soprattutto nel Seicento impiegata prevalentemente in cavalleria e nel cosiddetto 'caracollo'.[28] Sicuramente è difficile individuarne la presenza nelle tele della Sala di Diana nella Reggia di Venaria, dove le dame impugnano lance e dardi. Anche le collezioni dell'Armeria Reale di Torino non includono esemplari di pistole riferibili alla prima metà del Seicento, e dunque anteriori al 1656; i raffinati esemplari presenti sono tutti della seconda metà del XVII secolo e successivi. L'insistenza del Castiglione sull'uso disinvolto da parte di Ludo-

---

26 S. Castiglione, *Copia Di Lettera*, cit., pp. 8 sgg.

27 Si legga a confronto il passaggio di Valeriano Castiglione relativo alla medesima battuta di caccia: «La Reina intanto dal trattenimento letterario di Minerva, fè passaggio ad altro boschereccio di Diana, che fu dopo il suo pranso. Percioche condotta al Parco, per darle a veder una Caccia di Cervi l'A.R. in corso col Dardo; havendone trafitto uno da lato nel cospetto di S.M. di M.R. Principesse, e Dame, ch'erano nelle Carrozze, nova prova fece vedere della sua attitudine alla Caccia, tanto consigliata da Xenofonte a Ciro come Imagine della Guerra. Piacque alla Reina il Sito silvestre si, ma dilettevole, copioso d'acque, abbundante di selve, non scarso di fere, tale, che può dirsi Habitatione per la Deità di Silvano» (pp. 39-40).

28 Il termine 'caracollo' indica quando «una linea di cavalieri avanzava verso il nemico, sparava uno o due colpi di pistola (con una o due pistole) e tornava indietro mettendosi 'in coda' al reparto; la seconda linea faceva lo stesso, poi la terza eccetera, dando modo e tempo man mano a chi aveva già sparato di ricaricare e ricominciare», devo queste indicazioni a Silvio Leydi che ringrazio.

vica di tale arma resta quindi un aspetto da indagare e da confrontare con fonti documentarie e visive coeve, nella speranza che letture e osservazioni mirate possano condurre a qualche risultato interessante e permettano di tratteggiare il conveniente paesaggio intorno all'immagine di Ludovica, principessa con la pistola!

Bruno Farinelli

LA LANCIA E LA PISTOLA. LUDOVICA DI SAVOIA, PRINCIPESSA CACCIATRICE

Torino, 23 giugno 1642. Dopo quasi quattro anni in cui le violenze della guerra civile avevano insanguinato il Ducato di Savoia e la sua capitale, finalmente la pace poteva tornare a regnare e le celebrazioni per la notte di san Giovanni Battista, patrono e protettore della città, segnarono un primo passo verso il vivere civile. Ercole Ricotti, nella sua *Storia della monarchia piemontese*, riporta che per celebrare la pace raggiunta fu messa in scena «in città una favola boschereccia», l'*Aminta*.[1] L'opera, scritta un secolo prima da Torquato Tasso per la corte estense, narra di un pastore il quale si innamora di una giovane ninfa che ricambia il suo sentimento solo dopo essere stata salvata dal tentativo di violenza di un satiro. Soggetto inusuale alla rappresentazione teatrale per celebrare la fine di un conflitto civile, come inusuale fu la partecipazione di una principessa del rango di Ludovica di Savoia. La centralità visiva a lei assegnata in quell'occasione assume però un più chiaro significato se si tiene conto delle circostanze che la videro tra le condizioni per ratificare la pace tra 'principisti' e 'madamisti'.

Ludovica si prestava infatti a divenire «oggetto di uno scambio diplomatico» a seguito del matrimonio con lo zio Maurizio di Savoia.[2] Allora ancora cardinale, il principe Maurizio pretese la mano della giovane nipote come prezzo per firmare la pace con 'Madama Reale' Cristina di Francia. Una lettera inviata da Ludovica al futuro marito nell'agosto 1642, nella quale lo

---

1 E. Ricotti, *Storia della monarchia piemontese*, Firenze, G. Barbera, 1869, p. 360. La favola fu messa in scena per la prima volta nel 1573, vd. T. Tasso, *Aminta, favola boschereccia*, a cura di M. Corradini, Milano, Rizzoli, 2015.

2 Era questo un destino condiviso dalla gran parte delle principesse europee, tra cui la stessa Cristina di Francia: E. Conti, *La princesse européenne, d'objet d'échanges diplomatiques à détentrice du pouvoir: itinéraires politiques des trois filles d'Henri IV et Marie de Médicis (1600-1670)*, Master *De la Renaissance aux Révolutions*, a cura di S. Edouard, Université Lumière-Lyon II, a.a. 2017-2019.

avvisava dell'avvenuta sottoscrizione del contratto dotale, lascia trasparire tutta l'inquietudine della giovane principessa, allora tredicenne:

> Dal Marchese di Dogliani, mandato espressamente da Madama Reale mia signora et *maman* per tener Vostra Altezza avisata [*sic*] della sottoscrittione del contratto dotale, le sarà insieme rappresentato con quale *dolce violenza* io mi senta rapire e rapita, legare e legata, stringer sempre più forte all'effettuatione di quella irreversibile promessa che mi fa hoggi di più sua che mia.[3]

Il matrimonio ebbe luogo nel settembre dello stesso anno, a seguito della rinuncia di Maurizio alla porpora cardinalizia.[4]

Al di fuori del suo ruolo di mediazione nelle vicende post-belliche, la storiografia non ha sviluppato uno specifico interesse nei confronti della principessa, relegandola al ruolo subalterno prima di nipote e consorte di Maurizio di Savoia, morto nel 1657, poi figlia della reggente Cristina di Francia, morta nel 1663, e infine sorella del duca Carlo Emanuele II, morto nel 1675. Sopravvissuta a tutti i protagonisti del suo secolo, la figura di Ludovica di Savoia è rimasta ammantata della passività conferitagli dall'essere stata uno strumento di mediazione politica.

Tale interpretazione del suo ruolo all'interno della corte sabauda è smentita però dall'immagine che ne riportarono i contemporanei. Nel settembre 1670, l'ambasciatore veneziano a Torino Francesco Michiel andò a porle i propri omaggi prima di lasciare la sua posizione presso la corte sabauda. Ludovica, che «s'era portata a godere le ricreationi de la caccia in luoco poco discosto» dalla capitale, accolse il diplomatico della Serenissima in «habiti da cacciatrice» e lo condusse per una passeggiata attraverso i giardini «con sensi così generosi che – come ricorda l'ambasciatore – io non potei di meno di non partire con mile catene di debito».[5] Da questo incontro di commiato Michiel partì serbando un profondo rispetto nei confronti della principessa sabauda, maturato con ogni evidenza lungo l'intero corso del suo impegno diplomatico. Un rispetto che andava ben oltre la semplice cortesia di rito, come si può desumere dalle parole che pronunciò di fronte all'intero senato veneziano riunito una volta tornato in patria:

> Della principessa Lodovisia, sorella del Signor, dirò d'aversi sacrificato negli anni più giovanili per estinguer le fiamme ardenti delle guerre civili. I vincoli del

[3] Archivio di Stato di Torino (ASTo), Lettere, Lettere principi diversi, 20: 19, Ludovica Maria di Savoia a Maurizio di Savoia, 2 agosto 1642.

[4] Per una critica aggiornata sulla figura del cardinale di Savoia si rimanda a *Il Cardinale. Maurizio di Savoia mecenate, diplomatico e politico (1593-1657)*, a cura di J. Morales, C. Santarelli e F. Varallo, atti del convegno (Torino, 23-25 settembre 2021), Roma, Carocci, 2023.

[5] Archivio di Stato di Venezia, Dispacci ambasciatori, Savoia, 78: 129, f. 1.

matrimonio col principe Maurizio, suo zio, furono quelli che sciolsero dalle catene i popoli e dalle circonvallazioni le piazze ed i stati, mentre apparve immediata la pace e non vi fu chi non benedisse con lagrime di giubilo il di lei nome; possiede le virtù riguardevoli della madre, nell'affabilità e nelle maniere generose; rassembra un'amazzone negli esercizi della caccia, nel maneggiar un cavallo e nel giuocar la lancia e la pistola. Per le di lei nobili condizioni, ogni condizione di persone l'acclamerebbe al comando ed alla sovranità, in caso, che Dio non voglia, che mancasse con il padre [Carlo Emanuele II] il figlio [Vittorio Amedeo II], mentre stringendosi in matrimonio con il principe di Carignano che sarebbe legittimo successore primogenito del principe Tommaso, fu di già fratello del duca Vittorio Amedeo padre del vivente, ancorché di natura imbecille e di corpo nell'interno male organizzato, privo a nativitate della facoltà dell'udire e per conseguenza incapace di sciogliere la lingua ad altro che a muggiti, non ostante dico, non vi sarebbe chi non acclamasse la di lei sovranità per soggettarsi volentieri al giogo dell'ubbidienza ed all'obbligo di suddito d'una si grande e così ammirabile principessa.[6]

Pur essendo molto ampia, la citazione è meritevole di essere riportata per l'evidente contrasto con l'immagine di una Ludovica sommessa al proprio destino. L'ambasciatore sottolineò quanto a ognuno fosse chiaro il sacrificio da lei affrontato per porre termine alla guerra civile e quanto ciò le valse la benevolenza dei propri sudditi. Michiel giunse persino a suggerire l'ipotesi che, nel remoto caso in cui il duca e il suo erede fossero deceduti, Ludovica avrebbe potuto ambire ad assumere la guida del ducato attraverso il matrimonio con il principe di Carignano, Emanuele Filiberto Amedeo.[7]

Nella relazione presentata al senato veneziano, tutte le figure maschili, detentrici di un potere effettivo, finirono una dopo l'altra in secondo piano, lasciando unicamente il centro della scena alla principessa sabauda. Inoltre, riveste un ruolo centrale il legame diretto tra il riconoscimento della statura politica di Ludovica – tanto che chiunque l'avrebbe acclamata «al comando e alla sovranità» – e le sue virtù aristocratiche, le quali sono condensate in tre ambiti tipicamente riconducibili all'educazione principesca: la maestria nella caccia, l'abilità nell'equitazione e la padronanza nell'uso delle armi. Nell'arco di trent'anni, Ludovica era così riuscita a sottrarsi al ruolo a lei imposto dalla ragion di stato e dalle alleanze matrimoniali e ad

---

6 *Relazioni di ambasciatori veneti al Senato*, XI, a cura di L. Firpo, Torino, Bottega d'Erasmo, 1983, p. 975.

7 Occorre sottolineare quanto il giudizio di Michiel su Emanuele Filiberto di Carignano, qui descritto in maniera impietosa, fosse largamente infondato. Nato sordomuto ma tutt'altro che imbecille, il principe di Carignano fu una figura di grande spessore anche intellettuale. Cfr. L. Picco, *Il Savoia sordomuto. Emanuele Filiberto di Savoia Carignano 1628-1709*, Torino, Giappichelli, 2010.

accedere a una posizione che, pur non essendo di potere effettivo, serbava in sé tutto il potenziale della sovranità.

La ricerca sulla caccia principesca declinata al femminile ha suscitato l'interesse di molti studiosi in anni recenti, così come la sua connessione con un preciso immaginario simbolico.[8] Nella maggior parte dei casi questa era, però, espressione di un potere oggettivo che trovava in essa un valido strumento di autorappresentazione.[9] Nel caso di Ludovica ci si trova di fronte a una principessa che non giunse mai a detenere posizioni di rilievo, ma che condusse una lunga vita di vedovanza ai margini della corte sabauda. Un profilo che appare molto lontano dalla forza che scaturisce dalle parole dell'ambasciatore veneziano.

Questo contributo vuole analizzare quale ruolo ebbe la caccia principesca, a cui l'equitazione e l'uso delle armi erano ovviamente connesse, nel trasmettere quell'immagine di potenza che Ludovica riuscì a incarnare, al fine di dimostrare come la pratica venatoria potesse svolgere un fondamentale ruolo identitario nella costruzione della sua soggettività, divenendo strumento di emancipazione sul piano personale e politico.

La nascita di una figlia di Artemide

Gli anni dell'educazione venatoria di Ludovica sono difficilmente ricostruibili. I giovani principi venivano introdotti alla *chasse à courre* e più in generale al mondo venatorio intorno ai dieci anni, mentre per la falconeria potevano anche essere più giovani.[10] In molti casi ciò avveniva attraverso il rapporto intergenerazionale. Nel 1597, un giovane Vittorio Amedeo I (1587-1637) scriveva al padre Carlo Emanuele I (1580-1630) di essere in tre-

---

[8] Si rimanda qui ai principali lavori sul tema a livello internazionale: K. Fietze, *Im Gefolge Dianas. Frauen und höfische Jagd im Mittelalter (1200-1500)*, Wien, Böhlau Verlag, 2005 (Beihefte zum «Archiv für Kulturgeschichte», LIX); R. Almond, *Daughters of Artemis. The Huntress in the Middle Ages and Renaissance*, Cambridge, D.S. Brewer, 2009; J. Baagøe – B. Olesen, *Dianas døtre: kvindelige jægere dengang og nu*, Hørsholm, Dansk Jagt og Skovbrugsmuseum, 2011; *Il mito di Diana nella cultura delle corti. Arte letteratura musica*, a cura di G. Barberi Squarotti, A. Colturato e C. Goria, Firenze, Olschki, 2018.

[9] A titolo di esempio si possono citare i casi di Maria d'Asburgo (1505-1558), governatrice dei Paesi Bassi, Elisabetta I d'Inghilterra (1533-1603) o della duchessa d'Orléans, Liselotte von der Pfalz (1652-1722). Cfr. D. Van der Cruysse, *«Madame sein i sein ellendes Handwerck». Liselotte von der Pfalz, eine deutsche Prinzessin am Hof de Sonnenkönings*, München, Piper, 1997; K. De Jonge, *Le parc de Mariemont. Chasse et architecture à la cour de Marie de Hongrie (1531-1555)*, in *Chasse princières dans l'Europe de la Renaissance*, a cura di C. D'Anthenaise e M. Chatenet, atti del convegno (Chambord, 1-2 ottobre 2004), Paris, Actes Sud, 2007, pp. 269-289; D.M. Neighbors, *Elizabeth I, Huntress of England: Private Politics, Diplomacy, and Courtly Relations Cultivated through Hunting*, «The Court Historian», 28:1, 2023, pp. 49-79.

[10] P. Salvadori, *La chasse sous l'Ancien Régime*, Paris, Fayard, 1996, p. 137.

pidante attesa di un suo ritorno a corte proprio per «havere il piacere d'andar qualche volta a la cazza».[11] Purtroppo Vittorio Amedeo I morì quando Ludovica aveva solo otto anni e la sua educazione venatoria non poté dunque giovarsi dell'esperienza paterna.

Una volta contratto il matrimonio, non poté inoltre contare sulla passione per la caccia del consorte. Maurizio di Savoia, pur praticando la caccia in quanto privilegio spettantegli per nascita, non fu un principe cacciatore, a differenza ad esempio del fratello Tommaso Francesco, il quale possedeva una propria muta di cani da caccia ed era legato alle tradizioni venatorie in uso presso Casa Savoia.[12] Inoltre, la coppia visse per lungo tempo lontano dalla corte di Torino. La mano di Ludovica non fu infatti l'unica condizione richiesta dal cardinal Maurizio per firmare la pace. Tra queste vi fu anche la cessione della luogotenenza generale di Nizza, città nella quale la coppia visse per i dieci anni successivi al matrimonio. Questa fu, peraltro, una fase in cui la principessa godette di un'autonomia tutt'altro che ampia sotto il profilo economico. La situazione che si presentò a distanza di alcuni anni la vide in forti ristrettezze che l'avevano obbligata a indebitarsi per mantenere il proprio *status*. Ciò era principalmente dovuto al fatto che gli accordi economici – che le garantivano una somma annua stabilita per le proprie spese particolari – non erano rispettati da Maurizio di Savoia, costringendola in uno stato di «continuo bisogno et molestata per diversi debiti fatti».[13] Ludovica giunse persino a chiedere a Maurizio di poter sottoscrivere un prestito con lo stesso tesoriere garantito dai proventi dotali. Durante questo arco temporale è dunque difficile immaginare che abbia potuto consacrare assiduamente il suo tempo all'arte di Diana.

---

[11] ASTo, Corte, Lettere, Lettere duchi e sovrani, 46: 6, Vittorio Amedeo I a Carlo Emanuele I, 1597.

[12] Pur non essendo un assiduo cacciatore, a Maurizio fu dedicata la seconda edizione di uno dei trattati di caccia più celebri del Seicento italiano, *Le caccie delle fiere armate et disarmate* di Eugenio Raimondi (Brescia, B. Fontana, 1626). A una lettera del 1633 di Tommaso Francesco si deve, invece, la più antica attestazione della celebrazione da parte di un membro di Casa Savoia del 3 novembre, giorno di sant'Uberto patrono dei cacciatori, la cui venerazione nel contesto italiano fu una peculiarità della dinastia: G. Claretta, *Storia della reggenza di Cristina di Francia. Documenti*, Torino, Civelli, 1899, p. 26. Sul *Saint Obert*, generalmente celebrato con una caccia e a cui si legò uno specifico rito di corte a partire dalla seconda metà Seicento: P. Passerin d'Entrèves, *Le cacce reali a Stupinigi: la "Saint Obert"*, in *Il sentimento religioso e le cacce reali. Il restauro della Cappella di Sant'Uberto a Stupinigi*, a cura di A. Griseri, Torino, Allemandi, 1995, pp. 17-24. La muta di Tommaso Francesco, composta da circa venti cani da caccia, fu aggregata a quella ducale nel 1654: ASTo, Riunite, Camera dei conti, Patenti controllo finanze, 133, f. 8.

[13] ASTo, Corte, Lettere, Lettere principi diversi, 20: 84, Ludovica di Savoia a Maurizio di Savoia, 25 febbraio 1649.

Il ritorno a Torino nel 1652, presso quella che era allora la 'vigna' collinare del cardinal Maurizio, mutò tale situazione poiché permise finalmente alla principessa di prendere parte alle cacce della corte del fratello Carlo Emanuele II. Si può dunque ipotizzare che l'educazione venatoria di Ludovica di Savoia sia iniziata in età più tarda. Questo dato non deve lasciare stupiti se si considera che, come evidenziato da Simon Adams, anche Elisabetta I e Maria Stuart, entrambe assidue cacciatrici, iniziarono la loro carriera venatoria dopo i vent'anni. Ciò peraltro indica una scelta più consapevole da parte della principessa in assenza, come sottolinea sempre Adams, di qualsiasi incoraggiamento formale alla caccia rivolto alle donne.[14]

Ad essere certa è la maestria da lei raggiunta nell'arco di pochi anni. Nel 1656 si tenne infatti una grandiosa caccia presso la corte di Torino in onore di Cristina di Svezia, il cui nome stava in quegli anni attraversando tutte le corti europee. L'ex sovrana – la quale aveva abdicato due anni prima e si era convertita al cattolicesimo nel 1655 con grande scandalo dell'Europa protestante – si era insediata a Palazzo Farnese a Roma da dove occasionalmente partiva alla volta delle altre capitali europee.[15]

In occasione della sua permanenza a Torino, dal 16 al 24 ottobre 1656, Carlo Emanuele II fece allestire grandi apparati in tutta la città e il 19 ottobre organizzò una grande caccia al cervo presso il castello di Mirafiori.[16] Il nobile genovese Salvatore Castiglione, al servizio della corte sabauda in quegli anni, riportò per l'occasione un'accurata descrizione delle doti di cacciatrice mostrate da Ludovica:

> Era un vedere la Serenissima principessa Ludovica calcare il dorso a bizzaro corridore, coperto di pelle tigrina freggiata d'oro, riccamata a trofeo, hora spingere, hora ritrarsi secondo che portava l'impegno e la traccia dei bracchi [...] S.M., che col valore suo heroico non può ricever per nuovo che una Principessa tant'oltre si sollevi sopra il suo sesso, confessò non haver visto giammai cosa pari in

---

14 S. ADAMS, *'The Queenes Majestie...is now become a great huntress': Elizabeth I and the chase*, «The Court Historian», 18:2, 2013, p. 163.

15 Per una panoramica sugli studi dedicati alla figura di Cristina di Svezia: M.L. RODÉN, *Ett ständigt skiftande porträtt. Kristinabilder i historieskrivningen 1750-2000*, in *Bilder av Kristina. Drottning av Sverige – Drottning i Rom / Images of Christina: queen of Sweden, queen in Rome*, a cura di P. Sandin, Stockholm, Livrustkammaren, 2013, pp. 39-59; V. NIGRISOLI WÄRNHJELM, *Gli studi italiani sulla regina Cristina di Svezia negli ultimi cinquant'anni*, in *Studi di italianistica nordica*, a cura di S. Rosatti, M. Gargiulo e M. Hagen, Roma, Aracne, 2014, 355-377.

16 Per un'approfondita analisi degli elementi legati alla cultura equestre presenti nel testo di Salvatore Castiglione si rimanda al saggio di Franca Varallo in questo volume e ai precedenti studi: F. VARALLO, *Il tema della caccia nelle feste sabaude nei secoli XVI e XVII*, in *La caccia nello Stato sabaudo, I, Caccia e cultura (secc. XVI-XVIII)*, a cura di P. Bianchi e P. Passerin d'Entreves, Torino, Zamorani, 2010, pp. 144-148; EAD., «*...Era un sottilissimo nastro, con che frenava il cavallo*». *Ritratti equestri, cerimonie e loisir nella corte sabauda del XVII secolo*, in *Las caballerizas reales y el mundo del caballo*, a cura di J. Aranda Doncel e J. Martinez Millán, Córdoba, Litopress, 2016, pp. 365-370.

sua vita quando affermò con qual leggiadria la Serenissima, nel maggiore bollore del generoso animale, sparava per trastullo le pistolle e, senza fallare, coglieva di mira dove accennava, anche in distanza considerabile, anzi a tutta la portata della pistolla.[17]

Il primo dato a emergere dalla caccia del 1656 è la perfetta attinenza con quanto riportato dall'ambasciatore veneziano nel 1670. Tutti gli elementi che Michiel pose al centro della sua relazione su Ludovica – «rassembra un'amazzone negli esercizi della caccia, nel maneggiar un cavallo e nel giuocar la lancia e la pistola» – si erano già consolidati a pochi anni di distanza dal ritorno a Torino. Ma ancora più palese è il fatto che le qualità venatorie della principessa assumano, sin da allora, il valore di un mezzo per elevarsi al di sopra dei limiti imposti «sopra il suo sesso». Si registra qui anche una sorta di *climax* da parte dell'autore che sembra quasi fare fatica ad ammettere le doti di Ludovica: dal mero trastullo o divertimento con il quale Ludovica sembra inizialmente usare le armi da fuoco, al riconoscimento dell'innegabile mira dimostrata, sino all'ammissione del fatto che la principessa cacciatrice fosse in grado, lanciata al galoppo, di colpire un cervo in corsa alla distanza considerevole di circa una cinquantina di metri.

A colpire è anche la rilevanza data all'uso di un'arma da fuoco come la pistola. Questa era inusuale per la caccia al cervo, dove, seguendo, il rituale della *chasse à courre*, si preferiva sfiancare la preda con la muta di cani per poi finirla con un colpo di paloscio o di fucile.[18] L'utilizzo di quest'arma, associata alla lancia citata da Michiel, a cui rimanda il venabulo presente nella nota incisione che raffigura Ludovica impegnata in una caccia alla volpe con la contessa di Bagnasco (Tavv. 56-57), rinvia a un equipaggiamento tipico della cavalleria leggera.[19] Ma soprattutto indica come Ludovica non si sottraesse dal praticare una caccia molto energica, che la poneva in posizione ravvicinata alla preda e dunque in una condizione di potenziale pericolo.

---

[17] S. Castiglione, *Copia di lettera scritta dal Signor Salvator Castiglione [...] circa l'entrata e accoglienza fatte dall'AA.RR. di Savoia alla Regina di Svecia*, Torino, appresso Giacomo Rustis, 1656, pp. 10-11.

[18] P. Passerin d'Entreves, *Il cerimoniale della caccia al cervo*, in *Le strategie dell'apparenza. Cerimoniali, politica e società alla corte dei Savoia in età moderna*, a cura di P. Bianchi e A. Merlotti, Torino, Zamorani, 2010, pp. 201-222.

[19] Sebbene sia inusuale, l'utilizzo di questo tipo di arma a cavallo per la caccia alla volpe non è priva di precedenti e rimanda a motivi classici e orientali: H.L Blackmore, *Hunting weapons: From the Middle Ages to the Twentieth Century*, New York, Dover, 1971, p. 105. Inoltre, nel dipinto di Miel che raffigura la caccia alla volpe, si può vedere nell'angolo in alto a sinistra un cacciatore che finisce la preda con uno spiedo simile. Sul legame tra binomio lancia-pistola e cavalleria leggera: W. Barberis, *La 'lancia' di Carlo V. Una proposta iconografica*, «Annali della Scuola Normale Superiore di Pisa», 9-2, 2017, p. 456.

Se si osserva il ciclo delle cacce di Jan Miel, dipinto tra il 1659 e il 1661, si noterà che la presenza femminile sul terreno di caccia era fortemente disciplinata. L'unica caccia che vede una presenza femminile attiva è quella alla lepre, in cui però nessuna delle cacciatrici imbraccia armi per abbattere la preda, assumendo più i tratti di una *performance* equestre (Fig. 1). Nel dipinto della *curée*, il rito durante il quale la muta dei cani veniva premiata con parti della preda smembrata, figure maschili e femminili affollano il centro di una scena in cui la caccia è ormai terminata (Fig. 2). Le due cacce più pericolose, quelle all'orso e al cinghiale, mostrano invece una presenza femminile racchiusa in un palco sopraelevato, allo stesso tempo spazio protettivo e punto di osservazione dal quale ammirare la violenza della scena (Figg. 3-4). Attraverso la caccia, Ludovica di Savoia riuscì dunque a elevarsi sopra gli schemi sociali del mondo aristocratico e a superare la stessa rappresentazione che la corte sabauda voleva dare di sé.

Fig. 1. Georges Tasnière, su disegno di Giovan Francesco Baroncelli (da Jan Miel), *Caccia della lepre*, da A. di Castellamonte, *Venaria Reale Palazzo di piacere, e di caccia [...]*, Torino, per Bartolomeo Zapatta, 1674 (ma 1679), particolare.

Fig. 2. Georges Tasnière, su disegno di Giovan Francesco Baroncelli (da Jan Miel), *La Curea*, da A. di Castellamonte, *Venaria Reale*, particolare.

Fig. 3. Georges Tasnière, su disegno di Giovan Francesco Baroncelli (da Jan Miel), *Caccia dell'orso*, da A. di Castellamonte, *Venaria Reale*, particolare.

Fig. 4. Georges Tasnière, su disegno di Giovan Francesco Baroncelli (da Jan Miel), *Caccia del cinghiale*, da A. di Castellamonte, *Venaria Reale*, particolare.

La relazione di caccia del 1663

Gli eventi del 1656 presentano dunque una Ludovica che aveva già consolidato un'immagine di cacciatrice che le permetteva di distinguersi all'interno della corte. La descrizione della caccia con Cristina di Svezia si inserisce però in un contesto di esaltazione della corte sabauda e di propaganda dell'evento che, per quanto attinente, ci restituisce solo in parte la personalità della principessa. Per avere uno sguardo più approfondito occorre avvalersi di una relazione di caccia scritta personalmente da Ludovica di Savoia.[20]

La relazione fu redatta il 2 aprile 1663 a Torino, in un francese molto imbastardito, e in essa non viene fatto esplicito riferimento al destinatario. Le informazioni in essa riportate permettono però di riconoscervi facilmente

20 ASTo, Corte, Lettere, Lettere principi diversi, 20-5: 23, Ludovica di Savoia a destinatario sconosciuto, 2 aprile 1663.

il fratello Carlo Emanuele II, poiché la principessa si congedò pregando il suo interlocutore, il quale non si trovava a corte, «d'assurer Madame la duchesse Royale de mes très humble respects et obeisance», concludendo la relazione con un saluto retorico rivolto ad entrambi.[21] La *duchesse royale* a cui si fa riferimento non può che essere Francesca Maddalena d'Orleans, la quale si era unita in matrimonio con Carlo Emanuele II per procura nel marzo del 1663, divenendo così a tutti gli effetti duchessa di Savoia. La cerimonia ufficiale sarebbe stata celebrata ad Annecy il giorno successivo, il 3 aprile 1663, motivo per il quale il duca aveva lasciato la corte torinese. Il destinatario non poté che essere dunque un altro grande cacciatore quale fu Carlo Emanuele II e ciò rappresenta un dato non secondario. Ludovica aprì la relazione con delle scuse formali: «Je ne vous ay point mande la relasion de la chasse que nous fisme la semaine passee car je me fis saigner illiat trois jours». A causa di un problema di salute, la principessa dunque non aveva potuto redigere e inviare lo scritto. Questo suggerisce che per Ludovica fosse pratica comune quella di tenere aggiornato il duca sulla sua attività venatoria e che la caccia assunse il valore di un linguaggio interno alla stessa dinastia.

Risolte queste formalità, Ludovica passò a descrivere la caccia avvenuta la settimana precedente. Il primo dato a emergere è relativo all'uso di tele: questa tecnica prevede la chiusura di una porzione di bosco con delle bande di tessuto alte circa due metri per cinque di lunghezza che venivano fissate agli alberi e a terra.[22] Una volta recintata la zona di interesse, gli animali da abbattere venivano spinti all'interno (o vi erano già stati preventivamente inclusi durante la tenditura). La caccia con le tele poteva essere condotta in due modi: o allestendo all'interno un palco dal quale colpire gli animali, o inseguendo direttamente le prede a cavallo affiancati dai cani.

Nel caso della caccia preparata da Ludovica nel 1663 si deve propendere per il secondo tipo, perché non viene fatto alcun riferimento all'erezione di un palco. La principessa aveva chiesto che venisse chiusa una porzione di bosco dove erano stati individuati «deux chevreux», ma l'operazione si era rivelata più complessa del previsto. La quantità di tele trasportate non era stata sufficiente a recintare la zona e i due animali avevano trovato la salvezza fuggendo. Le condizioni ambientali poi non erano di aiuto, poiché «les bois sont si cler et le foeuillie seiche ne sont encore tumbée», impedendo

---

21 *Ibid.*

22 Su questa tipologia di caccia: C. D'Anthenaise, *Chasses aux toiles, chasses en parc*, in *Chasse princières dans l'Europe de la Renaissance*, cit., pp. 73-100. Secondo Amedeo di Castellamonte, nei magazzini ducali erano depositate tele da caccia in grado di «cingere fino a cinque miglia [12 km] di bosco»: A. di Castellamonte, *Venaria Reale*, cit., p. 14.

così ai cacciatori agli ordini della principessa di rinvenire facilmente tracce del passaggio dei caprioli fuggiti nei due giorni successivi. Ludovica aveva deciso dunque di cambiare zona nel *Gran pais* – il territorio riservato alle cacce ducali contiguo a quello della Venaria Reale – così da poter trovare nuove prede.

Non trovandone, aveva deciso di spostarsi alla reggia ideata da Carlo Emanuele II, presso la quale poteva contare su «un gran corpo di fabbrica con scuderie, carrozziere, cortile, e camere per servitori».[23] Per prima cosa passò in rassegna lo spazio riservato ai fagiani.[24] Dopo averli trovati in buono stato, passò in rassegna i boschi che circondavano la Venaria Reale, lamentando però di non aver individuato né caprioli né lepri. In seguito fu informata dagli ufficiali ducali della caccia del numero di capi ancora presenti: «Fabrisi me dit que de puis vostre depart ill restoyt mort beaucoup de cheuvreux et qu'il nen restoit que 9 ou 6». Il Fabrizio di cui la principessa parla confidenzialmente, così informato sul numero di prede presenti, può essere identificato in Fabrizio Maulandi, ufficiale di caccia che ricoprì l'incarico di capitano della Venaria Reale almeno fino al 1685.[25]

In ultimo, come se passasse in rassegna tutti i ranghi di un esercito, visitò i canili della Venaria Reale prestando grande attenzione alle condizioni della muta ducale:

> J'ay vœu les chiens de la mute qui ce porte bien et sont bien gras, lon les doit mener deus fois la semaine alla chasse du lieuvre. Illianavoyt que deus qui estoit un peu malmesse: l'un qui at este mordé per les autres et l'autre qui lui est sorti une repreansion. Mes pourtant il garison bien tous deus: je ne vous mande point leur noms car je les ay oublie.[26]

I cani dunque erano in buono stato, pronti a essere impiegati almeno due volte a settimana, come d'abitudine presso la corte sabauda, nella caccia alla lepre. L'attenzione particolare alle condizioni fisiche degli animali ausiliari denota ancora una volta un legame con la dimensione venatoria che supera il semplice *loisir* aristocratico. La relazione si chiude con quella che Ludovica percepisce come una mancanza: l'aver dimenticato i nomi dei

---

23 A. di Castellamonte, *Venaria Reale*, cit., p. 5.

24 Il fagiano gentile era sin dalla metà del Cinquecento considerato un *animale regale*, ossia una preda esclusivamente riservata al sovrano. Per questo fu fondato un allevamento interno alla Venaria Reale. *Ivi*, 69-72.

25 ASTo, Riunite, Camera dei conti, Miscellanea di patenti, ordini e provvidenze, par. 10, Patenti e biglietti sovrani riguardanti le cacce, 1 non inv., *Lista degl'officiali della Venaria per il loro trattenimento e gaggio delli mesi di Genaro, Febraro e Marzo, primo quartiere corrente anno 1685*, f. 40v.

26 ASTo, Corte, Lettere, Lettere principi diversi, 20-5: 23.

cani non in buona salute. Cacciatrici e cacciatori erano infatti tenuti a conoscere il nome di ogni singolo cane della propria muta e senza alcun dubbio essi erano noti a Carlo Emanuele II.

La relazione di caccia del 1663 offre dunque una panoramica completa del rapporto personale tra la principessa e la sfera venatoria. Lungi dall'essere una semplice aristocratica impegnata in un cerimoniale di corte, questo documento evidenzia come Ludovica di Savoia fosse una cacciatrice poliedrica, in grado di prendere parte a molti tipi di caccia diversi: dalla caccia al cervo a quella con le tele, dal tiro con le armi da fuoco all'inseguimento con le mute di cani da lepre.

La scuderia di Ludovica

Ludovica non mancò di ampliare in quegli stessi anni anche quelle strutture che potevano supportare la pratica venatoria, come la propria scuderia. Per fare ciò, la principessa dovette attendere di uscire dallo stato di dipendenza economica che contraddistinse i primi anni del suo matrimonio. La morte di Maurizio di Savoia nel 1657 le garantì finalmente la possibilità di costruire una propria autonomia e allo stesso tempo divenne palese il motivo della reticenza nel concedere le somme dovute alla consorte. Con un ordine diretto nel novembre 1657, Carlo Emanuele II assegnò un appannaggio di 9.333 scudi d'oro del sole, pari a 64.166 lire d'argento (£), alla sorella ormai vedova, conscio che «l'heredità del Signor Prencipe Maurizio [...] non ha redditi buoni e liquidi, anzi resta agravata da una gran mole de debiti»,[27] evidente conseguenza dello sfarzo e del mecenatismo.

Nel 1661 la principessa sabauda scrisse a Emanuele Filiberto di Savoia-Carignano, il principe sordomuto con il quale, fuori e dentro la corte, alcuni sognavano per lei un secondo matrimonio. Il figlio di Tommaso di Savoia si era recato in pellegrinaggio al santuario mariano di Oropa, meta religiosa cara alla dinastia. Per farlo aveva deciso di utilizzare i cavalli della scuderia personale di Ludovica, la quale gli inviò una lettera per ringraziarlo del riconoscimento riservatole: «Non poteva maggiormente obbligarmi che col prevalersi de' i cavalli della mia scuderia, perché non ho cosa che non sia intieramente a sua disposizione e conoscerò ch'ella desidera d'incontrare le mie maggiori sodisfazioni».[28] La costruzione di una degna scu-

[27] ASTo, Riunite, Camera dei conti, Tesoreria della principessa Ludovica, art. 221: 40, f. 1.

[28] ASTo, Corte, Lettere, Lettere principi diversi, 20: 149, Ludovica di Savoia a Emanuele Filiberto di Carignano, 1° settembre 1661.

deria non ricopriva soltanto un ruolo nelle cacce principesche ma dovette essere per Ludovica anche un punto d'onore.

I registri della tesoreria della casa di Ludovica, comparati con altri bilanci, pur con dei grossi limiti, permettono di suggerire un'idea di come fosse composta la sua scuderia. Un primo dato deriva dai registri della casa della principessa che riportano le spese primarie e secondarie per la scuderia.[29] Con spese primarie si intende qui il costo diretto dei cavalli, il mantenimento e gli stipendi del personale di stalla, mentre per spese secondarie si intendono quelle riservate al morsaro, al sellaro e al marescalco. Il problema maggiore deriva proprio dalle prime. I registri contabili della principessa assommavano infatti le spese primarie per i cavalli con quelle per la cera, il vino e il 'bosco'.[30] Non è dunque possibile stabilire quale fosse l'esatto ammontare riservato alla sola scuderia.

I dati che vanno dal 1665 al 1675 mostrano però un andamento particolare. Le spese secondarie, quelle per selle, morsi e ferratura, passarono da 660 £ nel 1665 a 3.865 £ nel 1668, mentre quelle primarie passarono dalle 39.868 £ del 1665 alle 53.712 £ del 1668. I due aumenti, se incrociati, suggeriscono dunque che l'incremento delle spese rendicontate dal tesoriere,

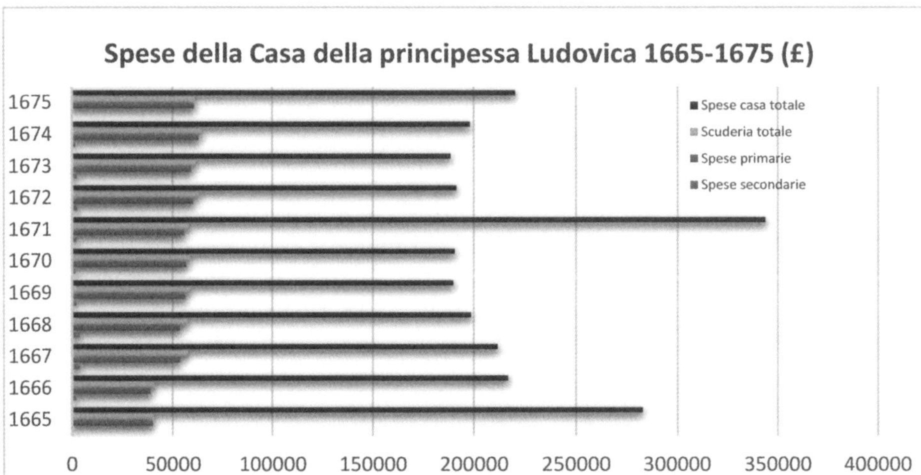

Fig. 5. Le spese della Casa della Principessa Ludovica 1665-1675 (rielaborazione dell'autore).

---

29 ASTo, Riunite, Camera dei conti, Tesoreria della principessa Ludovica, art. 221: 36, 37, 39, 40-42, 44-50.

30 Questo deriva dal fatto che le spese di scuderia furono messe in carico a Leonardo Amoretti che aveva la funzione di foriero di palazzo, carica che gestiva principalmente le spese relative all'approvvigionamento del vino per la tavola della principessa e della cera e legname per la casa.

pur riguardando anche altre voci, fu largamente dovuto a un ampliamento considerevole della scuderia della principessa. Un dato che, come mostrano i registri, andò consolidandosi negli anni successivi, con una spesa che si stabilizzò attorno a un terzo di quella per l'intera casa.[31]

La composizione interna però non può essere ricostruita sulla base dei registri contabili. Pur non potendone avere la certezza, è possibile ipotizzare quale essa fosse sulla base della scuderia di Carlo Emanuele II negli stessi anni. Nel 1662 la spesa per il mantenimento dei cavalli del duca di Savoia ammontava a 35.624 £. Considerando che delle quasi 40.000 £ spese da Ludovica nel 1665 una percentuale era dedicata alle altre voci menzionate e al personale di stalla, la cifra non si doveva distanziare di molto da quella impiegata dal duca di Savoia tre anni prima. Le stalle di Carlo Emanuele II contavano 122 cavalli così ripartiti: 14 'gran cavalli', 12 *coureux* della persona (ossia i cavalli correnti usati nella *chasse à courre*), 27 cavalli per gli scudieri, 10 per altro personale, 8 'di strapasso' e 51 cavalli da carrozza, che ovviamente rappresentavano la maggioranza degli equini.[32] Lo stesso ragionamento è possibile proporlo per il 1672, quando le spese primarie di scuderia di Ludovica raggiunsero il punto più alto, assommando a 62.865 £. Nel 1666 la scuderia del duca contava 159 cavalli per un costo totale di 56.940 £: 15 Gran cavalli, 12 *coureux* della persona, 30 cavalli degli scudieri, 19 'di strapasso', 51 di carrozza, 12 'livrati' e 53 cavalli della scuderia di Maria Giovanna Battista.[33]

Pur non potendo fornire dati precisi, è possibile ipotizzare che la scuderia di Ludovica potesse contare su un numero di cavalli che andava dalle 100 alle 130 unità. Tale cifra, se comparata con quella di Carlo Emanuele II, mostra come si trattasse di una scuderia le cui dimensioni potevano competere con quelle ducali.

Vinea est serenissimae principissae Ludovicae

Per quanto la Venaria Reale fosse per lei un luogo familiare, la villa collinare che era stata la Vigna del cardinal Maurizio rappresentò la sua residenza principale. La parte dedicata alla villa dal *Theatrum Sabaudiae*, l'opera

---

[31] Il dato presenta un'anomalia solo nel 1671 a causa delle maggiori entrate. Il saldo annuale dei registri di tesoreria mostra comunque una buona amministrazione della propria casa da parte di Ludovica di Savoia, considerando che nell'arco dei dieci anni in esame soltanto il 1667 presenta un saldo negativo per 833 £, mentre tutti gli altri anni sono largamente in attivo.

[32] Biblioteca Reale di Torino (BRTo), Manoscritti, Casa Savoia, I: 1, *Bilancio della casa del duca Carlo Emanuele II per il 1662*.

[33] BRTo, *Bilancio della casa del duca Carlo Emanuele II per il 1666*.

che più di tutte espose la magnificenza architettonica raggiunta dal Ducato di Savoia nel Seicento, si riferisce ad essa unicamente come 'la vigna di Ludovica'. Nella geografia architettonica del potere sabaudo la principessa era dunque riuscita a imporre il proprio nome su quello del defunto cardinale. Un concetto sottolineato anche nel testo a commento dell'incisione:

> Vinea est Serenissimae Principissae Ludovicae a Sabaudia, quae est conspectu Urbis visitur sua mole spectabilis. Ad illam recta duci e Padi Ponte [...] quae aream primam vineae eodem ordine complectentes ad dexterum latus in Sylvam excurrunt [...] Hic conclave praenobiles Matronae, hic amplissimam Domus artem aulici, hic Ephebaeum juvenes, hic habent Gynecaeum mulieres et famuli omnes paedagogium.[34]

Difficile sapere se fossero questi i giardini che la principessa visitò insieme a Francesco Michiel «in quel luogo poco discosto dalla città» dove Ludovica lo attendeva nel 1670. Dal punto di vista dello spazio venatorio, la Vigna era situata sulla collina o, come riportano generalmente le fonti, 'Montagna' di Torino. Quest'area era sempre rimasta fuori dal limite del distretto riservato di caccia stabilito tra Cinque e Seicento, restando una zona di cui era consentito l'uso venatorio alla popolazione urbana.[35] Nel 1649 Carlo Emanuele II integrò anche questa porzione di territorio all'interno del distretto di caccia proprio a partire dalla Vigna, essendo limitrofa ai boschi che giungevano sino a Cavoretto, proibendo a chiunque di «andar all'avenire in qual si voglia tempo o stagione ad alcuna sorte di caccia nella detta Montagna».[36]

Lo spazio stabilito dalla Vigna, però, non si proiettava soltanto all'esterno ma anche all'interno. Come riporta lo stesso *Theatrum*, Ludovica aveva lì creato una propria corte, anche se forse sarebbe meglio definirlo un microcosmo, dove poter riunire un 'gineceo' di favorite e dame d'onore attorno a sé. Una di queste fu Caterina «Benza» Doria, marchesa di Cirié,[37] che nel 1679 affiancò Giacomo Gianatio, controllore e intendente generale della principessa di Savoia, nel redigere un inventario della guardaroba di Ludovica.[38]

---

34 *Theatrum Statuum regiae celsitudinis Sabaudiae ducis* [...], Amstelodami, Blaeu, 1682, p. 37.

35 Archivio Storico della Città di Torino, Carte sciolte, 91, *Instrumento stipulato tra il duca Emanuele Filiberto e la città di Torino*, 30 aprile 1567.

36 ASTo, Corte, Materie giuridiche, Editti originali, 9:12, 11 luglio 1649. Poi riconfermato due anni dopo, *ivi*, 9bis: 31, 3 giugno 1651.

37 Caterina Lucia Benso d'Isolabella, moglie di Gian Domenico Doria, terzo marchese di Cirié. Sui rapporti fra Ludovica e i Doria di Cirié si veda in questo volume il contributo di Cecilia Veronese.

38 ASTo, Riunite, Principi diversi, 3, *Inventario della guardaroba della Serenissima Principessa fatto li 18 maggio 1679*.

Dall'inventario è possibile cogliere l'atmosfera che pervadeva le private stanze della principessa. Le tappezzerie di fiandra a tema boschereccio e raffiguranti animali di vario tipo – cavalli trionfanti, tigri e uccelli – dominavano ogni stanza, traslando l'ambiente silvestre all'interno delle mura domestiche. Queste si intrecciavano ad altre a tema storico – con figure di Cesari, Scipioni e rimandi costantiniani – rivelando non solo un gusto barocco per l'antico, ma anche la volontà di associare ai toni naturalistici dei chiari rimandi politici. Gli arredi elencati nell'inventario ci rivelano poi una Ludovica che, pur avendo all'epoca ormai cinquant'anni, era ancora impegnata in un'intensa attività venatoria, come testimonia la presenza di un letto da caccia a padiglione d'ermellino rigato di diversi colori. Questo veniva utilizzato nelle battute di caccia molto lunghe, nel caso in cui fosse necessario allestire un campo.[39]

Ma a far emergere più di ogni altra cosa l'intreccio tra dimensione identitaria della caccia e spazio privato è sicuramente il riferimento a un grande quadro, con cornice dorata e riccamente intagliata, raffigurante tre *cacciatrici*. Purtroppo la scarna descrizione non ci permette di sapere di più sull'identità delle figure dipinte, tra le quali sicuramente non compare Ludovica che altrimenti, come altri esponenti di Casa Savoia raffigurati in altri quadri, sarebbe stata indicata. Il fatto che il quadro raffiguri unicamente delle donne impegnate nella caccia, o ad ogni modo identificabili come cacciatrici dal loro vestiario, non è un dato secondario e testimonia la completa sovrapposizione tra la sfera privata della principessa sabauda e la sua identità di cacciatrice.

Conclusioni

La caccia era un aspetto fondativo nell'educazione del principe e del gentiluomo di antico regime, soprattutto alla corte sabauda.[40] Proprio per questo suo carattere normativo rispetto all'universo maschile, essa assunse un significato differente, e forse più profondo, quando coinvolse regine come Cristina di Svezia o Elisabetta I e principesse come Ludovica di Savoia. La caccia rappresentò per esse sì un privilegio a loro spettante per nascita, ma anche una scelta identitaria. Per Ludovica la caccia fu un eccezionale strumento che non solo le permise di superare gli steccati imposti, ma anche di riplasmare il posto a lei assegnato in quanto 'oggetto di uno scam-

---

[39] *Ivi*, f. 3v.

[40] P. Bianchi, *La caccia nell'educazione del gentiluomo. Appunti sul caso sabaudo (sec. XVI-XVIII)*, in *La caccia nello Stato sabaudo*, I, *Caccia e cultura*, cit., pp. 19-37.

bio diplomatico' in uno spazio nel quale costruire una propria autonomia e dal quale comunicare con forza la propria potenzialità al comando e alla sovranità. Ciò valse tanto all'esterno quanto all'interno della corte sabauda, come dimostrano le parole a lei indirizzate da Amedeo di Castellamonte nel descrivere l'opera che la ritraeva a caccia con la contessa di Bagnasco:

> La prima che V.S. vede in atto di ferir con una mano col Dardo la Fiera, e maneggiar con l'altra arditamente l'infocato Cavallo è la principessa Ludovica Maria, prima sorella di S.A.R. e vedova del Principe Mauritio di Savoia, a cui fece torto la Natura, perché havendola dotata di tutte quelle Virtù che si richieggono al governo d'un Scettro e dell'Armi, gli ne ha poi invidiosa tolta l'occasione.[41]

Giudizio analogo a quello espresso da Francesco Michiel soltanto alcuni anni prima, che lascia trasparire qualcosa di più del semplice omaggio. Essi mostrano quanto alla cacciatrice Ludovica fossero riconosciute tutte le doti necessarie per assumere il comando e, forse, proprio per questo fu messa nell'ombra[42] da chi il potere lo deteneva realmente.

---

41 A. di Castellamonte, *Venaria Reale*, cit., p. 29.

42 Come recita il titolo del convegno (Torino, Villa della Regina, 28 novembre 2022).

Maria Vittoria Cattaneo*

LUDOVICA DI SAVOIA E L'ARCHITETTURA. STRATEGIE E COMMITTENZA

Ludovica di Savoia (1629-1692), primogenita di Vittorio Amedeo I e di Cristina di Francia, a differenza di altre figure femminili di Casa Savoia,[1] è rimasta a lungo nell'ombra. Un ciclo di conferenze e una giornata di studi a lei recentemente dedicati[2] e, ancor prima, un convegno sul suo consorte Maurizio di Savoia[3] e studi specifici sugli «ingegneri» attivi per il principe

---

* Un sincero ringraziamento agli organizzatori del ciclo di conferenze e della giornata di studio su Ludovica di Savoia (maggio-novembre 2022) e a Luisa Montobbio per il fondamentale aiuto nell'elaborazione dell'iconografia che illustra questo mio contributo.

1 Tra le pubblicazioni più recenti si ricordano *L'Infanta. Caterina d'Austria, duchessa di Savoia (1567-1597)*, a cura di B.A. Raviola e F. Varallo, Roma, Carrocci, 2013; gli studi su Cristina di Francia promossi e coordinati da Giuliano Ferretti: *Christine de France et son siècle*, a cura di G. Ferretti, «XVIIe siècle», a. LXVI, n. 262, 2014/1; *Édifier l'État: politique et culture en Savoie au temps de Christine de France*, a cura di F. Vital-Durand e A. Bécchia, Chambéry, Université Savoie-Mont Blanc, 2014; *De Paris à Turin. Christine de France duchesse de Savoie*, a cura di G. Ferretti, Paris, L'Harmattan, 2015; *L'État, la cour et la ville. Le duché de Savoie au temps de Christine de France (1619-1663)*, a cura di G. Ferretti, Paris, Classiques Garnier, 2017; il catalogo della mostra *Madame Reali. Cultura e potere da Parigi a Torino. Cristina di Francia e Giovanna Battista di Savoia Nemours 1619-1724*, a cura di C. Arnaldi di Balme e M.P. Ruffino (Torino, Palazzo Madama, 20 dicembre 2018 - 6 maggio 2019), Genova, Sagep, 2019 e il volume *Maria Giovanna Battista di Savoia-Nemours. Stato, capitale, architettura*, a cura di C. Devoti, Firenze, Olschki, 2021. Sulla seconda Madama Reale si vedano inoltre la voce curata da A. Merlotti, *Maria Giovanna di Savoia-Nemours, duchessa di Savoia*, in *Dizionario Biografico degli Italiani* (*DBI*), LXX, Roma, Istituto dell'Enciclopedia Italiana, 2008; E. Riva, *Una reggente di successo. La politica internazionale di Maria Giovanna Battista di Savoia-Nemours*, in *La politica charmante. Società di corte e figure femminili nell'età di transizione*, a cura di E. Riva, «Cheiron», 1, 2017, pp. 47-99; R. Oresko, *Maria Giovanna Battista di Savoia-Nemours*, a cura di C. Arnaldi di Balme e B.A. Raviola, Torino, Allemandi, 2017.

2 La Direzione regionale Musei Piemonte e il Centro Studi del Consorzio delle Residenze Reali sabaude hanno avviato un progetto dedicato a Ludovica di Savoia, organizzando il ciclo di conferenze *Conversazioni a corte. Ludovica di Savoia, una principessa dimenticata*, con contributi di Cecilia Veronese, di Bruno Farinelli e di chi scrive (Torino, Villa della Regina, 25 maggio, 8 e 15 giugno 2022) e il convegno *Ludovica di Savoia, una principessa nell'ombra* (Torino, Villa della Regina, 28 novembre 2022).

3 Cfr. *Il Cardinale. Maurizio di Savoia, mecenate, diplomatico e politico (1593-1657)*, a cura di J. Morales, C. Santarelli e F. Varallo, atti del convegno (Torino, 23-25 settembre 2021), Roma,

Maurizio e in seguito per Ludovica stessa,[4] stanno permettendo di far luce su un personaggio estremamente interessante e sul ruolo tutt'altro che marginale che svolse nel contesto politico e culturale del Seicento sabaudo.

Dall'analisi delle fonti primarie Ludovica Maria di Savoia – come viene spesso indicata nei documenti – emerge come figura determinata e volitiva, dotata di notevoli capacità organizzative e decisionali e di un profilo culturale elevato. Amedeo di Castellamonte, nel suo volume sulla Venaria Reale, traccia un sapiente ritratto della principessa che ne esalta le caratteristiche di *femme forte*: «[...] in atto di ferir con una mano col Dardo la Fiera, e maneggiar con l'altra arditamente l'infocato Cavallo, è la Principessa Ludovica Maria Prima Sorella di S.A.R. e Vedova del Principe Mauritio di Savoia, a Cui fece torto la Natura, perché havendola dotata di tutte quelle Virtù che si richieggono al governo d'un Scettro, e dell'Armi, glie ne ha poi invidiosa tolta l'occasione».[5] Castellamonte ben restituisce la personalità di Ludovica, rimarcandone le doti di cacciatrice e di cavallerizza,[6] la tempra forte e la predisposizione all'esercizio del potere. Questi caratteri si riflettono nella sua committenza e nel suo mecenatismo in ambito architettonico e artistico, oltre che nell'organizzazione e gestione della propria Casa e nei rapporti con esponenti della nobiltà di corte: Ludovica può pertanto essere annoverata tra le figure femminili che ebbero un ruolo di primo piano nel corso del Seicento. Questi aspetti sono tuttavia stati trascurati dalla storiografia: sebbene i suoi contemporanei ne abbiano non di rado ricordato gli interessi e le doti in ambito venatorio, la principessa è prevalentemente menzionata come sposa del principe Maurizio e per il ruolo svolto negli accordi di pace a conclusione della guerra civile in Piemonte. Le nozze con lo zio cardinale risultano essere un elemento nevralgico per la figura di Ludovica: il 29 settembre 1642 sposa, appena tredicenne e «per ragion di Stato»,[7] il quarantanovenne Maurizio di Savoia, che per contrarre il matrimonio con la nipote ottiene la dispensa papale

---

Carocci, 2023, in particolare il saggio di L. Facchin, *Oltre Maurizio di Savoia: la principessa Ludovica e il suo mecenatismo*, pp. 291-311.

4 M.V. Cattaneo, *Cultura policentrica di frontiera. Ingegneri e Capomastri tra Svizzera e Piemonte sabaudo. I Tosetti di Castagnola (Lugano) 1630-1750*, Torino, Centro Studi Piemontesi, 2023, in particolare il capitolo *I Tosetti e la committenza dei principi Maurizio e Ludovica di Savoia*, pp. 157-216; inoltre Ead., *Les commandes de Maurice et Louise de Savoie. Le rôle de Giovanni Pietro Tosetto, architecte de cour*, in *L'État, la cour et la ville*, cit., pp. 643-668.

5 A. di Castellamonte, *Venaria Reale, Palazzo di piacere e di caccia* [...], Torino, per Bartolomeo Zapatta, 1674 (ma 1679), pp. 29-30.

6 In un altro passo del volume Castellamonte definisce Ludovica «Cacciatrice intrepida, e infaticabile»: *ivi*, p. 18.

7 S. Guichenon, *Histoire généalogique de la Royale Maison de Savoie* [...], 3 voll., Lyon, chez G. Barbier, 1660, ed. Torino, 1778, vol. I, p. 43.

e depone la porpora cardinalizia. Ludovica svolge quindi un ruolo nodale nella riconciliazione tra principisti e madamisti.[8]

Dopo le nozze la coppia si reca a risiedere a Nizza, dove il principe esercitava la luogotenenza generale ed era solito trascorrere lunghi periodi, alternati a soggiorni a Torino.[9] In questi anni Maurizio si dedica prevalentemente ai propri interessi politici e culturali e all'ampliamento e abbellimento delle proprie dimore, sia nella contea di Nizza,[10] sia in Piemonte. Dal 1653, in seguito al suo ritorno in Piemonte,[11] la committenza del principe si concentra maggiormente sulle 'fabbriche' qui ubicate: il castello di Giaveno[12] e, a Torino, la residenza «campestre» del Lingotto, il palazzo nel cuore

---

8 Lo stesso re di Francia Luigi XIII concede al principe Maurizio, contestualmente alla riconciliazione con Cristina di Francia, la riconferma dei benefici di cui godeva e un incremento degli stessi «en consideration du mariage qui se doit faire de Mad.e la Princesse de Savoie niepe de Sa Ma.te»: Archivio di Stato di Torino (ASTo), Corte, Materie politiche per rapporto all'interno, *Principi Maurizio e Ludovica di Savoia*, mz. 2, 23 giugno 1642. Il matrimonio tra Maurizio e la nipote risulta tra le condizioni fondamentali del trattato di pace, ratificato da Luigi XIII il 1° luglio 1642.

9 Nel 1642, nell'ambito degli accordi di riconciliazione tra la duchessa Cristina di Francia e i cognati seguiti alla conclusione della guerra civile, Madama Reale affida al principe Maurizio il governo della contea di Nizza e lo nomina «luogotenente generale», con uno «stabilimento di ducatoni dodeci milla» annui (ASTo, Corte, Materie politiche per rapporto all'interno, *Principi Maurizio e Ludovica di Savoia*, mz. 2). La coppia giunge a Nizza il 5 settembre 1642 e alloggia nella residenza privata di Maurizio, in corrispondenza dell'attuale rue Jules Gilly 2. Nella contabilità degli anni successivi sono riportate diverse spese per viaggi del principe da Nizza a Torino, e viceversa (ASTo, Riunite, Camera dei Conti, Piemonte, *Real Casa*, art. 402, *Spese del cardinal Maurizio*). Informazioni più dettagliate sugli spostamenti di Maurizio di Savoia si possono desumere dalla sua corrispondenza, da cui emerge che era solito trascorrere l'inverno (e non di rado anche buona parte della primavera) a Nizza, i mesi estivi più caldi a Giaveno (dove talvolta lo seguiva anche Ludovica) e l'autunno a Torino (ASTo, Corte, Materie politiche per rapporto all'interno, *Lettere diverse Real Casa*, *Lettere principi diversi*, mz. 17, *Lettere del Principe Maurizio figliuolo quartogenito di Carlo Emanuele I duca di Savoia, luogotenente generale della Città e Castello di Nizza*). Sempre dalla corrispondenza risulta che Ludovica preferiva risiedere a Torino, vicino alla corte e alla madre Cristina; dalla capitale sabauda scriveva spesso al marito che si trovava a Nizza: *ivi*, *Lettere di Ludovica Maria Cristina figlia primogenita di Vittorio Amedeo I duca di Savoia, indi moglie del principe Maurizio* (1642-1692).

10 Il principe aveva una particolare predilezione per Nizza, dove possedeva un palazzo e, nei pressi della città, una residenza di campagna detta la 'Mantica', che tra gli anni Quaranta e Cinquanta del Seicento sono soggetti a importanti opere di ampliamento e ristrutturazione, secondo i progetti dell'ingegnere Giovanni Andrea Ghiberti. Si vedano in merito M. Oberli, *«Magnificentia Principis». Das manzenantetum des Prinzen und Kardinals Maurizio von Savoyen (1593-1657)*, Weimar, VDG, 1999, in particolare pp. 238-241; *Le comté de Nice et la maison royale de Savoie*, a cura di J.B. Lacroix, S. Tombaccini, H. Cavalié e J. Bracq, catalogo della mostra (Nizza, ottobre 2010 - maggio 2011), Cinisello Balsamo, Silvana, 2010, in particolare pp. 104-109.

11 Nel 1652, al termine della luogotenenza generale della contea di Nizza, Maurizio di Savoia torna stabilmente in Piemonte, dapprima a Chieri, dove dimora nel noviziato gesuitico che aveva contribuito a fondare, e in seguito a Torino. Cfr. P. Cozzo, *Savoia, Maurizio di*, in *DBI*, XCI, 2018.

12 I lavori per la costruzione del castello su committenza del principe Maurizio si concen-

della capitale (attuale palazzo Chiablese) e la vigna sulla collina (oggi Villa della Regina). Sono inoltre documentati, con il suo patrocinio artistico, interventi in edifici religiosi realizzati su iniziativa ducale, come le chiese torinesi di Santa Maria al Monte dei Cappuccini e di San Francesco da Paola e il santuario mariano di Oropa.[13] Le opere più consistenti e significative riguardano il palazzo in città e la vigna collinare, interessati da importanti interventi volti a renderli rispondenti alle proprie esigenze e ad adeguarli ai canoni della cultura architettonica seicentesca delle grandi capitali europee, affinché rispecchiassero appieno il prestigio e la magnificenza del committente. Per attuarle Maurizio si affida a Pietro Tosetti, capomastro e impresario originario di Lugano, che dal 1655 risulta essere «ingegnero» del principe.[14]

È probabile che Ludovica abbia appoggiato e condiviso le scelte del marito in ambito architettonico, poiché entrambi erano permeati dall'ideologia della 'Magnificenza', del potere tradotto «per opere» attraverso l''Architettura': la grande 'fabbrica' si costituiva come l'emblema del committente, istituendo un rapporto diretto tra personaggio e architettura, secondo quanto teorizzato da Filippo d'Agliè,[15] figura di primo piano nel contesto culturale del Seicento sabaudo, che intrattenne stretti rapporti sia con Maurizio, sia con Cristina di Francia.[16] Rimasta vedova la principessa prosegue infatti diversi progetti avviati dal marito, scegliendo artisti, maestranze e figure professionali in parte già attivi per il principe e mantiene i rapporti che egli aveva instaurato con alcune figure di rilievo della nobiltà di corte.

---

trano perlopiù durante gli anni Venti-Trenta, mentre negli anni Quaranta e Cinquanta sono registrati pagamenti soprattutto per opere di riadattamento e manutenzione: ASTo, Riunite, Camera dei Conti, Piemonte, *Real Casa*, art. 220, *Casa del serenissimo ed eminentissimo principe cardinale Maurizio di Savoia* [...]. Cfr. inoltre A. Cifani – F. Monetti, *Maurizio di Savoia, il castello di Giaveno e Carlo Morello. Storia di una dimora sabauda dimenticata*, in *Il Cardinale*, cit., pp. 219-237.

13 Cfr. *infra*, note 79 e 81. Per gli interventi di Maurizio di Savoia nella chiesa del Monte dei Cappuccini, dove il principe dispose per via testamentaria che venissero deposte le sue viscere, cfr. L.P.G. Isella, *Il monte dei Cappuccini e Filippo d'Agliè*, Città di Castello, Nuova Prhomos, 2013, in particolare pp. 286-301.

14 Cfr. M.V. Cattaneo, *Cultura policentrica di frontiera*, cit., in particolare pp. 179 sgg.

15 Filindo il Costante (Filippo San Martino d'Agliè), *Le Delitie, Relatione della Vigna di Madama Reale Christiana di Francia, Duchessa di Savoia, Regina di Cipro, posta sopra i monti di Torino* [...], Torino, presso Gio. Giacomo Rustis, 1667. Si vedano in merito A. Griseri, *Il Diamante. La Villa di Madama Reale Cristina di Francia*, Torino, Istituto bancario San Paolo, 1988; C. Roggero Bardelli, scheda n. 355, in *Diana trionfatrice. Arte di corte nel Piemonte del Seicento*, a cura di M. Di Macco e G. Romano, Torino, Allemandi, 1989, pp. 337-338.

16 Su Filippo San Martino d'Agliè cfr. C. Roggero Bardelli, *Filippo San Martino d'Agliè e l'architettura di corte*, in *Il Castello di Agliè. Alla scoperta della Cappella di San Massimo*, a cura di D. Biancolini e M.G. Vinardi, Torino, Celid, 1996, pp. 9-19; F. San Martino d'Agliè, *La Prigione di Fillindo il Costante. Opera inedita (1643) di Filippo San Martino d'Agliè*, a cura di V. Comoli Mandracci e C. Roggero Bardelli, Torino, Centro Studi Piemontesi, 2005.

Pur ponendosi sostanzialmente in linea di continuità con quanto intrapreso da Maurizio, Ludovica ha un ruolo significativo e attua scelte importanti, i cui esiti sono ancora oggi evidenti negli edifici interessati dalle sue iniziative. Dallo studio dei documenti d'archivio – in particolare di quelli con un carattere meno 'ufficiale' – trapela infatti che Ludovica cercò, anche attraverso la committenza e il mecenatismo in ambito architettonico e artistico e con precise strategie, di affrancarsi dalla condizione ancillare di moglie e vedova per affermare il proprio potere e prestigio.[17] Le ragioni della sua lunga vedovanza[18] possono essere probabilmente ricondotte al suo carattere determinato e indipendente e alla sua volontà di affermazione.

Ludovica ricoprì un importante ruolo nel contesto culturale del Piemonte sabaudo, nel particolare momento di transizione tra il gusto e la committenza della madre, la prima Madama Reale Cristina di Francia, e quelli della cognata Maria Giovanna Battista di Savoia-Nemours, seconda Madama Reale.[19] Committente colta e raffinata, seppe radunare intorno a sé un gruppo compatto di esponenti rilevanti dell'*entourage* di corte.

Negli anni successivi alla scomparsa del marito, Ludovica mette in atto una mirata politica di gestione delle residenze ereditate:[20] si limita alla manutenzione di quelle che non utilizza,[21] per dedicarsi prevalentemente al

---

[17] Oltre agli articoli 220 (contabilità del principe Maurizio) e 405 (*Ordini e mandati*) del Camerale Piemonte conservati presso l'Archivio di Stato di Torino, qui considerati per gli anni successivi alla morte di Maurizio di Savoia, si è fatto riferimento, sempre all'interno del Camerale Piemonte, agli articoli 221 (contabilità della principessa Ludovica), 404 (documenti relativi alla principessa Ludovica) e 805 («Titoli e Carte diverse» dei principi Maurizio e Ludovica di Savoia), alla documentazione relativa ai principi Maurizio e Ludovica presente all'interno delle Materie politiche per rapporto all'interno (ASTo, Corte) e alla corrispondenza, conservata sia all'Archivio di Stato di Torino, sia in archivi privati. Molti dati interessanti sulla committenza, sui gusti e interessi e sulla personalità di Ludovica sono emersi dalla consultazione dell'articolo 805: si tratta di due mazzi di carte non inventariate di vario tipo (documenti contabili, pezze giustificative, relazioni, «stabilimenti», inventari patrimoniali, ecc.) che si sono rivelate una vera e propria 'miniera' di informazioni.

[18] Dopo la morte del principe Maurizio, Ludovica trascorse 35 anni senza mai risposarsi né prendere i voti.

[19] Cfr. C. Arnaldi di Balme, *Linee di gusto per gli arredi delle Madame Reali*, in *Madame Reali*, cit., pp. 103-109; S. Pettenati, *L'arredo di Villa della Regina: modelli e aggiornamenti della corte fra Seicento e Settecento*, in *Villa della Regina. Il riflesso dell'Oriente nel Piemonte del Settecento*, a cura di L. Caterina e C. Mossetti, Torino-Londra-Venezia-New York, Allemandi, 2005, pp. 189-228: 189-208. Su questi temi si veda anche il recente *Sfida al Barocco. Roma-Torino-Parigi 1680-1750*, a cura di M. di Macco, G. Dardanello e C. Gauna, catalogo della mostra (Venaria Reale, Reggia, 13 marzo - 14 giugno 2020), Genova, Sagep, 2020.

[20] Alla morte di Maurizio, Ludovica viene nominata sua erede universale: ASTo, Corte, Materie politiche per rapporto all'interno, *Principi Maurizio e Ludovica di Savoia*, mz. 2, fasc. 6, 14 giugno 1657, copia del testamento di Maurizio di Savoia.

[21] È il caso della residenza del Lingotto, che verrà affittata per trarne una rendita (ASTo, Ca-

palazzo e alla vigna nella capitale sabauda, dove promuove interventi rilevanti, finalizzati a soddisfare le proprie esigenze di fruibilità e di decoro, con opere di ampliamento e di aggiornamento architettonico e decorativo, aspetti cui la principessa si dimostra molto attenta. Una chiara manifestazione della sua volontà di affermazione e cambiamento è da leggersi anche nel rinnovo degli arredi: negli anni Sessanta e Settanta del Seicento la principessa aliena una parte significativa di quelli ereditati dal marito, per sostituirli con altri di suo gusto.[22] La maggiore stabilità, anche economica, e la libertà decisionale hanno sicuramente un ruolo importante nell'attuazione di queste scelte.

Ludovica riorganizza inoltre la propria Casa, riconfermando con lettere patenti buona parte del personale già a servizio del consorte, anche Pietro Tosetti, già «ingegnero» e aiutante di Camera di Maurizio, al quale la principessa si affida per gli interventi al palazzo e alla vigna.[23] I lavori sono documentati di anno in anno dai pagamenti alle maestranze e allo stesso ingegner Tosetti, incaricato della direzione dei cantieri; carte sciolte perlopiù non inventariate (pezze giustificative, testimoniali, capitolati, misure ed estimi delle opere) forniscono ulteriori interessanti informazioni, che spesso vanno a integrare quanto si desume dalla contabilità della principessa.[24] Gli esiti della sua committenza emergono inoltre dal confronto tra l'inventario patrimoniale dei beni stilato nel 1657, alla morte del principe Maurizio,[25] e quello fatto redigere da Ludovica nel 1677 per attestare la loro rivalutazione in seguito alle opere realizzate per sua volontà, a testimonianza delle sue capacità organizzative e gestionali.[26] Dai documenti risulta che

---

mera dei Conti, Piemonte, *Real Casa*, art. 405, *Ordini e mandati*, mz. 7, reg. 1661, c. 120r), mentre gli arredi verranno trasferiti altrove (nel 1679 l'ancona e i paramenti della cappella del Lingotto sono inseriti nell'*Inventaro della Guardarobba* della principessa; cfr. *infra*, nota 36). In seguito anche la Mantica, cioè la vigna con giardino nei pressi di Nizza, verrà data in affitto (ASTo, Riunite, Camera dei Conti, Piemonte, *Real Casa*, art. 405, *Ordini e mandati*, mz. 17, reg. 1671, cc. 35v-36r).

22 È quanto emerge dal confronto tra gli inventari del 1657 e del 1677 (cfr. *infra*, note 25 e 26) e da alcuni documenti relativi alla vendita di «robbe dell'heredità» del principe Maurizio, conservati nell'articolo 805 del Camerale Piemonte (ad esempio ASTo, Riunite, Camera dei Conti, Piemonte, *Feudalità*, art. 805, *Principessa Luigia di Savoia, Principe Maurizio, Casa Savoia-Carignano*, mz. 1, docc. nn. 132-140).

23 Con patente del 10 agosto 1659, firmata da Ludovica stessa, Pietro Tosetti viene riconfermato nei ruoli di «Ingegnero, et Aiutante di Camera», per la capacità professionale e l'affidabilità già riconosciute dal principe Maurizio. ASTo, Riunite, Camera dei Conti, Piemonte, *Real Casa*, art. 405, *Ordini e mandati*, mz. 5, reg. 1659, c. 37r.

24 Per i pagamenti si vedano i documenti contabili relativi al periodo considerato conservati in ASTo, Riunite, Camera dei Conti, Piemonte, artt. 405, 805, 221.

25 ASTo, Corte, Materie politiche per rapporto all'interno, *Principi Maurizio e Ludovica di Savoia*, mz. 3, fasc. 3, *Inventaro legale de' beni mobili ed immobili caduti nell'eredità del principe Morizio*, 9 novembre 1657.

26 *Ivi*, fasc. 8, *Inventaro legale de' beni mobili lasciati nell'eredità del principe Morizio di Savoia*,

le due residenze sono oggetto di lavori di riqualificazione e ampliamento in modo pressoché continuo fino alla morte della principessa, sopraggiunta a Torino il 14 maggio 1692.

La committenza di Ludovica per l'attuale palazzo Chiablese

L'*Inventario legale di beni mobili ed immobili caduti nell'eredità del principe Morizio*, redatto a partire dal 9 novembre 1657 (e concluso soltanto nel settembre 1658) nell'attuale palazzo Chiablese, «ultima habitatione» di Maurizio di Savoia, non è topografico e non è quindi utile per desumere l'organizzazione e la distribuzione interna della residenza dopo gli interventi voluti dal principe, e prima di quelli commissionati dalla consorte. Sappiamo comunque che Maurizio di Savoia ebbe un ruolo significativo nella trasformazione del palazzo poiché, per sua volontà, «parte [di esso] fu nuovamente construtto e parte riformato», come riportato nel successivo inventario del 1677.[27]

Una testimonianza, seppur schematica, della situazione della residenza urbana del principe poco prima della sua morte, avvenuta il 4 ottobre 1657, è offerta dalla pianta di Torino tracciata dall'ingegner Carlo Morello e inserita nel suo *Avvertimenti sopra le fortezze* del 1656:[28] il palazzo presenta un impianto planimetrico a 'L', con un corpo di fabbrica rivolto verso piazza San Giovanni con atrio porticato e un secondo corpo a manica doppia, perpendicolare al precedente, affacciato sull'attuale piazzetta reale (Figg. 1-2).

Al periodo degli interventi attuati su committenza di Maurizio di Savoia è inoltre ascrivibile il disegno n. 6 dell'album q.I.64 conservato alla Biblioteca Nazionale di Torino. Attribuito ad Antonio Maurizio Valperga, raffigura il complesso dei palazzi ducali negli anni 1643-1645, durante la fase del cantiere per il completamento del «Palazzo Reale che fa facciata alla piazza del Castello» coordinata dal Valperga, e riporta anche alcuni

---

30 ottobre 1677. La principessa Ludovica ottiene con lettere patenti della seconda Madama Reale l'autorizzazione a realizzare il nuovo inventario patrimoniale.

27 *Ibid.*

28 C. Morello, *Avvertimenti sopra le fortezze di S.R.A. del Capitano Carlo Morello Primo Ingegniere et Logotenente Generale di Sua Arteglieria MDCLVI*, Biblioteca Reale di Torino, *Manoscritto Militari 178*, ff. 15v-16 (tav. 16). Micaela Viglino Davico rileva che la pianta utilizza «come base cartografica una tavola redatta antecedentemente da Ascanio Vitozzi», opportunamente integrata e aggiornata: M. Viglino Davico, *Autenticità e copia nei disegni di architettura militare*, in *L'architettura degli ingegneri. Fortificazioni in Italia tra '500 e '600*, a cura di A. Marino, Roma, Gangemi, 2005, pp. 9-26: 18.

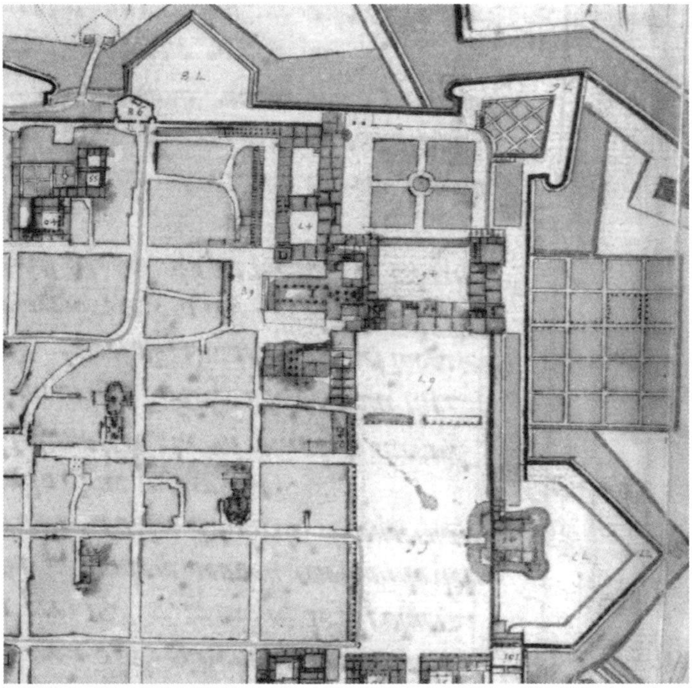

1

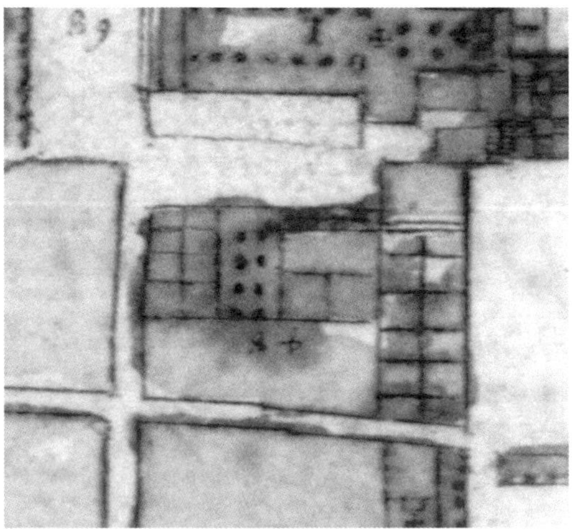

2

Figg. 1-2. Il complesso delle residenze ducali alla metà del Seicento e particolare del Palazzo di Maurizio di Savoia. Da Carlo Morello, *Pianta di Torino*, in *Avvertimenti sopra le fortezze di S.R.A. del capitano Carlo Morello primo ingegnere et logotenente generale di sua arteglieria*, 1656, Torino, Biblioteca Reale, *Militari 178*, ff. 15v-16.

progetti di trasformazione per il palazzo dei principi Maurizio e Ludovica, connotato dall'atrio d'accesso affacciato sulla piazzetta reale e da un giardino quadripartito che lo separa dal duomo.[29] L'organizzazione planimetrica del piano terreno, qui definita nel dettaglio, si discosta da quella tracciata da Morello che, pur nella sua essenzialità, è maggiormente raffrontabile con gli elaborati grafici realizzati a metà Settecento contestualmente alle opere di ammodernamento per il duca del Chiablese commissionate al primo architetto regio Benedetto Alfieri, che hanno portato alla configurazione attuale.

Dopo la scomparsa del marito Ludovica promuove interventi rilevanti: sempre dall'inventario del 1677 risulta che «Madama la Principessa ha fatto miglioramenti considerabilissimi si in augmento di stanze che in ristauramenti d'altre, sterni, usci, finestre, soffitti, solari, et altre cose quali ascendono a somme egreggie». Benché, come già nel caso dell'inventario del 1657, non sia possibile trarre indicazioni sui singoli ambienti del palazzo, la tipologia e consistenza di quanto attuato per volontà della principessa emergono dall'analisi di diversi altri documenti. Già nell'ottobre 1657 vengono avviati lavori per la costruzione di una «galleria, et stanze nove d'ordine di Madama la Principessa»: si doveva trattare di opere significative, che comportano la realizzazione di «quattordici trabucchi di coperto novo».[30]

Nel corso degli anni Sessanta del XVII secolo le spese più cospicue riguardano il palazzo nel cuore della capitale sabauda, dove Ludovica soggiornava spesso, come attestato anche dai numerosi documenti sottoscritti al suo interno: viene rimodernato il suo appartamento, edificata una nuova scuderia e sono realizzate stanze per il personale al suo servizio, sempre sotto la direzione e secondo i «dissegni» di Pietro Tosetti. Nel 1663 l'«Alcova stanze e Gabinetto» della principessa sono interessati da importanti rinnovamenti nella decorazione e nell'arredo, per l'ammontare comples-

---

[29] Biblioteca Nazionale Universitaria di Torino, q.I.64, dis. n. 6. Per una discussione critica su questo disegno si vedano V. Comoli Mandracci, *Il palazzo ducale nella costruzione della capitale sabauda*, in *L'architettura a Roma e in Italia (1580-1621). Atti del XXIII Congresso di Storia dell'Architettura* (Roma, 24-26 marzo 1988), a cura di G. Spagnesi, Roma, Centro di studi per la storia dell'architettura, 1989, pp. 75-84; G. Dardanello, *Cantieri di corte e imprese decorative a Torino*, in *Figure del Barocco in Piemonte. La corte, la città, i cantieri, le province*, a cura di G. Romano, Torino, CRT, 1988, pp. 163-252: 173-180; Id., *Memoria professionale nei disegni dagli album Valperga. Allestimenti decorativi e collezionismo di mestiere*, in *Le collezioni di Carlo Emanuele I*, a cura di G. Romano, Torino, CRT, 1995, pp. 63-134. Si rimanda inoltre alle schede di Giuseppe Dardanello e di Andrea Barghini in *Diana Trionfatrice*, cit., pp. 280-281 e 322-324, e alla scheda di Paolo Cornaglia su *Palazzo Chiablese* in *Guida di Torino. Architettura*, a cura di V. Comoli Mandracci e C. Olmo, Torino, Allemandi, 1999, p. 109.

[30] ASTo, Riunite, Camera dei Conti, Piemonte, *Real Casa*, art. 405, *Ordini e mandati*, mz. 4, reg. 1657 in 1658, cc. 2v-7r e 95r, pagamenti al capomastro Giovanni Battista Frasca e al falegname Antonio Salterio, con dettaglio dei lavori realizzati, tra i quali anche la «stabilitura» della stanza adibita ad archivio.

sivo di 2.639 lire. Dalla «Lista delle spese fatte per l'Alcova di Madama la Principessa» si possono trarre informazioni molto interessanti sulla tipologia degli interventi, sugli artisti incaricati, sulla volontà di Ludovica di rinnovare questi spazi di notevole valenza rappresentativa e sul suo gusto. Gli ambienti erano caratterizzati da fregi con cornici; l'alcova presentava un soffitto a cassettoni lignei con arabeschi dorati, fregio con «sette quadri a paesaggi» e decorazioni a motivi vegetali, il «picolo Gabinetto attinente» aveva soffitto dorato e fregio con «10 quadri di fiori», il soffitto della «stanza grande» era decorato con 220 rose dorate; per arredare l'appartamento vengono inoltre acquistate «3 sedie di noce tornite alla moda».[31] Benché gli interventi sette e ottocenteschi abbiano cancellato gli esiti della committenza di Ludovica, da quanto descritto si percepisce il riflesso della cultura e del gusto di Cristina di Francia sulla figlia.

L'anno successivo vengono riorganizzati e ampliati gli ambienti di servizio: nella parte sud dell'isolato che ospita l'attuale palazzo Chiablese, tra la piazzetta reale e la «contrada di Santo Lorenzo», vengono costruite una nuova grande scuderia, destinata ad accogliere i cavalli che la principessa acquistava anche all'estero,[32] e nuove stanze per il personale, affacciate sulla corte interna. La realizzazione della scuderia, edificata *ex novo* a partire dalle fondamenta dal capomastro di origini lacuali Bartolomeo Pagliari «in conformità de trattati verbali, et calcolo fatto dal S.r Tosetto» e attenendosi scrupolosamente al «dissegno» fornitogli, comporta la demolizione di alcune strutture preesistenti: si doveva trattare di un edificio di dimensioni considerevoli, sorretto da «8 pilastri osia colone» – riconoscibili in una pianta del palazzo di metà Settecento (Fig. 3) – e articolato su due piani, con «tre

31 *Ivi*, mz. 9, reg. 1663, cc. 3v e 97v-98r. Tra gli artisti impegnati nelle opere di aggiornamento dell'appartamento di Ludovica risultano lo scultore in legno Giovanni Battista Botto, l'indoratore Stefano Pasero, l'intagliatore Pietro Sariga, i fratelli pittori Secondo e Giovanni Battista Grattapaglia, il pittore Dufour e il pittore Giovanni Gerolamo Mossino, attivi in quegli stessi anni in Palazzo Ducale e in altre residenze sabaude. Molti di essi sono inoltre associati all'Università di San Luca in Torino, di cui Pietro Tosetti è priore nel 1673: cfr. M.V. Cattaneo, *Maria Giovanna Battista e l'Accademia di San Luca di Torino. Artisti e architetti per costruire l'immagine del potere*, in *Maria Giovanna Battista di Savoia-Nemours*, cit., pp. 129-157: 135-138. Per i modelli di ornato in questi anni si veda S. Martinetti, *Fregi dipinti, stucchi, modelli di ornato: una competizione fra le arti (1650-1670)*, in *Disegnare l'ornato. Interni piemontesi di Sei e Settecento*, a cura di G. Dardanello, Torino, CRT, 2007, pp. 89-102.

32 Ad esempio, nel 1677 e nel 1678 vengono comprati diversi cavalli «in Italia»; nel 1683 Ludovica dispone l'acquisto di sei cavalli a Brescia e di «8 cavalli da carrozza condotti di Fiandra»; nel 1684 di altri sette cavalli da carrozza «di pello negro» in Olanda. Per l'acquisto dei cavalli «da sella» e «da carrozza» la principessa si serve di tal Francesco Delone, detto «Lindamor», che non li compra qualora non risultino rispondenti alle aspettative ed esigenze di Ludovica. Cfr. ASTo, Riunite, Camera dei Conti, Piemonte, *Feudalità*, art. 805, *Principessa Luigia di Savoia, Principe Maurizio, Casa Savoia-Carignano*, mz. 1, docc. n. 121, 141, 143, 146, 159, 160.

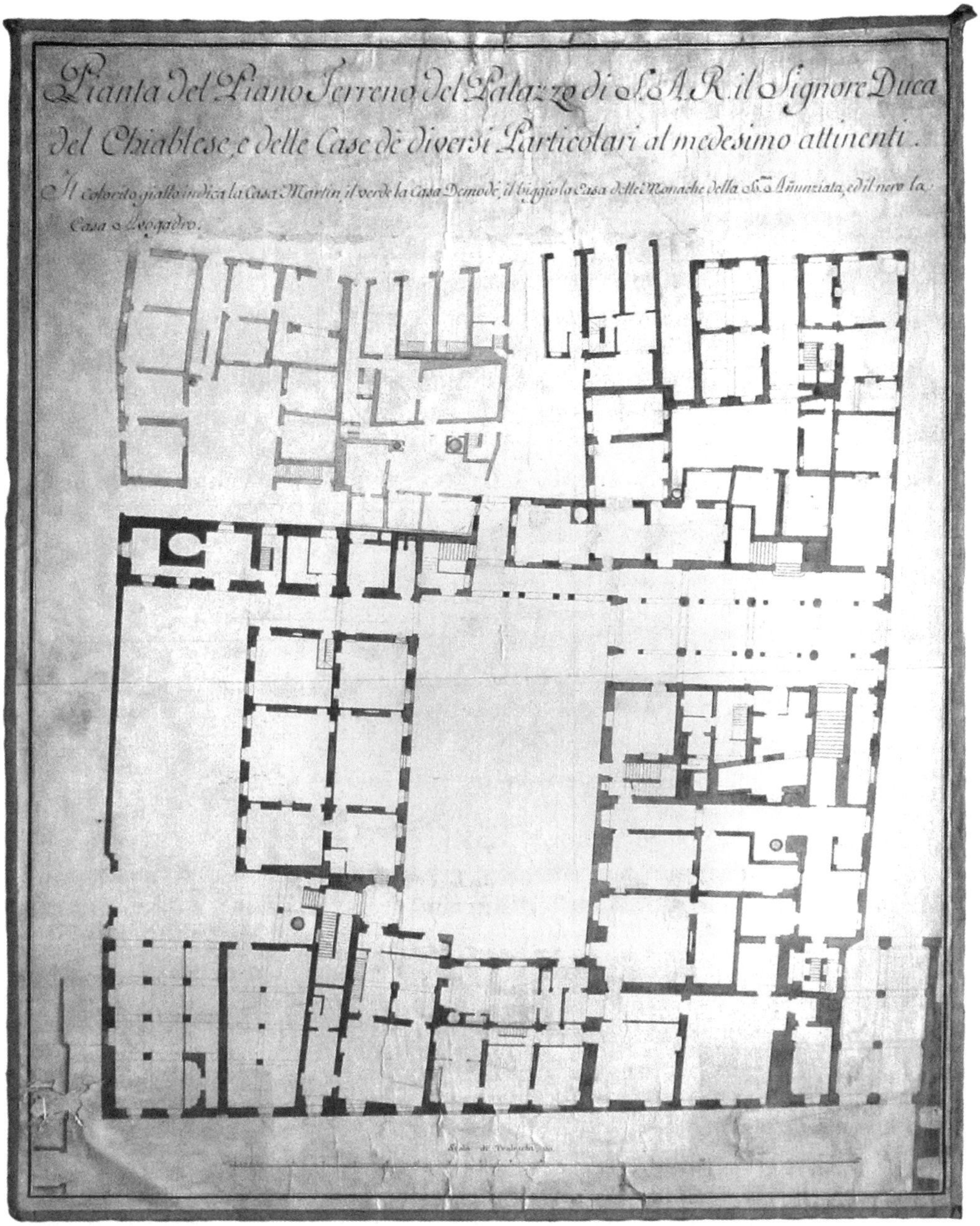

Fig. 3. *Pianta del Piano Terreno del Palazzo di S.A.R. il Signore Duca del Chiablese, e delle Case de' diversi Particolari al medesimo attinenti*, s.f., s.d. [ma post 1753]. Soprintendenza Archeologia Belle Arti e Paesaggio per la Città Metropolitana di Torino, Archivio Storico D'Andrade, *Fondo Disegni*. Il disegno riporta la situazione del palazzo dopo parte degli interventi di Benedetto Alfieri.

corsie» al piano terra e tre stanze con un fienile al piano superiore, per cui vennero spese complessivamente 2.800 lire.[33]

Particolarmente utile per comprendere sia gli interventi commissionati da Ludovica nel palazzo di Torino sia la situazione preesistente risulta la testimonianza resa da Giovanna Castagna, «prima femmina di Camera» della principessa, alcuni anni dopo la sua morte. Il documento, finora inedito, è ricco di informazioni dettagliate relative all'organizzazione del palazzo e alla destinazione d'uso dei suoi ambienti e presenta indicazioni importanti per capire i rapporti tra la principessa, il personale al suo servizio e i membri della sua corte. La signora Castagna, figlia di una dama di camera di Ludovica, dice di essere entrata al suo servizio molto giovane e di aver sempre «frequentato la Corte di detta signora Principessa». Ricorda pertanto le trasformazioni attuate in palazzo Chiablese «da che detti Serenissimi Principi Mauritio e Ludovica [...] hanno principiato ad habitare nel Palazzo», dove la dama è risieduta fino al momento della testimonianza in alcune stanze a lei riservate. Nell'angolo dell'isolato compreso tra la contrada di San Lorenzo e la piazzetta reale, Maurizio di Savoia possedeva una «casetta» destinata ad abitazione per i suoi servitori (dapprima il suo cappellano e in seguito il suo maggiordomo). Dopo la sua morte, in corrispondenza di questo piccolo edificio Ludovica ha fatto «construere al piano terra una scuderia molto grande» con fienile sovrastante, che si estendeva in parte anche sul sito del giardino dell'edificio adiacente. Quest'ultimo, di proprietà della marchesa di Bianzè, era stato preso in affitto da Maurizio e Ludovica quando erano andati a risiedere nel palazzo e ristrutturato per farvi dapprima «l'habitatione delle signore dame d'honore, e delle damigelle d'honore» della principessa e, successivamente «per li signori Cavalieri servienti la Corte». Rimasta vedova, Ludovica dispone ulteriori interventi sulla proprietà della marchesa di Bianzè, facendo trasformare «un sito con muraglie nude», rivolto a nord verso la corte d'onore, in «stanze di basso in alto» per la servitù. Sempre rivolto verso la corte del palazzo e attinente alla casa della marchesa di Bianzè si trovava l'appartamento del maggiordomo di Ludovica.[34]

---

[33] *Ivi*, docc. n. 130 e 131. Non è purtroppo stato possibile reperire il progetto, mentre si conservano ancora il capitolato d'appalto, stipulato con Pagliari dal controllore Gianatio «a nome» della principessa Ludovica e sottoscritto anche da Tosetti, e alcuni documenti di cantiere: *ivi*, doc. n. 158 (presentazione dei «partiti»), doc. n. 131 (capitolato del 5 febbraio 1664), docc. 130 e 155 (misure ed estimi delle opere). Bartolomeo Pagliari, detto «il Romano», in periodo coevo era attivo come impresario nel cantiere della cappella della Sindone, che veniva edificata secondo il progetto di Bernardino Quadri.

[34] *Ivi*, mz. 2, doc. n. 366, «Testimoniali d'attestatione della sig.ra vedova Gioanna Castagna Prima fama di Camera della fu Serenissima Sig.ra Prencipessa Ludovica Maria di Savoia», 1° febbraio 1713. Per la realizzazione dell'«abitatione» del maggiordomo di Ludovica e degli ambienti destinati allo «stato delle sig.re Dame» cfr. anche *ivi*, mz. 2, docc. n. 153 e 154, s.d.

All'interno della sua residenza in città la principessa disponeva di un «appartamento d'estate» e di un «appartamento d'inverno». L'*Inventaro della Guardarobba della Serenissima Principessa* stilato nel 1679 fornisce importanti indicazioni sugli arredi utilizzati da Ludovica per l'allestimento degli ambienti sia 'pubblici' e maggiormente aulici, come le sale di parata, sia destinati alla vita quotidiana (particolare attenzione è dedicata ai tessuti operati di rivestimento, ma vengono presi in considerazione anche mobili, quadri, statue, specchi e argenteria); oltre a una predilezione per le tappezzerie di Fiandra e di Damasco a motivi naturali o storico-mitologici, emerge anche un apprezzamento per il gusto «alla China».[35] Sempre dall'inventario risulta che la contessa di Bagnasco, dama d'onore preferita di Ludovica, aveva a disposizione un appartamento con alcova con tappezzeria di Fiandra; inoltre al di sopra della scuderia vi erano una «camera grande», alcuni «gabinetti» e una «piccola guardarobba», tutti finemente arredati.[36]

Gli interventi di riqualificazione proseguono negli anni Ottanta, con la realizzazione della «nuova fabrica della scuderia sovra il Bastione»[37] e di una nuova «terrazza» per il palazzo,[38] che comportano spese considerevoli.

La volontà di aggiornamento è confermata da alcune opere ordinate nel 1690 dalla principessa per «l'elevatione e remodernatione» della sua alcova nell'appartamento d'inverno. Il «pittore Perico» viene pagato per il «friso a olio» dell'alcova e per il «friso della Capella a fresco», mentre l'«imprimidore Gatto» viene retribuito «per le telle de frisi sudetti». Il fregio dell'alcova viene inoltre dorato con «1200 fogli d'horo».[39] L'indoratore Marco Bollardi «accomoda» con «oro e colori» il soffitto dell'alcova, decorato con rose e

---

35 Per il gusto orientale alla corte sabauda si rimanda qui soltanto al recente S. Martinetti, *L'Oriente alla corte di Torino, nell'età delle Madame Reali*, in *Madame Reali*, cit., pp. 77-85, con bibliografia.

36 ASTo, Riunite, Camera dei Conti, Piemonte, *Feudalità*, art. 805, *Principessa Luigia di Savoia, Principe Maurizio, Casa Savoia-Carignano*, mz. 2, doc. n. 95, *Inventaro della Guardarobba della Serenissima Principessa, fatto li 18 Maggio 1679*. L'inventario è trascritto in M. Oberli, «*Magnificentia Principis*», cit., pp. 261-265.

37 La «scuderia del Bastione», di cui la principessa si serviva e già oggetto di opere di manutenzione nel corso degli anni Sessanta e Settanta, nel 1683 viene ampliata dai capomastri da muro Frasca e Lana per una spesa complessiva di più di 3600 lire, in concomitanza con l'acquisto di nuovi cavalli da parte di Ludovica: ASTo, Riunite, Camera dei Conti, Piemonte, *Real Casa*, art. 221, *Conti della principessa Ludovica di Savoia* e *ivi*, art. 405, *Ordini e mandati*, registri relativi al 1683; inoltre cfr. *supra*, nota 32.

38 *Ivi*, art. 221, *Conti della principessa Ludovica di Savoia* e *ivi*, art. 405, *Ordini e mandati*, registri relativi al 1687, pagamento ai capomastri Frasca e Lana di «1130 soldi».

39 ASTo, Riunite, Camera dei Conti, Piemonte, *Feudalità*, art. 805, *Principessa Luigia di Savoia, Principe Maurizio, Casa Savoia-Carignano*, mz. 1, doc. n. 308, «Notta delle spese fatte di comando di Madama la Prencipessa per l'elevatione e remodernamento dell'Arcova nell'Appartamento d'Inverno», 29 agosto 1690. Si veda inoltre il doc. n. 165, relativo a spese per alcuni arredi (tra cui il «baldachino»), datato 4 ottobre 1690.

gigli, «dove era guasto»,[40] e viene aggiunta una cornice al *lambris* «aciò la tapizeria d'inverno non resti curta».[41] Interviene anche l'intagliatore Neurone per riadattare due cornici (una per un ritratto di Madama Reale e l'altra «per un quadro di fiori»).[42]

Le opere vengono realizzate sotto la continua e attenta direzione di Giuseppe Tosetti, nipote di Pietro, subentrato allo zio dopo la morte di quest'ultimo (1679) nel ruolo di ingegnere della principessa.[43] Prima di questo incarico, Giuseppe aveva affiancato lo zio Pietro nell'attività per le residenze dei principi Maurizio e Ludovica e aveva lavorato a lungo alla riplasmazione delle fortificazioni di Verrua e Vercelli secondo i progetti dell'ingegner Antonio Maurizio Valperga.[44]

A cavallo tra gli anni Ottanta e Novanta il palazzo in città è oggetto di diversi altri lavori di manutenzione e miglioria, sempre sotto la direzione del «Sig.r Tosetto Inginero», che stila di proprio pugno la stima di alcune opere, tra cui quelle del piccapietre Francesco Piazzoli.[45] Ludovica dimostra grande attenzione anche per gli ambienti destinati a ospitare le proprie dame: nel 1689-90 si registrano in particolare interventi nella «stanza della sig.ra Marchesa di Brezzè» e nell'«appartamento della sig.ra Contessa Bagnasco».[46]

Tra il 1657 e la morte di Ludovica il palazzo di Torino è quindi interessato da interventi pressoché continui su sua committenza, che ne comportano una significativa riplasmazione. Per i lavori fatti attuare dalla principessa un termine di confronto è costituito dai rilievi e progetti realizzati dal 1753 in occasione delle opere commissionate a Benedetto Alfieri per la trasformazione dell'intero isolato compreso tra le attuali piazza San Giovanni, piazzetta reale, via Palazzo di Città e via XX Settembre, dove l'architetto indica come «pa-

---

40 *Ivi*, mz. 1, doc. n. 307.

41 *Ivi*, mz. 1, doc. n. 311.

42 *Ivi*, mz. 1, doc. n. 310, 3 settembre 1690; cfr. anche *ivi*, mz. 2, n. 278, pagamento al tapezziere Dorimon «per haver fato ingrandir un ritrato di Madama la Duchesa defonta nel Archova sopra il fornelo et un quadro di fiorij», s.d.

43 Giuseppe Tosetti firma anche gli estimi dei singoli lavori. La patente di nomina a «Ingegnere» di Ludovica è in ASTo, Riunite, Camera dei Conti, Piemonte, *Real Casa*, art. 405, *Ordini e mandati*, mz. 25, reg. 1679, c. 35r, 4 febbraio 1679.

44 Cfr. M.V. Cattaneo, *Cultura policentrica di frontiera*, cit., in particolare i capitoli sugli interventi per le fortificazioni sabaude e sulla committenza di Maurizio e Ludovica di Savoia.

45 ASTo, Camera dei Conti, Piemonte, *Feudalità*, art. 805, *Principessa Luigia di Savoia, Principe Maurizio, Casa Savoia-Carignano*, mz. 2, docc. n. 242, 246, 262: lavori fatti dal piccapietre Francesco Piazzoli, dal vetraio Minotto, dal lattoniere Francesco Caviglia.

46 Nel 1689 si registrano lavori del vetraio Minotto (*ivi*, mz. 2, doc. n. 246); nel 1690 vengono «mutate le Tapezzerie» (*ivi*, mz. 1, doc. n. 298). Per le sue dame Ludovica faceva inoltre confezionare abiti dal proprio sarto francese, «Pierre Le Maire» (*ivi*, mz. 2, doc. n. 235). Per la marchesa di Bersezio e la contessa di Bagnasco si veda il paragrafo sugli *interventi per le residenze della nobiltà di corte*.

lazzo della fu principessa Ludovica» la parte di edificio preesistente alle opere della seconda metà del Settecento[47] (Fig. 3). Tra le poche tracce sopravvissute a testimonianza delle trasformazioni volute dalla principessa resta oggi, sulla facciata orientale del secondo cortile del palazzo verso la chiesa di San Lorenzo, una parte di loggiato tamponato (Fig. 4).

Fig. 4. Palazzo Chiablese, Torino, loggiato tamponato sulla facciata orientale del secondo cortile.

La committenza di Ludovica per l'attuale Villa della Regina

Altro importante intervento, sia architettonico, sia decorativo, è quello promosso da Ludovica alla vigna sulla collina di Torino (l'attuale Villa della Regina):[48] si tratta probabilmente – almeno a livello costruttivo – di quello i cui esiti sono ancora oggi più chiaramente leggibili.

---

47 Cfr. A. Bellini, *Benedetto Alfieri*, Milano, Electa, 1978, pp. 204-211. I disegni sono conservati presso l'Archivio Storico D'Andrade della Soprintendenza Archeologia Belle Arti e Paesaggio per la Città Metropolitana di Torino.

48 Si veda in merito anche il contributo di Sara Martinetti in questo volume. Sulla fase seicentesca dell'attuale Villa della Regina cfr. inoltre C. Roggero Bardelli, *Vigna del cardinal Maurizio di Savoia*, in C. Roggero Bardelli – V. Defabiani – M.G. Vinardi, *Ville sabaude*, Milano, Rusconi, 1990, pp. 172-199; *Villa della Regina. Diario di un cantiere in corso*, a cura di C. Mossetti, Torino, Allemandi, 1997; M.V. Cattaneo, *Cultura policentrica di frontiera*, cit., pp. 157-216; per

Dal confronto tra gli inventari del 1657 e del 1677 si possono desumere piuttosto chiaramente le importanti trasformazioni che hanno interessato la vigna per volontà della principessa. Nell'inventario del 1657 è riportata la prima descrizione dettagliata dell'effettiva consistenza della proprietà: essa constava «di giornate quaranta nove tra vigna, bosco, prato, e giardino, incluse le fabriche, cioè la fabrica rustica per il Massaro, e la fabrica, o sia Pallazzo nobile, con un gran recipiente che serve alle fontane, con alcuni marmi, e pietre lavorate [...]»; il palazzo era connotato dalla presenza di «theatri, fontane, giardini, rondò e citroniera», elementi che attestano l'avvenuta sistemazione dei giardini, disposti ad anfiteatro nella conca naturale che circonda la residenza, secondo il modello delle ville romane.[49] La vigna viene stimata «lire quatrocentocinquanta caduna giornata», il palazzo «lire trentacinquemilla». All'estimo complessivo dei beni immobili segue l'inventario puntuale di tutto l'arredo interno della dimora collinare, la cui valutazione è affidata a diversi periti, esperti ciascuno in un preciso ambito (tappezziere, orefice, pittore, ricamatore, giardiniere, libraio, per citare soltanto i principali). I beni mobili sono suddivisi in base alle stanze in cui si trovano: al primo piano, la «Stanza dove si faceva lo stato dei Signori Cavalieri», la «Camera attinente dove dormivano i ss.ri Cavalieri», il «Salone da basso», la «Stanza dipinta», un'«altra stanza attinente», la «Capella», la «Stanza attinente alla scala», la «Stanza cubicolare di S.A.», la «Stanza della guardaroba» e la «Tribuna»; al piano «superiore» (identificabile con il secondo piano), l'«Anticamera», la «Camera di Madama la Principessa», la «Camera cubiculare di S.A.» e una «Stanza attinente».[50] Negli ambienti erano presenti numerosi quadri, perlopiù di soggetto dinastico.

La consistenza degli ambienti interni della vigna al momento della morte del principe Maurizio può essere confrontata con la pianta schematica dell'edifico tracciata da Ercole Negro di Sanfront nella *Pianta del processo di espansione della città di Torino, comprendente la Vigna del Cardinal Maurizio*, databile al 1618-19, dove il salone centrale è affiancato su ciascun lato da quattro stanze[51] (Fig. 5).

---

le decorazioni S. Martinetti, *Villa della Regina nel XVII secolo: modelli per la decorazione d'interni nel torinese*, tesi di dottorato in Storia del Patrimonio Archeologico e Artistico, Università degli Studi di Torino, tutors proff. G. Romano e G. Dardanello, a.a. 2007-2009.

49 Cfr. C. Roggero Bardelli, *Matrici culturali romane per la Vigna del cardinal Maurizio di Savoia e per la Vigna di Madama Reale*, in *I giardini del "Principe"*, atti del convegno (Racconigi, Castello, 22-24 settembre 1994), 3 voll., a cura di M. Macera, Roma, Ministero per i Beni culturali e ambientali, 1994, I, pp. 7-17.

50 ASTo, Corte, Materie politiche per rapporto all'interno, *Principi Maurizio e Ludovica di Savoia*, mz. 3, fasc. 3, *Inventaro legale de' beni mobili ed immobili caduti nell'eredità del principe Morizio*, 9 novembre 1657, cc. 20r-25v.

51 ASTo, Corte, *Carte topografiche per A e B*, Torino I, n. 10.

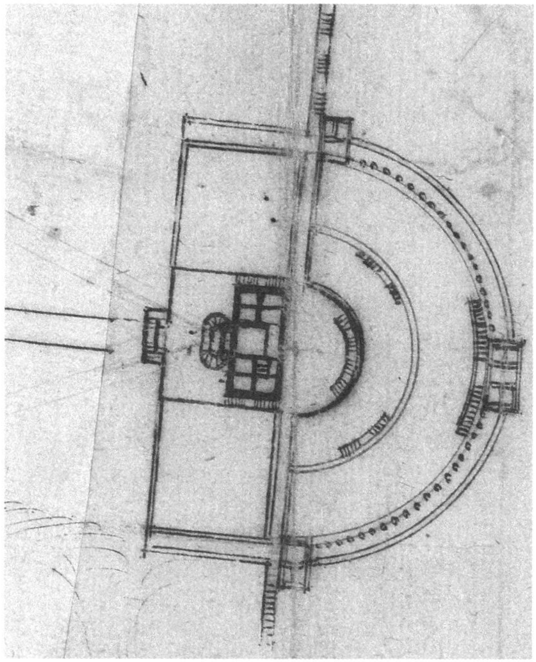

Fig. 5. La 'Vigna del Cardinal Maurizio'. Particolare da Ercole Negro di Sanfront, Pianta del processo di espansione della città di Torino, 1618-1619 ca. Torino, Archivio di Stato, Corte, *Carte topografiche per A e B*, Torino I, n. 10.

Decisamente diversa è l'immagine della vigna restituita dall'inventario del 1677: nei vent'anni seguiti alla morte del principe Maurizio «la Principessa ha fatto miglioramenti rilevanti a somme considerabilissime [...] particolarmente l'alzamento fatto sopra la Citroniera, quattro Pavaglioni fatti alla fabrica civile, la maggior parte de sterni, solari e volte, scale, uscij e finestre recipienti nuovamente fatti, Gallerie, Balaustrade, muraglioni ornamenti di fontane, piantamenti d'arbore e viti, et altre spese», tra cui quella per l'arredo interno della residenza, che viene rinnovato. È quindi da ricondurre alla committenza di Ludovica, su progetto dell'ingegner Pietro Tosetti, la costruzione dei padiglioni laterali che ancora oggi connotano l'edificio.

Le spese più significative per i lavori alla vigna si concentrano tra il 1659 e la prima metà degli anni Settanta; per ottenere denaro da utilizzare «per la fabrica della vigna» viene venduto anche il feudo di Cavaglià,[52] donato alla principessa nel 1662 dal fratello Carlo Emanuele II.[53] La vigna, dopo le trasformazioni volute dalla principessa, «si vede megliorata talmente sì in fabriche che ne' beni che si può dire che habbiano le cose mutate di facia in grandissimo avantaggio»[54] (Tav. 31).

---

52 ASTo, Riunite, Camera dei Conti, Piemonte, *Real Casa*, art. 405, *Ordini e mandati*, mz. 17, reg. 1671. Nel 1671 è registrata la spesa più significativa «per la fabbrica della vigna»: 2700 lire in giugno e 1350 lire, derivanti dalla vendita del feudo di Cavaglià, in luglio. Copia dell'«Instromento di vendita» del marchesato di Cavaglià è in ASTo, Camera dei Conti, Piemonte, *Feudalità*, art. 805, *Principessa Luigia di Savoia, Principe Maurizio, Casa Savoia-Carignano*, mz. 2, doc. n. 222.

53 *Ivi*, mz. 2, «Minutaro d'Instromenti e scritture della Serenissima Principessa Louisa di Savoia», 1661 in 1671, qui 19 dicembre 1662.

54 ASTo, Corte, Materie politiche per rapporto all'interno, *Principi Maurizio e Ludovica*

In concomitanza con le opere di ampliamento della vigna viene lastricata in pietra la strada che la collegava al palazzo in Torino,[55] per rendere più agevoli gli spostamenti tra le due residenze. Anche le pertinenze verdi sono interessate da interventi di riqualificazione. Vengono acquistati nuovi vasi e messe a dimora nuove piante, le fontane sono oggetto di opere di rinnovamento e manutenzione[56] e viene inoltre costruita una colombaia.[57] Dal contratto stipulato nel 1662 con Giovanni Battista Bernardi, «giardiniere alla Vigna», si possono trarre informazioni sulle caratteristiche del giardino e sulle piante presenti al suo interno: «martelli et altre spagliere [...] nelli giardini tanto di sotto il Palazzo quanto di sopra», alberi da frutta, «vasi di citroni», fiori sia in vaso sia in terra, uno «stradone de cotogni di sopra del fontanone» e, nella parte bassa, un «muraglione delle Piramidi».[58]

Sia nella dimora urbana sia in quella collinare le opere di muratura vengono affidate al capomastro di origini lacuali Giovanni Battista Frasca, come emerge dai pagamenti a lui puntualmente corrisposti dalla fine del 1657; è probabile che egli lavorasse seguendo le direttive di Pietro Tosetti, che viene retribuito con uno stipendio annuo per le proprie mansioni di «Ingegnere» dal 1666 al 1675 «per diverse fatiche fatte per servitio di Madama la Principessa» o, più esplicitamente, «per diverse fatiche fatte in servitio della Vigna di Madama la Principessa».[59]

---

di Savoia, mz. 3, fasc. 8, *Inventaro legale de' beni mobili lasciati nell'eredità del principe Morizio di Savoia*, 30 ottobre e 2 novembre 1677. Le diverse fasi di ampliamento hanno trovato riscontro nelle stratificazioni murarie rilevate durante i lavori di restauro condotti a partire dagli anni Novanta del secolo scorso sotto l'egida delle allora Soprintendenza per i Beni Ambientali e Architettonici del Piemonte, Soprintendenza Archeologica del Piemonte e Soprintendenza per i Beni Artistici e Storici del Piemonte: cfr. *Villa della Regina. Diario*, cit.

55 La strada che da Torino portava all'attuale Villa della Regina conduceva fino all'Eremo di Pecetto. Con patente dell'11 giugno 1660 il duca Carlo Emanuele II stabilì che venisse lastricata in pietra, in modo da poter agevolmente percorrerla anche durante i mesi invernali, e incaricò il consigliere e senatore Orazio Vercellis di procedere, in collaborazione con l'ingegnere ducale Amedeo di Castellamonte e il conservatore delle strade Petrino, alla ripartizione della spesa tra i proprietari delle vigne limitrofe e della comunità di Pecetto (ASTo, Corte, Materie politiche per rapporto all'interno, *Principi Maurizio e Ludovica di Savoia*, mz. 2, fasc. 9). I pagamenti per la realizzazione della strada si trovano in ASTo, Riunite, Camera dei Conti, Piemonte, *Real Casa*, art. 405, *Ordini e mandati*, registri relativi agli anni 1662 e 1663; successivamente sono continuativi i pagamenti per la sua manutenzione.

56 Cfr. in particolare *ivi*, registri relativi agli anni dal 1658 al 1690. «Piante da fiori» venivano fatte arrivare anche da Nizza (ASTo, Riunite, Camera dei Conti, Piemonte, *Feudalità*, art. 805, *Principessa Luigia di Savoia, Principe Maurizio, Casa Savoia-Carignano*, mz. 1, doc. n. 328).

57 ASTo, Riunite, Camera dei Conti, Piemonte, *Real Casa*, art. 405, *Ordini e mandati*, mz. 9, reg. 1663, c. 5v. La spesa ammonta a 1015 lire.

58 ASTo, Riunite, Camera dei Conti, Piemonte, *Feudalità*, art. 805, *Principessa Luigia di Savoia, Principe Maurizio, Casa Savoia-Carignano*, mz. 2, doc. n. 209, «Capitoli fatti tra il Controllore Giacomo Gianatio, a nome di Madama la Principessa, e Gio Batta Bernardi Giardiniere alla Vigna», 6 marzo 1662.

59 Per gli anni dal 1667 al 1675 cfr. ASTo, Riunite, Camera dei Conti, Piemonte, *Real Casa*,

Come per il palazzo di Torino, anche per la vigna durante gli anni Ottanta del XVII secolo si registrano continui «lavori novi et acconciature», con interventi dei capomastri Frasca e Lana, del falegname, del minusiere e del serragliere.[60] Frequenti sono anche i pagamenti al giardiniere Bernardi, sia per la preparazione dei giardini in previsione dell'arrivo della principessa, sia per «lavori vari alla vigna».[61] Nel corso dell'anno Ludovica era solita utilizzare entrambe le residenze, alternando i periodi di permanenza al loro interno con soggiorni presso Palazzo Doria a Ciriè, e faceva trasferire arredi e oggetti di uso quotidiano in funzione dei propri spostamenti.[62]

Interventi per le residenze della nobiltà di corte

Ludovica non si limitò a riplasmare le proprie dimore nella capitale sabauda: nei lunghi anni di vedovanza intervenne in maniera significativa e con strategie differenti nelle residenze delle figure di corte a lei più vicine. I legati testamentari disposti a favore della marchesa di Ciriè Caterina Benso, di Claudia Margherita Scaglia di Verrua e di Francesca Maria Cacherano attestano lo stretto rapporto che la principessa aveva instaurato con le dame e con le rispettive famiglie.[63]

A Caterina Benso di Isolabella, sua «prima dama d'honore», moglie di Gian Domenico Doria marchese di Ciriè e del Maro, gran scudiere di Maurizio di Savoia, Ludovica lascia – oltre allo stipendio che la dama riceveva abitualmente[64] – «un diamante [...] in ricompensa della sua longa, et affet-

---

art. 221, *Conti della principessa Ludovica di Savoia* e *ivi*, art. 405, *Ordini e mandati*, che riportano le medesime indicazioni.

60 Cfr. *ivi*, art. 221, *Conti della principessa Ludovica di Savoia* e *ivi*, art. 405, *Ordini e mandati*, registri relativi agli anni dal 1680 al 1689. Nel 1674 Bernardino Botto e Eusebio Bertola erano stati nominati serragliere e falegname della Casa di Ludovica (*ivi*, art. 405, *Ordini e mandati*, mz. 20, reg. 1674, c. 35r).

61 Cfr. *ivi*, art. 221, *Conti della principessa Ludovica di Savoia* e *ivi*, art. 405, *Ordini e mandati*, registri relativi agli anni dal 1680 al 1689.

62 Ad esempio, nel 1668 vengono pagati i bovari «che hanno condotto le robbe dalla Casa di Ciriè a Torino» in occasione del ritorno di Ludovica nella capitale (*ivi*, art. 405, *Ordini e mandati*, mz. 14, reg. 1668, c. 102r), mentre un altro documento non datato riporta pagamenti per trasferire «li mattarasi» e «l'Aqua benedetta» dalla vigna al palazzo in città (ASTo, Riunite, Camera dei Conti, Piemonte, *Feudalità*, art. 805, *Principessa Luigia di Savoia, Principe Maurizio, Casa Savoia-Carignano*, mz. 2, doc. n. 261).

63 ASTo, Corte, Materie politiche per rapporto all'interno, *Principi Maurizio e Ludovica di Savoia*, mz. 2, fasc. 13, «Testamento della Serenissima Principessa Ludovica Maria di Savoia», Torino 4 aprile 1692.

64 Nel suo testamento Ludovica mostra un particolare riguardo verso i suoi servitori di-

tuosa servitù». La marchesa di Cirié rimase a servizio della principessa fino alla scomparsa di quest'ultima, occupandosi con cura e dedizione della sua persona, in particolare dei suoi abiti.[65]

Più stretto doveva essere il rapporto che univa la principessa a Claudia Margherita Scaglia di Verrua,[66] dama d'onore di Cristina di Francia, andata in sposa a Giovanni Gerolamo Doria, marchese di Cirié e del Maro, maggiordomo di Ludovica e figlio di Gian Domenico Doria e di Caterina Benso. Claudia Margherita riceve infatti un reddito annuo di 800 scudi d'oro, «da prendersi sovra la gabella del Sale» e da tramandare «nella persona del marchese di Cirié Gio Batta Doria suo figliolo primogenito, e così successivamente di Primogenito in Primogenito in infinito». Gli studi di Cecilia Veronese hanno portato alla luce il rapporto privilegiato instaurato da Ludovica con i Doria di Cirié – in particolare con Giovanni Gerolamo e la consorte – e sul frequente utilizzo, da parte della principessa, di Palazzo Doria a Cirié, che comportò trasformazioni significative nell'allestimento della dimora e delle sue pertinenze. Tra gli anni Sessanta e Settanta del Seicento l'edificio, scelto da Ludovica come luogo per tranquilli soggiorni, «si riqualificò in una dimensione quasi regale», assumendo caratteri architettonici e decorativi vicini a quelli delle residenze ducali.[67]

La figura più vicina e maggiormente legata a Ludovica fu sicuramente Francesca Maria Cacherano, contessa di Bagnasco, indicata da Amedeo di Castellamonte come sua «Dama favorita»[68] e raffigurata a fianco della principessa nel ritratto equestre che orna il salone della Reggia di Venaria[69] (Tavv. 56-57). Nel gennaio 1658 Ludovica disponeva che a «Francesca Ma-

retti: per sopperire alle mancate gratificazioni nei loro confronti, dovute alla «debolezza» delle sue entrate, dispone che i suoi «Cavalieri, Officiali et altri servitori» debbano continuare a ricevere «vita natural durante» i «medesimi trattenimenti [e] regalie» di cui avevano beneficiato prima della sua morte (cfr. nota 63).

65 «Catterina Benza Doria», come prima dama d'onore, firma molte pezze giustificative relative alle spese sostenute da Ludovica per tessuti, abiti, calzature: ASTo, Riunite, Camera dei Conti, Piemonte, *Feudalità*, art. 805, *Principessa Luigia di Savoia, Principe Maurizio, Casa Savoia-Carignano*, mz. 2, *passim*; l'inventario di Guardaroba di Ludovica del 1679 viene inoltre compilato con il suo «intervento» (cfr. *supra*, nota 36).

66 Su Claudia Margherita Scaglia di Verrua si veda A. Merlotti, *Les dames de Christine de France, duchesse de Savoie (1637-1663)*, in *Édifier l'État*, cit., pp. 95-122: 108.

67 C. Veronese, Alterum Eiusdem in Ciriaci Pago Delicium. *Prime indagini su Ludovica di Savoia e il Palazzo Doria di Cirié*, in *Studi da Venaria*, a cura di A. Merlotti, Torino, Centro Studi Piemontesi, 2021, pp. 45-55. Si veda inoltre il suo contributo in questo volume.

68 A. di Castellamonte, *Venaria Reale*, cit., p. 30.

69 Sul ciclo decorativo del salone si veda C. Goria, *Diana e l'immagine del potere. Jean Miel e il cantiere decorativo della Venaria Reale*, in *Il mito di Diana nella cultura delle corti. Arte, letteratura, musica*, a cura di G. Barberi Squarotti, A. Colturato e C. Goria, Firenze, Olschki, 2018, pp. 205-230: 219 sgg.

ria [Cacherano] d'Envie» venissero corrisposte «lire nove milla d'argento», cifra assegnatale già da Maurizio di Savoia nel maggio 1657 come dote per il matrimonio con il conte Argentero di Bagnasco, «suo futuro sposo».[70] Francesca, che aveva il privilegio di un appartamento a lei destinato all'interno dell'attuale palazzo Chiablese, avrebbe seguito Ludovica nei suoi viaggi e spostamenti durante i successivi lunghi anni della vedovanza. Il legato testamentario con cui la principessa assegnava alla dama il consistente reddito annuo di «duemila quatrocentoquarantadue scudi d'oro», «in riconoscenza dell'affetto che ho sempre havuto per lei, conoscendo il suo merito, e l'attaccamento che ha sempre havuto per la mia persona, e per l'inclinatione particolare che ho sempre havuto di benefficcare la sua Casa», attesta il profondo legame instaurato con la dama d'onore e con la sua famiglia. Alla contessa di Bagnasco Ludovica lasciava inoltre «scudi d'oro mille cinquecento sessanta [...] intendendo che da lei debba passare nella persona del marchese di Berzè Romualdo Argentero suo figliolo Primogenito, e così successivamente debba continuare di Primogenito in Primogenito in infinito». Dai documenti emerge una costante attenzione della principessa, con doni e favori, nei confronti di Francesca Cacherano, di suo marito, Emanuele Filiberto Argentero conte di Bagnasco, gentiluomo di Camera e dal 1689 governatore di Fossano,[71] e del loro primogenito Romualdo. Nel 1682 quest'ultimo viene nominato gentiluomo di Camera e sposa Paola Doria di Ciriè, figlia di Giovanni Gerolamo e Claudia Margherita: con queste nozze, organizzate secondo una consolidata pratica che costituiva al tempo stesso una strategia politica e una forma di espressione del potere, Ludovica crea un'unione tra le due famiglie della nobiltà di corte a lei più vicine. In concomitanza con questo evento, la principessa dà inizio a una serie di iniziative a favore del «marchese di Berzè» – come viene solitamente indicato Romualdo Argentero nei documenti – e della sua sposa,[72] che culminano con un fattivo interessamento nella realizzazione del palazzo della famiglia nella capitale sabauda. La dimora nobiliare viene edificata nell'isola della SS. Annunziata, in corrispondenza dell'attuale via Giolitti n. 24,[73] con il «consenso e participazione» di Ludovica, come espressamente indicato in un suo «Stabilimento» del 1684:

---

70 ASTo, Riunite, Camera dei Conti, Piemonte, *Real Casa*, art. 405, *Ordini e mandati*, mz. 4, reg. 1657 in 1658, c. 3r, 2 gennaio 1658.

71 Cfr. A. Manno, *Il patriziato subalpino. Notizie di fatto, storiche, genealogiche, feudali ed araldiche desunte da documenti*, 15 voll., I e II a stampa, gli altri dattiloscritti, Firenze, 1895-1906, *s.v.*

72 Diverse attestazioni sono in ASTo, Riunite, Camera dei Conti, Piemonte, *Feudalità*, art. 805, *Principessa Luigia di Savoia, Principe Maurizio, Casa Savoia-Carignano*, mz. 2, tra cui l'elenco dei gioielli ordinati dalla principessa all'orefice Bogetto «per il matrimonio del Marchese di Brezè» (doc. n. 220, 28 febbraio 1682).

73 Il palazzo era confinante «con le monache dell'Annunziata».

Desiderando noi di far conoscere al Conte di Bagnasco Emanuel Filiberto Argentero il desiderio grande che habbiamo di cooperare a tutti i maggiori avvantaggi della sua Casa sì in risguardo della sua propria persona che di quella della Contessa sua moglie, e del Marchese di Brezes suo figliolo. Perciò sendo noi pienamente informata della nova fabrica che fa nella presente Città il suddetto Conte, intrapresa col nostro consenso e participazione e sicome quella difficilmente si potrebbe render per così presto habitabile senza qualche aiuto straordinario così per degne considerationi l'animo nostro moventi habbiamo risolto di donare, come in virtù della presente doniamo al suddetto Conte di Bagnasco la somma di doppie mille di Spagna da impiegarsi nella continuatione della suddetta nova fabrica.[74]

Negli anni Ottanta del Seicento la principessa contribuisce alla costruzione di palazzo Argentero con l'elargizione di consistenti somme[75] e impegnando nel cantiere i capomastri Frasca e Lana, già attivi nel suo palazzo e nella sua vigna, e l'ingegner Giuseppe Tosetti, che dirige i lavori[76] (Fig. 6). A differenza di quanto accaduto in palazzo Doria a Cirié, in questo caso la principessa non incide sulla modellazione degli spazi con la sua frequentazione, ma interviene direttamente nella realizzazione della dimora nobiliare, con importanti finanziamenti e una sorta di 'patrocinio', concretizzatosi anche attraverso il proprio ingegnere, Giuseppe Tosetti.

L'agire di Ludovica rimanda alle strategie messe in atto dal principe Maurizio nei confronti del conte Giovanni Antonio Turinetti e del conte Antonio Solaro della Margarita, volte a esercitare un 'controllo' sulla produzione architettonica dei membri della corte a lui strettamente legati.[77] Dopo la morte del marito, la principessa mantenne rapporti saldi anche con i Solaro della Margarita, come attestato dalle lettere da lei inviate al conte Giuseppe Maria Solaro e dal fatto che Giovanni Maria Bottero, primo segretario di Ludovica (e già del principe Maurizio), fu incaricato di occuparsi della divisione dei beni tra i figli di Antonio Solaro sulla base delle sue disposizioni testamentarie.[78]

---

74 ASTo, Riunite, Camera dei Conti, Piemonte, *Real Casa*, art. 405, *Ordini e mandati*, reg. 1684, c. 35r, 24 febbraio 1684.

75 *Ivi*, regg. 1682, 1684, 1687, 1688.

76 ASTo, Riunite, Camera dei Conti, Piemonte, *Feudalità*, art. 805, *Principessa Luigia di Savoia, Principe Maurizio, Casa Savoia-Carignano*, mz. 2, docc. nn. 166, 167 (quest'ultimo riunisce più carte sciolte sotto la dicitura «Quiettanze di diversi mastri per l'ammontare di lire 3000 donate da Madama la Principessa al Conte di Bagnasco»).

77 M.V. CATTANEO, *Cultura policentrica di frontiera*, cit., pp. 178-198.

78 Nell'archivio privato Solaro della Margarita è conservato un documento del 20 giugno 1679, sottoscritto a Torino da Giuseppe Maria e Bartolomeo Solaro e da Giovanni Maria Bottero, che illustra dettagliatamente la divisione dei beni tra i figli di Antonio, in base alle sue disposizioni testamentarie.

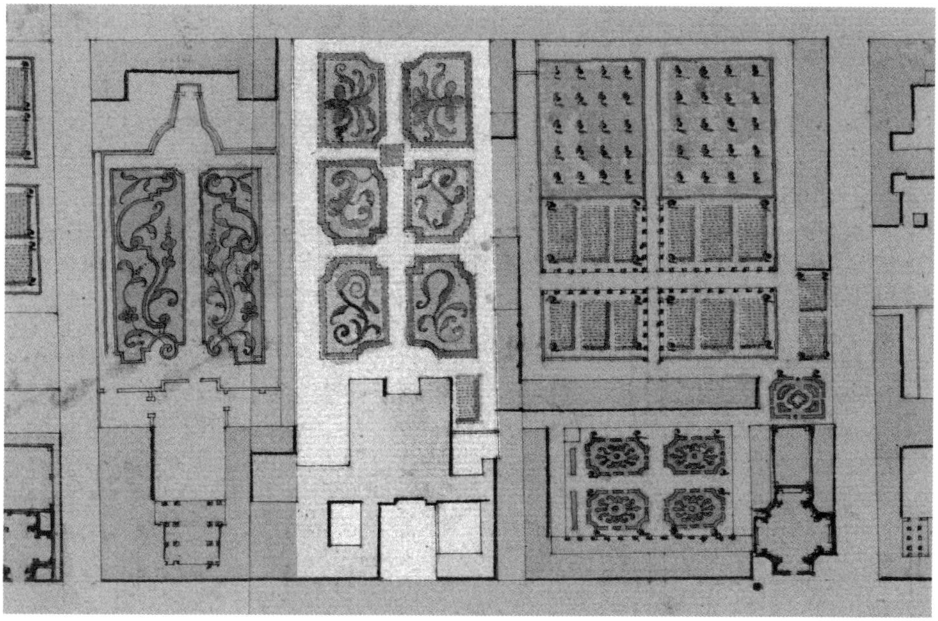

Fig. 6. L'isola della SS. Annunziata. Da *Copia di carta dell'interiore della Città di Torino* [...], 1762 ca., Torino, Archivio di Stato, Corte, Carte topografiche e disegni, *Carte topografiche per A e B*, Torino 16, particolare. Il palazzo di Emanuele Filiberto Argentero è evidenziato al centro.

Ludovica e l'architettura religiosa

Ludovica intervenne anche in architetture religiose legate alla committenza ducale, sia proseguendo progetti avviati dal marito, sia dando vita a iniziative proprie, con esiti in buona parte ancora oggi riconoscibili. I principali edifici religiosi oggetto del suo mecenatismo sono annoverati tra i legati testamentari da lei disposti. Ai «Padri di San Francesco da Paola», la costruzione della cui chiesa era stata promossa e finanziata da Vittorio Amedeo I e dalla consorte Cristina, destina cento lire «da pagarseli annualmente» per celebrare una messa cantata in suffragio del marito alla cappella della Vergine del Soccorso: si tratta della terza entrando a sinistra, dove il principe aveva chiesto nelle sue ultime volontà che venisse deposto il proprio cuore, e accanto al quale Ludovica dispone siano poste le proprie viscere. Le opere per l'esecuzione della cappella, con ricco apparato scultoreo lapideo e in stucco, erano state avviate per volontà di Maurizio di Savoia nel 1654 con il coinvolgimento dello scultore Tommaso Carlone, con il quale il principe aveva stabilito un rapporto privilegiato,[79] e vengono fatte portare a termine dalla vedova tra il 1665 e il 1667, sempre avvalendosi dell'impresa dell'artista lacuale.[80] Alla prima fase dei lavori, sotto il patrocinio del principe, risalgono la statua della Vergine e la mensa d'altare, mentre grazie al finanziamento di Ludovica vengono realizzati le portine laterali e il rivestimento marmoreo di tutte le pareti; spiccano in particolare i due bassorilievi al di sopra delle porte laterali, che raffigurano il principe Maurizio e la principessa Ludovica inginocchiati in preghiera con una corona ai piedi, in segno di rinuncia ai beni e ai poteri terreni (Tavv. 7, 9).

Il lascito più consistente è disposto nei confronti di un'architettura emblematica del culto della Vergine, uno dei cardini della devozione sabauda: il santuario della Madonna d'Oropa, cui la principessa dona «ducatoni mille [...] per dar compimento all'opera già comminciata dal S.r Prencipe mio Marito in conformità del dissegno che fin dall'hora fu fatto», ossia il progetto dell'ingegnere ducale Pietro Arduzzi per la «Porta Grande» del santuario mariano. I lavori per la realizzazione di una porta monumentale a due ordini di colonne, con facciata esterna in blocchi di pietra locale con epigrafe marmorea celebrativa del committente sormontata da un fastigio con la statua della Madonna e le armi sabaude, erano stati avviati nel 1654 grazie alla «munificenza» di Maurizio di Savoia ed erano stati interrotti all'ordine inferiore in seguito alla sua scomparsa.[81] Le opere volte al completamento

79 Nel 1654 si registrano diversi pagamenti allo scultore Tommaso Carlone «a conto delle oppere fatte attorno la Capella della Vergine Sant.ma che S.A. Ser.ma ha fatta fare nella chiesa di San Francesco di Paola nel Borgo di Po»: ASTo, Riunite, Camera dei Conti, Piemonte, *Real Casa*, art. 220, *Casa del serenissimo ed eminentissimo principe cardinale Maurizio di Savoia*, mz. 6, reg. 1654 in 1655. Carlone realizza molte opere su committenza del principe, anche a Nizza (cfr. M.V. CATTANEO, *Cultura policentrica di frontiera*, cit., p. 167). Su Tommaso Carlone cfr. L. FACCHIN, *Tommaso Carlone. Biografia e bibliografia*, in *Svizzeri a Torino*, «Arte & Storia», a. XI, n. 52, 2011 (numero monografico), pp. 234-245; su San Francesco da Paola si veda la recente scheda di A.M. MIGLIORINI in *Scambi artistici tra Torino e Milano 1580-1714. Cantiere di studio*, a cura di A. Morandotti e G. Spione, Milano, Scalpendi, 2018, pp. 241-243, con bibliografia aggiornata e, per la cappella della Vergine del Soccorso, L. FACCHIN, *Oltre Maurizio di Savoia*, cit., pp. 306-307.

80 Cfr. A. BAUDI DI VESME, *Schede Vesme, L'arte in Piemonte dal XVI al XVIII secolo*, 4 voll., Torino, Società Piemontese di Archeologia e Belle Arti, 1963-1982, I, 1963, pp. 274-277.

81 Pagamenti per interventi al santuario della «Madonna dell'Oroppa» su committenza di Maurizio di Savoia sono registrati già negli anni Trenta del XVII secolo (ASTo, Riunite, Camera dei Conti, Piemonte, *Real Casa*, art. 220, *Casa del serenissimo ed eminentissimo principe cardinale Maurizio di Savoia*, mz. 3, reg. 1632 in 1633); l'attuale Porta Regia viene completata da Juvarra tra il 1725 e il 1729. Per una descrizione del progetto dell'Arduzzi cfr. *Theatrum Statuum regiae celsitudinis Sabaudiae Ducis* [...], Amstelodami, Blaeu, 1682, 2 voll., II, tav. 55; C.A. BONINO, *Historia della Madonna SS. d'Oropa ne' Monti della Città di Biella nel Piemonte*, Torino, per G.B. Agilio, 1659. Per Maurizio di Savoia Pietro Arduzzi aveva realizzato anche il disegno della Porta Pairoliera di Nizza marittima in occasione dell'entrata in città del principe cardinale il 3 novembre 1622: cfr. C. BRAYDA – L. COLI – D. SESIA, *Ingegneri e architetti del Sei e Settecento in*

del portale aulico erano riprese nel 1692 per volontà di Ludovica ed erano proseguite dopo la sua morte, come attestato dalla nota relativa alla «spesa fatta nella Porta Grande verso mezzo giorno nel sacro monte d'Oroppa», sottoscritta dal capomastro Giovanni Battista Negro, dove sono riportate cifre considerevoli per la costruzione di «muraglie» e per le «fatture delle pietre picate» dagli scalpellini, specificando che le spese sono riferite alla porta «che si fa edificare a nome della fu Serenissima Prencipessa Ludovica di Savoia»[82] (Figg. 7-8).

7 

 8

Fig. 7. Incisore anonimo su disegno di Giovanni Tommaso Borgonio, *Mons Oropaeus* (Oropa, santuario della Beata Vergine), [1668]. Da *Theatrum Statuum Sabaudiae Ducis* [...], Amstelodami, Blaeu, 1682, II, tav. 55, particolare. Fig. 8. Pietro Arduzzi, Filippo Juvarra, *Porta Regia*, Oropa, Santuario.

Piemonte, «Atti e Rassegna Tecnica della Società degli Ingegneri e Architetti in Torino», 3, 1963 (numero monografico), p. 84. Per il santuario di Oropa e le sue trasformazioni architettoniche si rimanda qui soltanto a M. TROMPETTO, *Storia del Santuario di Oropa*, Biella, Giovannacci, 1990^6 (1ª ed. 1949).

[82] ASTo, Riunite, Camera dei Conti, Piemonte, *Feudalità*, art. 805, *Principessa Luigia di Savoia, Principe Maurizio, Casa Savoia-Carignano*, mz. 2, doc. n. 14, 4 marzo 1694, lavori per una

Esito della sola committenza della principessa è la cappella di suo patronato attualmente dedicata all'Immacolata Concezione, nella Real Chiesa di San Lorenzo a Torino, adiacente al palazzo di Ludovica. Nel suo testamento la menziona come «mia capella di S. Luigi» – poiché inizialmente intitolata a San Luigi IX – chiedendo di celebrarvi ogni anno una messa cantata in suo suffragio. Non sono stati finora reperiti documenti che permettano di far luce sugli artisti e maestranze coinvolti nella realizzazione della cappella,[83] mentre la puntuale e costante registrazione dei pagamenti «per la fabrica della capella di S. Lorenzo» permette di ascriverla agli anni tra il 1678 e il 1683.[84] L'originaria committenza di Ludovica, a seguito del cambiamento della dedicazione dell'altare e della tela posta al di sopra di esso per volontà di Vittorio Amedeo II, è tuttora attestata dalla presenza, al centro del commesso marmoreo del paliotto, degli stemmi affiancati di Maurizio e Ludovica di Savoia sormontati dalla corona aperta (Tav. 8).

In questo periodo si concentra la fase decorativa più intensa all'interno di San Lorenzo, che si conferma luogo privilegiato di rappresentazione del potere ducale, con importanti interventi da parte di esponenti dell'*entourage* della corte della seconda Madama Reale – che dal 1680 finanzia l'altare maggiore progettato da Guarini – e della corte della stessa Ludovica. Nel 1678 Giovanni Maria Bottero, primo segretario della principessa, dotava l'altare del Crocifisso; nel 1679 la marchesa Camilla Bevilacqua Villa, prima dama di corte di Maria Giovanna Battista, pagava 900 ducatoni per la realizzazione della cappella della Natività.[85] Pur nel rispetto del disegno unitario della chiesa concepito da Guarini, gli esiti della committenza dei dignitari di corte attestano la volontà di emulazione nei confronti sia di Madama Reale, sia della cognata.

Anche se non ebbe mai ruoli di governo, Ludovica fece proprie dinamiche di affermazione del potere tipiche del XVII secolo. Gli interventi pro-

---

spesa complessiva di 3.396 lire; cfr. anche M. Trompetto, *Storia del Santuario di OropaI*, cit., pp. 74-75.

83 Sulla cappella dell'Immacolata Concezione: G. Dardanello, *Cantieri di corte e imprese decorative a Torino*, in *Figure del Barocco in Piemonte*, cit., in particolare pp. 197-199, e L. Facchin, *Oltre Maurizio di Savoia*, cit., pp. 307-311.

84 Dal 1678 al 1683 è riportata nel bilancio la spesa annuale di «lire mille» per la realizzazione della cappella: ASTo, Riunite, Camera dei Conti, Piemonte, *Real Casa*, art. 405, *Ordini e mandati*, registri dal 1678 al 1683. Nel 1689 la principessa ordina, tramite la marchesa di Ciriè, «4 galon orro argento a schaco [...] per la Cappella di S. Luiggi» (ASTo, Riunite, Camera dei Conti, Piemonte, art. 805, mz. II, doc. n. 273), mentre nel 1693, dopo la morte di Ludovica, vengono ancora corrisposte 250 lire «per reparationi alla Capella di S. Luigi» (*ivi*, mz. II, doc. n. 804).

85 G. Dardanello, *Cantieri di corte e imprese decorative*, cit., pp. 194-200.

mossi in ambito architettonico per le proprie residenze, l'influenza esercitata sull'aristocrazia di corte anche mediante un coinvolgimento diretto nella realizzazione e modellazione delle loro dimore e le opere commissionate in edifici di culto di patronato ducale confermano il suo rilievo nel complesso contesto politico e culturale del Seicento sabaudo.

Cecilia Veronese

UNA «SINGOLAR PROPENTIONE»: SPAZI, TEMPI E COMMISSIONI DI LUDOVICA DI SAVOIA PER IL PALAZZO DORIA DI CIRIÉ

Per lungo tempo, la figura di Ludovica di Savoia (1629-1692), primogenita del duca Vittorio Amedeo I e di Cristina di Francia, è stata avvolta nell'ombra.[1] Una generale incertezza e opacità nelle fonti documentarie, iconografiche, letterarie – e persino una certa confusione onomastica – ne fanno quasi una principessa 'senza storia' e identità propria, ricordata perlopiù come 'figlia', 'sorella' e 'moglie', a dispetto del ruolo di primo piano che ebbe alla corte sabauda.[2]

---

[1] Parafrasando il titolo del convegno *Ludovica di Savoia, una principessa nell'ombra* (Torino, Villa della Regina, 28 novembre 2022). Il presente contributo è l'esito della ricerca avviata nell'ambito del progetto dedicato a Ludovica di Savoia, secondo una linea aperta da Andrea Merlotti, che ha dato i primi risultati nel 2021 (C. Veronese, Alterum Eiusdem in Ciriaci Pago Delicium. *Prime indagini su Ludovica di Savoia e il Palazzo Doria di Ciriè*, in *Studi da Venaria*, a cura di A. Merlotti, Torino, Centro Studi Piemontesi, 2021, pp. 45-55).

Desidero esprimere la mia profonda gratitudine a tutti coloro che hanno contribuito a questa ricerca: innanzitutto, Andrea Merlotti per il suo prezioso stimolo e sostegno; Clara Goria, Marta Rossini e Gianfranco Ballesio per i loro contributi e il costante confronto; i funzionari dell'Archivio di Stato di Torino per la disponibilità e la puntuale assistenza. Ringrazio sinceramente il Comune di Ciriè e in particolare il sindaco Loredana Devietti Goggia, l'assessore al Patrimonio arch. Barbara Re e il dirigente dell'Ufficio Tecnico arch. Maria Teresa Noto, per il prezioso supporto senza il quale la ricerca non sarebbe stata possibile. Un ringraziamento particolare va al direttore della biblioteca e dell'archivio storico, il dott. Guido Antonioli, insieme a Danilo Naretto.

[2] Sull'iconografia della principessa sussistono ancora numerose incertezze. Già Clara Goria, in *«Reali heroine» e dee per la rappresentazione delle duchesse di Savoia* (intervento al V Convegno internazionale dei 'Sabaudian Studies', *Il potere dei Savoia. Regalità e sovranità in una monarchia composita*, Reggia di Venaria, 29-31 maggio 2017), suggeriva un'inversione di identificazione tra il *Ritratto equestre Cristina di Francia in veste di Minerva* (Tav. 54) e il *Ritratto equestre di Ludovica di Savoia* (Tav. 55), entrambi di Charles Dauphin, conservati al Castello di Racconigi (l'intervento è pubblicato in C. Goria, *«Reali heroine». Ritratti equestri di sovrane e dame per le residenze ducali*, «Cheiron», 1/2, 2022, pp. 267-293: 289-291); a tal proposito, rimando al contributo dell'autrice in questo volume. Su tale linea anche Laura Facchin (*Oltre Maurizio di Savoia: la principessa Ludovica e il suo mecenatismo*, in *Il cardinale: Maurizio di Savoia, mecenate, diplomatico e politico*

Il matrimonio della tredicenne Ludovica con il quarantanovenne zio cardinale, cruciale «mezzo di riconciliazione e di pace»[3] nella guerra civile fra Madama Reale e i principi cognati, è l'evento condizionante della sua vita e – se non forse l'unico – quello più celebrato dalla retorica dinastica, sublimando in 'atto eroico' il sacrificio imposto dalla ragion di Stato.

Dopo le nozze i principi d'Oneglia trascorsero un decennio a Nizza (1642-1652), dove Maurizio esercitava la luogotenenza generale, per poi ritornare in Piemonte, risiedendo dapprima a Chieri e poi a Torino presso la 'Vigna' collinare 'del cardinal Maurizio' e il palazzo urbano.[4] La morte di Maurizio (1657) diede avvio alla lunga vedovanza – trentacinque anni – di Ludovica, relegandola al ruolo di «Prima Sorella di S.A.R. e Vedova del Principe Mauritio di Savoia».[5]

«Giontamente sagace, e indefessa cacciatrice»:[6] così compare Ludovica nella tela della Sala di Diana alla Venaria Reale (Tavv. 56-57). Ed eloquente è il giudizio che ne dà Amedeo di Castellamonte: colei «à cui fece torto la Natura, perché havendola dotata di tutte quelle virtù che si riecheggono al governo d'un scettro, e dell'armi, glie ne hà poi invidiosa tolta l'occasione».[7]

1593-1657, atti del convegno, Torino, 23-25 settembre 2021, a cura di J. Morales, C. Santarelli e F. Varallo, Roma, Carocci, 2023, pp. 291-311). Se la recente mostra *Madame Reali. Cultura e potere da Parigi a Torino. Cristina di Francia e Giovanna Battista di Savoia Nemours. 1619-1724* (Torino, Palazzo Madama, 20 dicembre 2018 - 6 maggio 2019; mostra e catalogo a cura di C. Arnaldi di Balme e M.P. Ruffino, Genova, Sagep, 2019) ha ulteriormente ribadito il ruolo delle duchesse reggenti Cristina di Borbone e Maria Giovanna Battista di Savoia-Nemours alla corte sabauda dagli anni Trenta agli anni Ottanta del Seicento, la figura di Ludovica, pur centrale in questo lasso di tempo, sfugge ancora ad una ricostruzione autonoma. Sul nome, è interessante notare nelle fonti (lettere, patenti, gazzette, ecc.) le variazioni a cui è soggetta la grafia: Ludovica, Luisa, Ludovica Maria, Luisa Cristina, fino a confonderla con la sorella Margherita (cfr. *infra* nota 54).

3 Archivio di Stato di Torino (ASTo), *Materie ecclesiastiche per categorie*, cat. 1, m. 41, 1-2, riportato in P. Cozzo, *Savoia, Maurizio di*, in *Dizionario Biografico degli Italiani* (*DBI*), XCI, 2018, a cui rimando per la figura di Maurizio di Savoia, insieme a *Il cardinale: Maurizio di Savoia*, cit. Le nozze, che richiesero la rinuncia alla porpora di Maurizio e la dispesa papale in ragione della consanguineità, furono celebrate a Nizza il 29 settembre 1642.

4 Per la residenza urbana, l'attuale Palazzo Chiablese, rimando qui al contributo di Maria Vittoria Cattaneo.

5 A. di Castellamonte, *Venaria Reale, Palazzo di piacere, e di caccia* [...], Torino, per Bartolomeo Zapatta, 1674 (ma 1679), ed. anastatica, Savigliano, L'Artistica, 2004, p. 29.

6 *Ivi*, p. 55. Per un'analisi delle raffigurazioni si veda G. Barberi Squarotti, *Le* Inscriptiones *di Emanuele Tesauro e gli affreschi della Reggia di Venaria*, in *Il mito di Diana nella cultura delle corti. Arte, letteratura, musica*, a cura di G. Barberi Squarotti, A. Colturato e C. Goria, Firenze, Olschki, 2018, pp. 183-204: 191-192. La rappresentazione della principessa come donna guerriera riprendeva il *topos* della *femme forte*, proprio anche della madre Cristina, legandosi al mito di Diana: C. Goria, *Diana e l'immagine del potere. Jean Miel e il cantiere decorativo della Venaria Reale*, *ivi*, pp. 205-230; si veda anche il contributo dell'autrice in questo volume.

7 A. di Castellamonte, *Venaria Reale*, cit., p. 29.

Nei lunghi anni di vedovanza Ludovica continuò ad occupare sia il palazzo urbano sia la «vinea transpadana», ormai divenuta «Ser.me Principissæ Ludovicæ».[8] Ma nell'alternanza di versi latini e incisioni, celebrativi della sovranità e della magnificenza dinastiche, del *Regiae villae poetice descriptae* di Camillo Maria Audiberti (1711), il capitolo dedicato a 'Villa Ludovica'[9] si chiude con la celebrazione di un «Alterum Eiusdem in Ciriaci Pago Delicium»:[10]

Nos aliò Lodoica vocat: quà dulcius illi / Perfugium curis, Statio dilecta quieti. / Prole virûm felix, & sceptris clarus Avorum / Auria, cui liguris pars non ignobilis ore / Servijt; auditum cui laus amplissima Nomen; / Anteferens tua Rura suis Regalis Amazon, / Haec sibi tranquillos elegit in arva recessus. / Nec meritum laudetur agri: tua cognita morum / Gloria, Fortune Virtus comes addit magnae, / Parque Viro Coniux, et utriuque simillima Proles, / Virtutum haeredes, simulacraque viva Parentum, / Hunc tantum meruere Loci felicis amorem. / Hìc licet aeterno radient viridaria Maio; / Explicet & totos florum gens omnis honores; / Quamquam magna duplex aequato corpore tollit / Se Domus; & Regem praeter, nihil invadet Aulae; / Nil tamen aut maius sperent, aut gratius, ipsa / Hospite: nil Aulae maius, nil gratius Horti. / Delicias affert, quasi invenit. Illa beatas / Fert secum Charites; sequiturque modesta voluptas, / Ingenuique ioci, & casti comitantur amores.[11]

È Ludovica in prima persona, nella finzione poetica, a svelare questa 'altra delizia', luogo di serenità e quiete, divenuta suo personalissimo rifugio:

---

[8] *Theatrum Statuum regiae celsitudinis Sabaudiae Ducis, Pedemontii Principis, Cypri Regis.* [...] (*Theatrum Sabaudiae*), Amstelodami, Blaeu, 1682; ed. a cura di L. Firpo, 2 voll., Torino, Archivio Storico della Città di Torino, 1984, I, p. 145; II, tav. I, p. 33. Su Villa della Regina: *La Villa della Regina*, a cura di C. Mossetti, Torino, Allemandi, 2007, con bibliografia. Per la committenza di Ludovica di Savoia alla villa si vedano i contributi di Sara Martinetti e Maria Vittoria Cattaneo in questo volume.

[9] C.M. Audiberti, *Regiae villae poetice descriptae; et Regiae Celsitudini Victoris Amedei II Sabaudiae ducis, Pedemontij Principis, Cypri Regis, &c. dicatae A Camillo Maria Audiberto Societatis Jesu. Apposita poematum, et epigrammatum appendice*, Augusta Taurinorum, Ex Typographia Pauli Mariae Dutti & Ioannis Iacobi Ghringhelli [*sic*] Soc., 1711, Biblioteca Nazionale Universitaria di Torino, Medici del Vascello 282 (edizione anastatica a cura del Rotary Club Ciriè-Valli di Lanzo in collaborazione con la Biblioteca Nazionale Universitaria di Torino, Chieri, Arti grafiche Giacone, 2007). La sezione dedicata alla «Villa transpadana olim Ludovicae à Sab. Regiae Sororis Delicium», è a pp. 32-45.

[10] *Ivi*, pp. 43-44. La formula latina citata (p. 43) è una rubrica laterale autografa al testo poetico.

[11] *Ibid.* Per una contestualizzazione del *Regiae villae* cfr. E. Gianasso, scheda 79, in *Piemonte Bonnes Nouvelles. Testimonianze di storia sabauda nei fondi della Biblioteca Nazionale Universitaria di Torino nel 600° anniversario del Ducato di Savoia*, catalogo della mostra (Torino, Biblioteca Nazionale Universitaria, 21 ottobre - 31 dicembre 2016), a cura di F. Porticelli, A. Merlotti e G. Mola di Nomaglio, Torino, Centro Studi Piemontesi, 2016, pp. 123-124, con bibliografia precedente.

il palazzo della famiglia *Auria*, i marchesi Doria (D'Oria) del Maro, a Cirié.[12] Eretto dai Provana di Leinì intorno alla metà del XVI secolo al di fuori delle antiche mura a sud dell'agglomerato urbano, il palazzo era stato in seguito ipotecato per sopraggiunte ristrettezze economiche e ceduto, tra il 1573 e il 1574, alla contessa Jacqueline de Montbel d'Entremont.[13] Com'è noto, la presenza dei Doria a Cirié è legata all'acquisizione sabauda di Oneglia. Il 28 maggio 1576 il duca Emanuele Filiberto investì del feudo Giovanni Gerolamo Doria quale contropartita nella permuta della città ligure, insieme al Marchesato del Maro, titolo portato a partire dal primogenito.[14]

Può apparire singolare – e per molti versi anomala – la scelta di Ludovica di risiedere per lunghi periodi in una residenza privata di una famiglia di cui molti membri erano al suo servizio, a fronte della disponibilità delle residenze ducali. Ma lo è ancora di più se si considera la vicinanza con La Venaria Reale, dove peraltro disponeva di un proprio appartamento.[15] L'analisi delle fonti indica chiaramente che non fu il luogo ad attrarre la principessa, bensì la famiglia Doria. E tale frequentazione non si configurò come un semplice rapporto di ospitalità, ma fu così assidua da incidere notevolmente sugli spazi della residenza e sulle abitudini e consuetudini dei marchesi di Cirié. Il rapporto tra Gian Domenico Doria (1593-1649) e

---

12 Le due grafie del cognome, 'Doria' e 'D'Oria', sono utilizzate in maniera equivalente dalle fonti e dalla bibliografia. Gli storici locali e i documenti ciriacesi generalmente utilizzano la seconda. In questa sede ho scelto di avvalermi della prima, che si ritrova con maggior frequenza nei documenti sabaudi e in quelli appartenenti alla famiglia conservati presso il fondo dell'Archivio di Stato di Torino.

13 Su Palazzo Doria si vedano: *Theatrum Sabaudiae*, cit., I, pp. 181-182 e II, tav. 56; A. Sismonda – E. Giachetti, *Notizie storiche di Cirié con note ed aggiunte del Teologo Enrico Giachetti*, Torino, Bottega d'Erasmo, 1972 (originale: Cirié, G. Capella, 1924), pp. 172-186; A. Cavallari Murat, *Lungo la Stura di Lanzo*, Torino, Istituto Bancario San Paolo, 1972, pp. 176-185; M.L. Moncassoli Tibone, *A Cirié una delizia ducale*, in *Antiche regge per moderni musei. Itinerari delle residenze sabaude*, a cura di G. Brugnelli Biraghi, G.G. Massara e M.L. Moncassoli Tibone, Torino, Teca, 1988, pp. 216-221; C. Bagini, *Il Palazzo D'Oria a Cirié e il cantiere decorativo barocco*, tesi di laurea triennale in Beni culturali, Università degli Studi di Torino, rel. A. Morandotti, a.a. 2015-2016; S. Martinetti, *Palazzo Doria del Maro, Cirié*, in *Scambi artistici tra Torino e Milano*, cit., pp. 189-191. Sui Doria di Cirié si vedano S. Marchisio, *Ideologia e problemi dell'economia familiare nelle lettere della nobiltà piemontese (XVII-XVIII secolo)*, «Bollettino storico-bibliografico-subalpino», 1, 1985, pp. 67-130; E. Bellone, *Cirié ducale da Emanuele Filiberto a Vittorio Amedeo II. Vita quotidiana tra 1530 e 1717 da documenti dell'archivio storico comunale*, Torino, Centro Studi Piemontesi, 1987; A. Pellegrino, *I D'Oria marchesi di Cirié*, Torino, Litografia Geda, 1990; F. Fiore – M. Ferrero, *Doria di Cirié. Palazzo Doria, Cirié*, in *Storia di famiglie e castelli attraverso gli antichi sentieri del Piemonte*, a cura di F. Gianazzo di Pamparato, Torino, Centro Studi Piemontesi, 1999, pp. 202-212. Sui rapporti tra Ludovica di Savoia e Cirié si veda ancora il primo studio C. Veronese, Alterum Eiusdem in Ciriaci Pago Delicium, cit., pp. 45-55.

14 Per una ricostruzione puntuale delle vicende e delle motivazioni relative alla permuta cfr. F. Fiore – M. Ferrero, *Doria di Cirié*, cit., pp. 203, 206-207.

15 G. Barberi Squarotti, *Le* Inscriptiones *di Emanuele Tesauro*, cit., pp. 191-192.

Maurizio di Savoia (1593-1657) risaliva al 1622, quando l'allora cardinale gli conferì la carica di suo Gentiluomo di Camera. Successivamente, nel 1632, fu nominato Generale delle Galere e, infine, dal 1638, Colonnello «delle Militie del Principato d'Oneglia, del Maro e Contado di Prelà».[16] Nel 1642 emergono le prime attestazioni documentarie della sempre più stretta relazione tra Gian Domenico Doria, Ludovica e Maurizio. Fu il marchese di Cirié a chiedere ufficialmente la mano di Ludovica a Madama Reale, nell'ambito del cerimoniale per il fidanzamento, il 12 luglio 1642, su incarico di Maurizio.

Le Marquis de Cirié ayant charge du Prince Cardinal de Savoye qui estoit dans une antichambre prochaine, averti par les Capitaines des gardes, entra dans la balustrade: où ayant fait plusieurs revérences, il monta deux degrez du Trône, & sur le troisiesme se mit à genoux pour saluer Madame: & s'estant relevé, luy fit la demande de la Princesse sa fiile au nom du Prince Maurice de Savoye. Surquoi Madame lui ayant demandé sa procuration, il le luy présenta les genoux en terre: & Madame rayant prise, la fit lire tout haut par le Comte de S. Thomas Secretaire d'Estat: Puis elle dit au Marquis de Cirié qu'elle y donnoit son consentement, & qu'il ne restoit qu'à sçavoir celuy de la Princesse: que le Duc de Longueville alla prendre dans un gran cabinet doré joignant la chambre où se saisoient ces cérémonies.[17]

Il 10 agosto 1642 Ludovica scriveva a Maurizio come «dal Marchese di Cirié intenderà V.A., come sono differte [*sic*] ancor per tré, ò quatro giorni, non senza mia grandissima impatienza, che vorei pure vederlo stretto anco con listesso nodo, et insomma tanto mio, quanto io sono sua».[18] Gian Domenico diventò da quel momento un personaggio ricorrente nel rapporto tra i due. È sempre lui a comparire nelle lettere di Ludovica a Maurizio come intermediario delle stesse e che li segue a Nizza in qualità di colonnello delle milizie di Oneglia, di cui Maurizio è principe a partire dal 1642.[19] Il 10 settembre di quell'anno Ludovica scrive da Savigliano che «col ritorno del Marchese di Cirié io non ho che sogionger a V.A. se non ratificarle di nuovo quanto egli ha qui negosiato in nome di V.A.».[20]

---

16 ASTo, Riunite, Camera dei conti di Piemonte, Famiglie diverse, *Doria di Cirié*, art. 605, n. 288, carte non numerate.

17 «Gazette de France», *Les cérémonies des fiançailles du Prince Maurice avec la Princesse de Savoye*, 12 luglio 1642, pp. 795-798: p. 797.

18 ASTo, Corte, Lettere di principi diversi, mz. 20, *Lodovica Maria Cristina di Savoia, moglie del principe Maurizio (1636-1686)*, fasc. 1. Sulla corrispondenza di Ludovica si veda il contributo di Alice Raviola in questo volume.

19 ASTo, Corte, Lettere di principi diversi, mz. 20, *Lodovica Maria Cristina di Savoia, moglie del principe Maurizio (1636-1686)*, fasc. 1.

20 *Ibid*.

Attraverso la corrispondenza privata della principessa è inoltre possibile seguire lo sviluppo della politica matrimoniale della famiglia Doria. Il 2 novembre 1642 Ludovica stende una raccomandazione per il figlio di Gian Domenico, il giovane Giovanni Gerolamo Doria (1629-1691),[21] mentre il 7 novembre dello stesso anno scrive da Nizza, dove segnala di aver veduto «i figlioli della Contessa di Verrua, ma particolarmente, perché V.A.R. mostra disiderarlo in riguardo del merito di deta Contesa», tra i quali probabilmente anche Claudia Margherita Scaglia di Verrua (1636-1706).[22] Il 5 aprile del 1647 Ludovica annuncia a Maurizio che il Doria aveva chiesto la mano di «Madamigelle de Verrue», figlia d'onore di sua madre Cristina, al conte suo padre.[23] La stessa l'anno successivo, a seguito del matrimonio, fu nominata dama d'onore di Cristina, incarico poi rinnovato anche sotto Maria Giovanna Battista.[24] Dopo la morte del padre Gian Domenico nel 1649, Gian Gerolamo, oltre ad ereditare il marchesato, ne assume le cariche: lo stesso anno è nominato Colonnello delle Milizie di Oneglia e nel 1650 diventa Gentiluomo di Camera e primo Scudiere del principe Maurizio; negli anni successivi continua la sua ascesa a corte fino alla nomina di Gran Maestro della Casa di Maria Giovanna Battista e Cavaliere dell'Ordine Supremo della Santissima Annunziata.[25]

Al conferimento di cariche – sia per parte maschile, sia femminile della famiglia – che consolida il rapporto di fedeltà verso i Savoia, si accompagna un'accorta e intelligente politica matrimoniale che lega i Doria ad antiche famiglie come i Valperga di Masino, i Benso di Isolabella, gli Scaglia di Verrua. A metà Seicento, dunque, i genovesi Doria del Maro erano ormai integrati nella nobiltà sabauda e pienamente inseriti nei ranghi di corte.

---

21 ASTo, Corte, Lettere di principi diversi, mz. 20, *Lodovica Maria Cristina di Savoia, Lettere di Ludovica Maria Cristina di Savoja figlia primogenita di Vittorio Amedeo I, indi moglie del Principe Maurizio (1642-1683)*, fasc. 5.

22 ASTo, Corte, Lettere di principi diversi, mz. 20, *Lodovica Maria Cristina di Savoia, moglie del principe Maurizio (1636-1686)*, fasc. 1.

23 *Ibid.* Su Margherita Scaglia, dama d'onore di Cristina di Francia si veda A. Merlotti, *Les dames de Christine de France, duchesse de Savoie (1637-1663)*, in *Édifier l'État. Politique et culture en Savoie au temps de Christine de France*, atti del convegno (Chambéry, 20-21 novembre 2013), a cura di A. Becchia e F. Vital-Durand, Chambéry, Université Savoie Mont Blanc, 2014, pp. 95-122: 108.

24 ASTo, Riunite, Camera dei conti di Piemonte, Famiglie diverse, *Doria di Ciriè*, art. 605, n. 288.

25 *Ivi*, carte non numerate: 8/12/1649, *Patenti di Colonnello delle Milizie d'Oneglia*; 8/10/1650, *Patenti di Primo Scudiere di Sua Altezza Reale*; 15/8/1674, *Patenti di nomina a Gran Maestro della Casa Reale a favore del Sig. Giò Gerolamo Doria del Maro di Ciriè*; 21/2/1678, *Reale biglietto di nomina a Cavaliere dell'Ordine Supremo della Santissima Annunziata a favore della casa del Sig. Marchese del Maro*; 8/11/1678, *Patenti di nomina alla carica di Gran Maestro della Casa di Sua Maestà Reale a favore del Sig. Marchese del Maro Giò Gerolamo Doria.*

Negli anni del matrimonio (1642-1657) viene a delinearsi un primo quadro di legami a doppio filo sia con Gian Domenico e la sua seconda moglie Caterina Lucia Benso di Isolabella (1624-1693), – che sarà per tutta la vita dama d'onore di Ludovica –[26] sia con Gian Gerolamo e la moglie, Margherita Scaglia di Verrua (Tavv. 10-11).[27] È possibile che la principessa avesse fatto visita al palazzo di Ciriè già con il marito Maurizio, come suggerisce una nota nel *Libro dei morti nella Piovania di San Giovanni Battista di Ciriè*, dove il 4 dicembre 1648 è registrato «Gregorius Leone de Manta», al seguito del «principis Mauritius».[28] Tuttavia, è a partire dal 1657, dopo la morte di Maurizio, che i rapporti con i membri della famiglia si intensificheranno, fino a mutare in una vera e propria relazione 'osmotica'.

Sono le testimonianze della 'Gazette de France', da incrociare con la datazione delle lettere scritte dalla stessa Ludovica, che ci permettono di ricostruire il rapporto privilegiato con i Doria, presenti al matrimonio della principessa Margherita Violante con il duca di Parma Ranuccio II Farnese nell'aprile 1660, dove la «soeur de la princesse Marguerite», «ayant un couronne, pareillement, toute de pierreries, & un habit des plus riches, alloit, immédiatement apres, suivie de la Marquise de Cirie, qui lui portoit la queue».[29] Indirettamente, il periodico francese contribuisce a fornire un quadro dei soggiorni in Palazzo Doria a Ciriè – di cui troviamo la prima attestazione nel 1658 e l'ultima nel 1683 – nei mesi che vanno da maggio

26 *Ivi*, n. 232.

27 La quadreria Doria è stata riallestita nel 2009 nei locali al piano terreno del Palazzo Doria di Ciriè, oggi sede del Comune. In essa sono anche i ritratti della famiglia, conservati presso il palazzo, già allestiti nel corso dell'Ottocento al di sopra delle scansie della biblioteca storica, come attesta una fotografia scattata dal marchese Emanuele Doria nel 1880 (*Immagini di Ciriè. Appunti di storia e vita di una città*, a cura del Comune di Ciriè e del Comitato esposizione, 1979, p. 45). I dipinti sono stati oggetto di una schedatura (https://servizi.cirie.net/index.php/it/indice-quadreria-d-oria). Così come l'identità iconografica di Ludovica di Savoia è ancora oggetto di studio, anche quella dei membri della famiglia Doria lascia ancora qualche interrogativo aperto, sollevando problemi attributivi e anche di identità. Le indicazioni identificative che accompagnano il *recto* dei dipinti sembrano apposte nel corso del XIX secolo, poiché uniformi anche per le tele che raffigurano i membri della famiglia vissuti in quel periodo. Per tali ragioni, un accostamento tra l'effige di Giovanni Domenico Doria e quella del principe Emanuele Filiberto di Savoia principe di Carignano a Racconigi (L. Facchin, scheda OA n. 01-00399656, 2016) non rende possibile il riconoscimento del marchese di Ciriè, mentre una comparazione tra il ritratto di Margherita Scaglia custodito in quadreria e la sua effige nel doppio ritratto equestre della Reggia di Venaria potrebbero confermare una identità di soggetto (Tavv. 11-12).

28 Così come dovevano frequentare il palazzo anche esponenti della nobiltà sabauda, come il «signor marchese Villa», al quale morì il giovane servitore Gregorio in data 29 aprile 1656. Archivio della Parrocchia di San Giovanni Battista e Martino (APC), *Libro dei morti nella Piovania di San Giovanni Battista di Ciriè*, pp. nn.

29 «Gazette de France», n. 80, 1660, pp. 605-616, *Les Particularitez du Mariage de la Princesse Marguerite de Savoye, avec le duc de Parme*. La citazione è a p. 607.

a dicembre, a loro volta direttamente confrontabili con una fonte meno 'alta', ma rilevante per quantità di informazioni, come il *Libro dei morti*,[30] da cui emergono i nomi e i ruoli di molti membri del seguito della principessa, come, a titolo di esempio, la registrazione del 28 luglio 1667 della morte di «Giovanni Grimaldi di Torino, servo di Madama la principessa d'età di anni vintidue».[31] Ludovica sembra evadere la regolare e calendarizzata itineranza imposta ai membri di Casa Savoia, prendendosi lunghi periodi nella residenza dei Doria e gestendo *in loco* la sua corrispondenza, come si può dedurre dallo stesso *Titolario* redatto dal segretario Bottero, con segnatura a Cirié.[32] La scelta sembra deliberata, anche quando gli altri esponenti della casa regnante si trovano riuniti per una ricorrenza, come la festa dello Zapato dell'11 dicembre 1678, quando «le Duc & la Duchesse envoyérent des présens à la Princesse Louise, qui est à sa maison de Cirié, à trois lieues d'ici».[33] La stessa fonte l'anno successivo registra ancora Ludovica a Cirié, quando il 6 ottobre si reca a «à sa maison de Cirié pour y faire l'anniversaire du seu principe Maurice son oncle et son mari, qui avoit quitte le chapeau de cardinal pour l'épouser» e quando il 21 ottobre torna a «sa maison de Cirié», «où elle demeurera jusqu'à Noel», nonostante in quel momento ci

---

30 APC, *Libro dei morti nella Piovania di San Giovanni Battista di Cirié*. Un cambio alla redazione del registro alla morte del pievano Cibrario nel 1674 elimina le note anagrafiche relative ai defunti, rendendone più difficoltosa l'identificazione.

31 *Ibid.* Tra i più significativi è possibile segnalare: il 22 dicembre 1652 la sepoltura a Cirié dell'«Illustris domina Francisca Grugnanga Romana Musica Altitudinis Sabaudiae etatis annis 40 circiter», da identificarsi con la musicista Francesca Grunengo (cfr. A. Baudi di Vesme, *Schede Vesme. L'arte in Piemonte dal XVI al XVIII secolo*, 4 voll., Torino, Società Piemontese di Archeologia e Belle Arti, 1963-1982, II, 1966, pp. 548-549, voce Grunengo Guglielmo); il 4 settembre 1657 di «un figliuolo d'età di anni 16 circa chiamato Giovanni franzese di Linguadoc ragazzo o sia servo del soldato delle guardie di Sua Altezza chiamato Monsù Orangié» che «è stato sotto Allessandria all'assedio, et indi condotto qui a Cirié da Monsù Orangié»; il 4 gennaio 1658 di «Monsu La Fosse soldato della guardia di Madama chiamato Nicolao»; il 12 gennaio 1659 di un «soldato francese chiamato Antonio, e cognominato Monsu L'Angaro»; il 19 ottobre 1669 di «Paulus Franciscus filius domini Andrea da Morandato militis sabaudiaensis»; il 29 gennaio 1670 di «Genesius filius militis Galli dicti La Montagna ciriaci degentis»; il 19 agosto 1672 dell'«Illustris domini Ioannes Franciscus Baghiatus miles Alobrox sua celsitudinis sabaudiae»; il 6 marzo 1678 di «Innocentius Gratianus Illustris Sabaudias miles». Un elenco che dà conto delle diverse personalità della corte di Ludovica, dalla musicista Grugnengo al giovane servo Giovanni Grimaldi, fino ai diversi soldati delle guardie.

32 ASTo, Corte, Lettere di principi diversi, mz. 1 d'addizione, *Titolario della Segretaria di Madama la Principessa di Savoia ricavato dagl'antecedenti Titolarj eziandio mentre viveva il Serenissimo Principe Maurizio suo consorte, e ridotto in questa forma da me G.M. Bottero già segretario del medesimo Serenissimo Prencipe mentre era ancor Cardinale, ed hora consigliere e primo segretario dell'Altezza Serenissima di detta Principessa Ludovica Maria Chrestiene di Savoia ricopiato, et argumentato dall'anno 1665 sino al presente di nostra salute 1679. In Cirié li XII luglio.*

33 «Gazette de France», 1678, *De Turin, l'11 Decembre 1678*, pp. 1021-1022. Nelle medesime pagine viene annunciato anche che «le Marquis del Marro prit possession de la Charge de Gran Maistre de la Maison du Duc de Savoye».

fossero «de grands desordres» causati da banditi – «les bourgeois de cette ville font la garde aux portes» – che spinsero Madama Reale a mandare delle guardie, una «garnisson ordinaire», nella città.[34]

La 'Gazette de France' definisce in più occasioni il palazzo di Cirié «sa maison», locuzione che dà conto della percezione che si doveva avere dell'uso dell'edificio da parte di Ludovica, non una semplice ospite,[35] come ribadito dal *Regiae villae poetice descriptae*. La presenza costante dell'illustre «hospite», come la definiva Audiberti, diede avvio a una serie di trasformazioni che fecero assumere al «geminam ac lautum palatium», una configurazione spaziale e un apparato decorativo degni di una residenza ducale.[36] E tale è descritto nel *Theatrum Sabaudiae* il «Ciriacensi Palatio», «quas ipsimet Principis Regia magnificentia construxerunt, ornaveruntque, ut essent placidissimum defessi animi levamentum, si quando ab Aulae curis libeat otiari, venationibusve, et genio indulgere inter loci deliciae, qua arte, qua natura amenissimi».[37]

Nell'incisione «Ciriacum vulgo» del *Theatrum*[38] il disegno del palazzo appare sostanzialmente in linea con la situazione attuale, seppure con alcune difformità volumetriche e proporzionali: la residenza si sviluppa attorno ad una corte quasi quadrata, articolandosi in quattro 'padiglioni' a quattro piani, collegati da tre maniche più basse di un piano e una quarta ad un solo piano verso il parco (Fig. 1).[39]

---

34 «Gazette de France», n. 95, 1679, p. 519, *De Turin, le 6 octobre 1679*.

35 «Gazette de France», n. 100, 1679, p. 583, *De Turin, le 21 octobre 1679*.

36 C.M. Audiberti, *Regiae villae poetice descriptae*, cit., pp. 43-44; *Theatrum Sabaudiae*, cit., I, pp. 181-182 e II, tav. 56.

37 *Theatrum Sabaudiae*, cit., pp. 85-86. Per una panoramica complessiva sulle residenze sabaude e le residenze della nobiltà sabauda si vedano, con bibliografia precedente: C. Roggero Bardelli – V. Defabiani – M.G. Vinardi, *Ville Sabaude. Piemonte 2*, Milano, Rusconi, 1990; *Le residenze sabaude*, a cura di C. Roggero Bardelli, M. Turetta e A. Vanelli, Torino, Allemandi, 2018; *La Reggia di Venaria e i Savoia. Arte, magnificenza e storia di una corte europea*, 2 voll., catalogo della mostra (Venaria Reale, Reggia, 12 ottobre 2007 - 30 marzo 2008), a cura di E. Castelnuovo *et al.*, Torino, Allemandi, 2007; *Scambi artistici tra Torino e Milano*, cit.; A. Merlotti, *Andare per regge e residenze*, Bologna, il Mulino, 2018, pp. 41-54.

38 *Theatrum Sabaudiae*, cit., II, tav. 56.

39 Oltre che alle trasformazioni sette-ottocentesche, le difformità sono probabilmente anche dovute ad una certa approssimazione nel disegno del palazzo, inserito in scala ridotta nella veduta generale di Cirié. Nello stato attuale i padiglioni presentano tre piani fuori terra e i due a nord sono più ampi (con quattro finestre, mentre i due a sud ne hanno tre). I quattro corpi di collegamento sono a due piani e i laterali (nord e sud) sono a manica doppia: il primo (nord) raggiunge la larghezza dei padiglioni, il secondo (sud) è sporgente verso la strada con un avancorpo sormontato da una loggia. La manica verso il parco (est), che nella veduta è ad un solo piano con terrazza, probabilmente è stata sopraelevata. In linea col costruito è invece la scansione delle aperture: le due maniche laterali (nord e sud) presentano le cinque finestre del disegno mentre quella frontale e quella verso il parco (ovest e est), a sette campate, sono

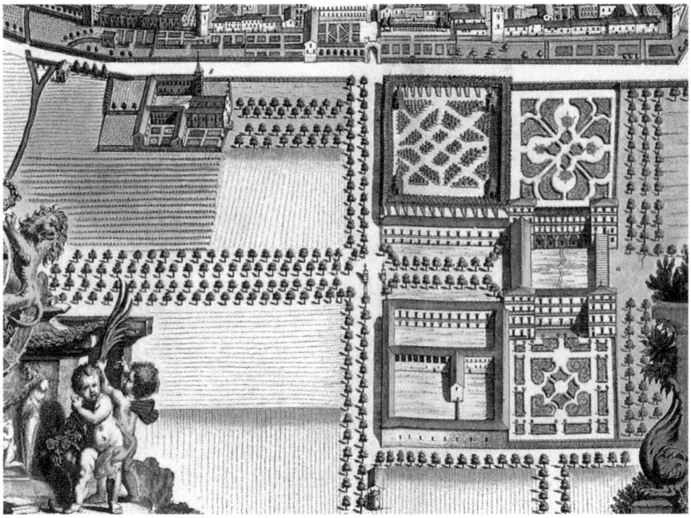

Fig. 1. Incisore anonimo su disegno di G.T. Borgonio, *Ciriacum vulgo Ciriè*, da *Theatrum Statuum regiae celsitudinis Sabaudiae ducis* [...], Amstelodami, Blaeu, 1682, I, tav. 56. Particolare di Palazzo Doria.

Una struttura e uno schema distributivo, quindi, non dissimili dalle coeve architetture castellamontiane, ben rappresentate nel *Theatrum*, frutto di radicali cambiamenti nella configurazione e nella decorazione della residenza, sia negli spazi interni che all'esterno del palazzo, dovuti senza dubbio alla permanenza dei membri della dinastia sovrana.

I soggiorni a Ciriè sono documentati con continuità a partire dal 1658 fino agli anni Ottanta del Seicento.[40] Nel 1667 la principessa scrive al conte di Buttigliera:

Gl'annunci che m'havete trasmessi mi sono stati d'altretanta sodisfazione; quanto apunto arrivati in tempo che già incomminziavo quasi à mormorare che

raffigurate più lunghe. Del tutto mutato è il contesto: scomparsi il parco e gli edifici secondari, il palazzo, che conserva la corte d'onore ma chiusa sulla via da una manica porticata, oggi è inserito nella griglia della moderna lottizzazione urbana.

40 ASTo, Corte, Lettere di principi diversi, mz. 20, *Lodovica Maria Cristina di Savoia, moglie del principe Maurizio (1636-1686)*, fasc. 1 (da Ciriè: 10 giugno 1658; 18 maggio 1658; 8 settembre 1659; 1° settembre 1661; 16 ottobre 1665; tre lettere) e fasc. 6 (da Ciriè: 14 ottobre 1666 al Marchese di San Tommaso; 16 ottobre 1665 al Marchese di San Donato; ottobre 1665 al Marchese di San Tommaso; 6 novembre 1666 e 29 luglio 1667 al conte di Buttigliera; 16 novembre 1673 e 27 agosto 1675 al Marchese di San Tommaso; 23 novembre 1677 a Bartolomeo Torrini; 1° dicembre 1681 e 21 novembre 1683 al Marchese di San Tommaso).

vi foste iscordato delle promesse fattemi nella partenza. In conclusione non vi è però ancora succeduto cosa di male ed il tutto anderà bene, se continuarete ad obbligarmi, come spero, delle nuove che giudicarete a proposito per divertimento del soggiorno di Cirié dove s'ha bisogno d'ogni cosa, ed il tutto resta à proposito massime quello che viene dalle vostre mani.[41]

E ancora nel 1673 manifesta una certa impotenza:

Ben volentieri vedrei mons. De Gomont, se havessi da che poterlo ricevere qua, e trattare conforme à i suoi meriti, e secondo la mia intenzione. Ma perché non ho quel che vorrei, m'obbligarete estremamente di far in maniera ch'egli non si prenda simile incommodità, la quale certo mi riuscirebbe di mortificazione.[42]

Sembra dunque che il palazzo in quel frangente non avesse ancora raggiunto il grado di 'personalizzazione' desiderato dalla principessa, a cui forse si arrivò nel corso degli anni Settanta del Seicento, con gli interventi al parco. Quest'ultimo fu istituito ufficialmente dal Carlo Emanuele II nel 1675. La patente, esplicitamente motivata dalla frequentazione da parte del duca, della duchessa e di «nostra sorella» la principessa Ludovica, principale 'ospite', prescrive al marchese Giovanni Gerolamo Doria la costruzione di un «recinto di mura» affinché il parco possa essere fruito senza che «le principali e più deliciose passeggiate» restino «aperte ed esposte alla continua soggettione de' passeggeri et habitanti del luogo».[43] Il provvedimento dà anche l'avvio all'ingrandimento del parco preesistente, come attestano le acquisizioni dei terreni adiacenti effettuati dai Doria per conto della stessa Ludovica, antecedenti alla costruzione del muro.[44]

---

41 ASTo, Corte, Lettere di principi diversi, mz. 20, *Lodovica Maria Cristina di Savoia, moglie del principe Maurizio (1636-1686)*, fasc. 6, 29 luglio 1667 al conte di Buttigliera.

42 *Ivi*, 16 novembre 1673, al marchese di San Tommaso.

43 ASTo, *Patenti Controllo Finanze*, 25 gennaio 1675. Il testo della patente è riportato qui in appendice (2). Domenico Perrero fu il primo a mettere in luce la relazione tra i Doria di Cirié, il loro palazzo e i soggiorni dei duchi di Savoia. Un brano della sua relazione inedita e manoscritta, *Appunti Storici sul Borgo e sul Comune di Cirié* [...], conservata in APC (cfr. qui appendice, 3). – che probabilmente attingeva a documenti e fonti a noi non pervenuti, o dalla tradizione orale del luogo – suggerisce nuovamente che sia stata Ludovica il motore di quel provvedimento. Cfr. A. Sismonda – E. Giachetti, *Notizie storiche di Cirié*, cit., pp. 178-179; A. Cavallari Murat, *Lungo la Stura di Lanzo*, cit., pp. 178-180. Di fatto è il documento più noto sui rapporti tra i Savoia e i Doria di Cirié.

44 Ludovica acquista, già nel 1670, sei giornate di terreno poi lasciate in eredità ai Doria alla sua morte: ASTo, Riunite, Camera dei conti di Piemonte, Famiglie diverse, *Doria di Cirié*, articolo 605, n. 4 (25/11/1670, *Acquisto per Sua Altezza Ludovica Principessa di Savoia di giornate 6 di prato dai fratelli Graneri, sito in Cirié nella regione del Mulino, al prezzo di L. 1265*) e n. 296 (13/2/1692, *Cessione della Signorina Principessa Ludovica di 5 giornate di prato sito ai confini di Cirié, per essa acquistato dal Conte Graneri, a favore del Sig. Marchese Giò Battista Doria*). Fino a tutto l'Ottocento il parco rimane un tratto peculiare del complesso. G. Casalis (*Dizionario geografico-storico statistico-*

È grazie al testimoniale di acquisto dei terreni del 1671 – con una postilla del marzo 1692, prima della sua morte nel maggio – che ci è giunto uno dei documenti più significativi per la comprensione delle intenzioni di Ludovica.[45] Un documento dal profilo non ufficiale, e quindi schietto nella definizione dei protagonisti e nella messa a fuoco delle sue volontà. Oltre a dichiarare la «singolar propentione» della principessa per i Doria, il testo allude esplicitamente a «riparazioni, miglioramenti et aggiunte» fatte al palazzo e a «mobili, suppelettili, et ogni altra cosa» portati dalla stessa Ludovica a Ciriè, facendo emergere senza dubbi il suo ruolo nelle trasformazioni della residenza, confermato anche dall'inventario «della Guardarobba» che rende conto, con piccole note – stese con l'«intervento dell'Illustrissima et Eccellentissima Signora Marchesa di Ciriè Donna Chaterina Benza Doria Dama d'honore di detta Altezza» – del trasferimento dei beni a Ciriè.[46]

In aggiunta ai lavori al palazzo e agli arredi, «in contrasegno dell'affetto particolare, che hò sempre professato alla sua persona, & a tutta, la sua Casa», la principessa non lasciò soltanto un'eredità concreta, ma anche monetaria alla famiglia, come dimostra il lascito per Claudia Margherita Scaglia, moglie di Gian Gerolamo Doria:

Un annuo reddito della somma di scuti d'oro del Sole ottocento da prenderli sovra tanti delli miei Tassi dovutimi dalle sottoscritte Communità.

Più lascio, e lego scudi d'oro cinque cento trenta trè alla medesima da prendersi sopra la Gabella del Sale, quali sono le mie doti, quale annuo reddito sì del

---

commerciale degli stati di S. M. il re di Sardegna, XVII, Torino, presso G. Maspero, 1839, p. 232) ricordava come a Ciriè «il marchese Doria di Ciriè e del Maro vi possiede un vasto palazzo diviso in più appartamenti, che fu più volte visitato da nostri Augusti Sovrani. Venne destinato ad alloggiare il quartier-mastro generale ed i primari uffiziali eletti a dirigere il campo d'istruzione. È unito a questo palazzo un parco dell'estensione di 40 giornate, cinto di mura, ridotto presentemente a giardino di forma inglese». In *Immagini di Ciriè*, cit., sono pubblicate una fotografia (n. 39) del «laghetto del parco con veduta del palazzo D'Oria» (1880); una cartolina illustrativa (n. 40) «pattinare sul laghetto del parco» (1880); una «veduta del parco dopo il prosciugamento del laghetto» (n. 41). In D. Calza – P. Sergnese, *Ciriè... in cartolina* (Ciriè, Garbolino, 1999, pp. 11-23), sono pubblicate fotografie di fine Ottocento-inizio Novecento del palazzo, del parco, del laghetto e della ghiacciaia situata nel parco. La scomparsa del parco risale all'inizio del XX secolo quando, dopo la vendita del complesso a privati, venne smembrato e lottizzato.

45 Nel Fondo Doria sono conservati gli atti di acquisito dei terreni per ingrandire il parco tra 1676 e 1692 (ASTo, Riunite, Camera dei conti di Piemonte, Famiglie diverse, *Doria di Ciriè*, art. 605, n. 296). Cfr. qui Appendice, 1.

46 ASTo, Corte, Materie politiche per rapporto all'interno, Principi del sangue, Principi Maurizio e Ludovica di Savoia, mz. 3, fasc. 9, *Inventaro della Guardarobba della Serenissima Principessa, fatto li 18 Maggio 1679*. Come nel caso di «altra papellaria di Fiandra grande per boscareccia, comprata dal Signor abbate della Montà che serve per la seconda Anticamera et parte per la Camera grande dell'Alcova in pezzi quattordeci», accanto a cui è registrato «uno de quali pezzi si ritrova apresso Ciriè», oppure «un paravento di tela», «mandato a Ciriè».

Tasso, che sopra la Gabella del Sale intendo, che appresso à lei debba passare nella persona del Marchese di Siriè Giovanni Battista Doria suo Figliuolo Primogenito, e così successivamente di Primogenito in Primogenito in infinitum.[47]

Cospicui furono anche i lasciti alla sua dama d'onore Caterina Lucia Benso, moglie del defunto Gian Domenico Doria, a Francesca Maria Cacherano, contessa di Bagnasco, e a suo figlio Romualdo Argentero, conte di Bagnasco e marchese di Bersezio,[48] marito di Paolina Vittoria Doria (figlia di Gian Gerolamo e Claudia Margherita), il cui matrimonio, tra l'altro, era stato celebrato nel 1682 a Cirié nella cappella del palazzo.[49]

Proprio la cappella – citata nel *Libro de Matrimonij* come «sacello Palatij excellentissimi D. Marchionis» – dà un'ulteriore indicazione di come la presenza della principessa sabauda a Cirié, oltre che modellare gli spazi, regoli anche i tempi del vivere dei Doria del Maro. Esplicito in tal senso il riferimento del pievano Cibrario alla «cappella ducale erretta al palazzo di Cirié da Sua Altezza Reale».[50] Vi si accedeva dall'atrio al piano terreno, come si evince da una pianta del 1768 (Fig. 2), e viene descritta dal pievano del tempo con a lato una tribuna per l'ascolto appartato della messa, sull'altare una tela con l'*Annunciazione* e ai lati storie sacre ad affresco.[51]

---

47 ASTo, Riunite, Camera dei conti di Piemonte, Famiglie diverse, *Doria di Ciriè*, art. 605, n. 232, *Testamento della Serenissima Principessa Ludovica Maria di Savoja, Altezza reale* (4/4/1692, *Testamento della principessa Ludovica di Savoia con primogenitura a favore della casa Doria*), pp. 6-8. Alla morte di Maurizio di Savoia (3 ottobre 1657), i 'tassi' e gli appannaggi del principe ritornano al Regio Demanio e alla Principessa Ludovica vengono lasciati quattromila scudi d'oro e ottomila ducatoni l'anno, che passano in eredità alle due dame, Margherita Scaglia e Francesca Cacherano.

48 *Ivi*, pp. 6-8.

49 APC, *Libro de Matrimonij celebrati nella Piovania di San Giovanni Battista di Ciriè*, pp. nn.

50 *Ivi*. La citazione è nell'atto di matrimonio tra Ludovica Maurizia Doria e il conte Filippo Perrone di San Martino, celebrato l'8 dicembre 1673. Ludovica Maurizia (1654-1710), figlia di Giovanni Gerolamo Doria e di Margherita Scaglia di Verrua, era «figlia d'honore» di Ludovica, come si può evincere dal nome di battesimo, che include i nomi di entrambi i principi coniugi – Ludovica e Maurizio – ma soprattutto dai conti di Ludovica (ASTo, Riunite, Camera dei conti di Piemonte, Real Casa, articolo 221, *Conti della principessa Ludovica di Savoia*, 1676, n. 60), che registrano il pagamento di «lire duemilla d'argento», da «assegnare a Madamicella Ludovica Maria Doria Ciriè, già figlia d'honore di Madama la Principessa in conto delle 8000 simili, donateli in occasione del suo matrimonio con il signor Barone Carlo Filippo Perrone». Nonostante Ludovica non sia citata esplicitamente nel documento come testimone delle nozze, sappiamo, incrociando la cronologia delle lettere con quella del matrimonio, che la principessa in quel momento si trovava effettivamente a Ciriè. Sulle figlie d'onore alla corte sabauda, cfr. A. Merlotti, *Les dames de Christine de France*, cit.

51 L'unica testimonianza della cappella è quella del pievano Zuccala nel 1769 (Torino, Archivio della Curia Arcivescovile, *Relazione dello stato della parrocchia maggiore di S. Giovanni Battista del luogo di Ciriè del pievano Zuccala*, 1769, 8.2.28, pp. 354v-355r): «la quarta [cappella] è nel palazzo dell'Illustrissimo Signor Marchese di questo luogo evvi un oratorio privato, in

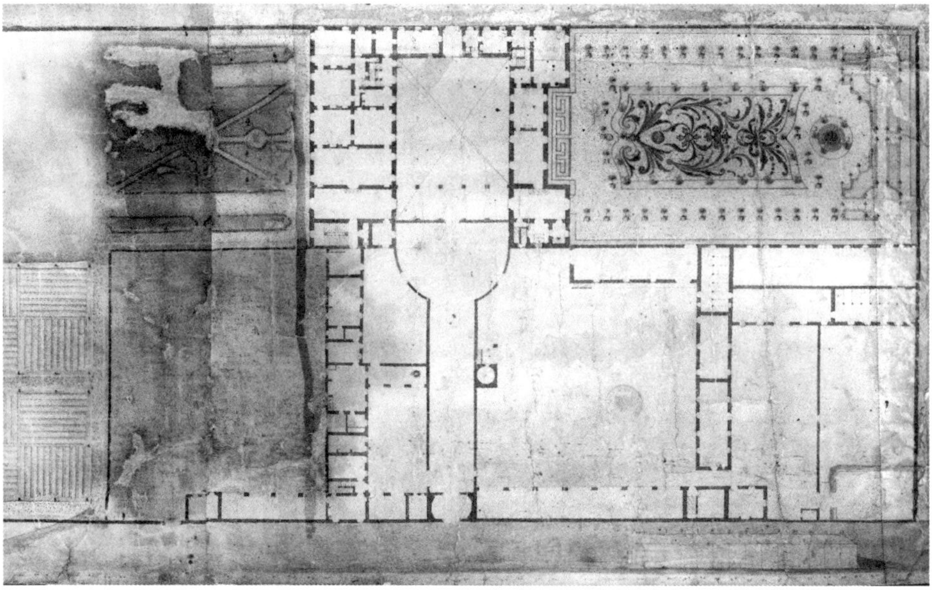

Fig. 2. Giacinto Benedetto Doria, *Plan General du Palais de Ciriè avec tous ses dehors*, disegno a penna e acquerello, 1768. Ciriè, Archivio comunale. Particolare.

La cappella, che fu poi smantellata per il rifacimento della scala, risulta ultimata e adibita al culto già nel 1657. Nel 1664 viene data la possibilità ai Doria di celebrare la messa quotidiana non solo nel palazzo di Ciriè ma anche presso la loro residenza a Torino e poi la celebrazione dei matrimo-

cui si celebra la messa da chi vien richiesto da esso in tempo, che ha quivi la sua dimora, eccettuate però le feste solenni dell'anno». Zuccala descrive all'interno un quadro all'altare con l'*Annunciazione* e due 'quadroni' laterali con storie sacre. Non è da escludere che alla cappella possa far riferimento l'invio a Ciriè di una pittura fatta eseguire da Carlo Emanuele II nel 1674 a Giovanni Antonio Recchi (A. Cavallari Murat, *Lungo la Stura di Lanzo*, cit., p. 184). Nella tradizione delle guide delle Valli di Lanzo, a partire dagli anni Trenta del Novecento, vengono segnalati due dipinti nella parrocchiale di Ceres che proverebbero dal Palazzo Doria di Ciriè, per la prima volta messi in relazione allo stesso da Gianni Carlo Sciolla (*Due dipinti inediti nella parrocchiale di Ceres*, Lanzo Torinese, Società storica delle Valli di Lanzo, 2008). Le tele, una *Crocifissione* e un *Miracolo di Gerico*, si trovano oggi nella cappella gentilizia della famiglia Donna d'Oldenico nella parrocchiale di Ceres, istituita nel 1946, in continuità con la precedente intitolazione al Crocifisso legata all'omonima Confraternita. La notizia della provenienza dei due dipinti da Palazzo Doria era stata notificata a Sciolla dallo stesso Adalberto Donna d'Oldenico, ma non ve n'era traccia in archivio parrocchiale e in archivio Doria. Sulla parrocchiale di Santa Maria Assunta di Ceres: *La chiesa parrocchiale di Maria Vergine Assunta. Ceres 1740-1990*, Torino 1990, pp. 32-33; P. Massaglia, *Chiese e cappelle in Val d'Ala. Comuni di Ceres, Ala di Stura, Balme. Schede d'inventario*, Lanzo Torinese, Società Storica delle Valli di Lanzo, 2006, pp. 61-66.

ni.[52] È interessante sottolineare la coincidenza tra la realizzazione della cappella e la presenza di Ludovica che fu testimone di almeno tre nozze, lì celebrate dal pievano di Ciriè con licenza dell'arcivescovo di Torino, che riguardarono di volta in volta le sue figlie d'onore:[53] Benedetta Doria (figlia di Giulio Cesare Doria, fratello di Gian Domenico) con Claudio Giambattista Marini di Borgofranco, nel 1664;[54] come già detto, Paolina Vittoria Doria, con Romualdo Argentero di Bagnasco nel 1682; la sorella della marchesa di Parella con il conte di Frossasco, nel 1679, quest'ultimo non direttamente legato a membri della famiglia Doria.[55]

Ancora una volta, come era accaduto per il parco e come implicitamente manifestato nella decorazione dell'appartamento ducale, risulta evidente il ruolo di Ludovica nell'allestimento del palazzo e dei suoi spazi, in una direzione che si orienta verso la ricerca di una dimensione privata del vivere la residenza.

Le scelte di Ludovica influirono in maniera determinante anche sul rapporto dei Doria con la comunità di Ciriè, cambiando radicalmente le coordinate di un sistema in cui, fino ad allora, le cerimonie e le ricorrenze della famiglia assumevano una forma pubblica. La cappella voluta dalla principessa è il primo luogo di culto privato attestato all'interno del palazzo e il matrimonio del 1664, oltre ad essere il primo che vi è celebrato, è anche il primo in forma non pubblica della famiglia che fino ad allora aveva utilizzato la chiesa parrocchiale di San Giovanni Battista, dove i Doria già possedevano il patronato dell'altare della Madonna del Carmine.[56]

---

52 ASTo, Riunite, Camera dei conti di Piemonte, Famiglie diverse, *Doria di Ciriè*, art. 605, n. 59.

53 APC, *Libro de Matrimonij celebrati nella Piovania di San Giovanni Battista di Ciriè*, pp. nn.

54 Celebrato il 19 luglio, il matrimonio, viene registrato come alla presenza della principessa 'Margherita di Savoia'. L'indicazione non può che far riferimento a Ludovica, in quanto la sorella Margherita Violante (o Iolanda), divenuta duchessa di Parma e Piacenza dal 1660 con il matrimonio con Ranuccio II Farnese, morì l'anno precedente (1663). *Ivi*, pp. nn. Su Claudio Marini e Palazzo Marini di Borgofranco di Ivrea – che condivide con Palazzo Doria a Ciriè le volte che imitano lo stucco e le partiture decorative – cfr.: A. Cantaluppi, *Le carte del genovese Claudio Marini, ambasciatore del Re di Francia in Piemonte, nell'archivio della Compagnia di San Paolo*, «Bollettino della Società Piemontese di Archeologia e Belle Arti», nuova serie, LXI-LXII, 2010-2011; S. Barberi – S. Martinetti, *Palazzo Marini Borgofranco d'Ivrea*, in *Scambi artistici tra Torino e Milano*, cit., pp. 192-194.

55 «Le vingtvniéme, la Sœur de la Marquise de Parelle, épousa à Ciriè le Comte de Frozasque. La princesse Louise dont elle estoit Fille d'honneur, lui donna cinq mille écus» («Gazette de France», n. 109, 1679, p. 643, *De Turin, le 22 novembre 1679*). Il fatto che il matrimonio fosse di una sua figlia d'onore ma non con un membro della famiglia Doria è significativo di come la principessa potesse usufruire del palazzo anche per eventi non riguardanti la famiglia, e dunque che gli spazi fossero a sua totale disposizione.

56 Per le interazioni tra la famiglia Doria e la sfera religiosa della comunità di Ciriè, con l'analisi dei patronati dei marchesi Doria nelle chiese della città e le relative analisi storico-artistiche, si vedano: M. Calvetti, *La chiesa tra Cinquecento e Seicento. Altari e devozioni*, in *San*

Sebbene la presenza e i soggiorni continuativi di Ludovica a Cirié siano puntualmente registrati nei suoi conti,[57] negli inventari e testimonianze, rimane aperto l'interrogativo sulle decorazioni, i mobili e le suppellettili con i quali la principessa arredò «sa maison», complice l'assenza di una descrizione topografica coeva degli ambienti del palazzo. L'*Inventario degli effetti, mobilli, ed oggetti esistenti nel Palazzo di Cirié il 9 maggio 1695*, oltre a documentare l'esistenza di alcune camere destinate alla famiglia Doria come la «camera della Signora Marchesa del Marro», attesta anche la presenza di un «Apartamento Novo», nel quale la «camera» era arredata con «una tapisseria di corame con il fondo verde et oro tre paesaggi con cornici d'oro e verde, un gran quadro di Diana Cacciatrice, un grande protrato di Madama la Principessa Ludovica di Savoia, un quadro della Madonna con il bambino con cornice indorata».[58] Inoltre, dall'*Inventario delle chiavi e serrature mancanti nel Palazzo di Cirié e altre memorie di poca importanza* dell'11 dicembre 1710, emergono significativi indizi di un'ala nuova dell'edificio dedicata alla principessa: risulta infatti mancante la chiave del «gabinetto dell'appartamento di Sua Altezza Reale verso sera», così come quelle della «cucina grande di Sua Altezza Reale», mentre vengono registrati tre grandi materassi in tela bianca «nell'Appartamento di Madama la Principessa».[59]

A causa delle pesanti trasformazioni architettoniche avvenute nel corso dell'Ottocento e soprattutto nel secolo scorso, l'apparato decorativo delle sale auliche degli appartamenti è per buona parte stato cancellato. Tali 'adeguamenti' hanno risparmiato soltanto alcuni ambienti dell'ala destra: un atrio e cinque sale al piano terreno e una camera con l'adiacente gabinetto al piano

---

Giovanni Battista di Cirié. Un viaggio lungo sette secoli tra arte, storia e fede, a cura di A. Toniolo, Torino, Editris Duemila, 2019, pp. 23-28: 26; M. Calvetti – C. Veronese, *L'antico convento di Santa Maria delle Grazie dei Padri Agostiniani*, *ivi*, pp. 45-47; C. Veronese, *Il Settecento a Cirié: storia, arte e devozioni*, *ivi*, pp. 68-77: 72.

[57] Ad esempio: pagamenti agli aiutanti di cucina la «manutenzione della lingiaria di cuccina di Madama la Principessa» e a Giacomo Bianco per la «manutenzione della lingeria e vesti» per i «cavaglieri di Madama la Principessa» risultano «compresi li straordinarij di Cirie» (ASTo, Riunite, Camera dei conti di Piemonte, Real Casa, articolo 221 – Conti della principessa Ludovica di Savoia, 1667, nn. 8-10); pagamento a Giacomo La Matta per la cura dei cavalli «provvisti in ocasione di diversi viaggi fatti da Madama La Principessa a Cirié» (*ivi*, 1669, n. 41); pagamento a Filiberto Cervello per la «manutenzione della lingeria per lo Stato delle Signore Dame» di Ludovica, insieme allo stesso Giacomo La Matta per «tanti fitti de cavalli spediti per tutto l'anno passato 1677 per servizio della Casa di Madama la Principessa in occasione de viaggi fatti a Cirié» (*ivi*, 1677, nn. 42, 53); nel 1679 Ludovica «paga di proprie mani [...] per aiuto di costa alla servitù bassa à consideratione della campagna fatta a Cirié» (*ivi*, 1679, n. 22).

[58] ASTo, Riunite, Camera dei conti di Piemonte, Famiglie diverse, *Doria di Cirié*, art. 605, n. 30.

[59] *Ibid.*

primo,[60] 'frammenti' non trascurabili, ma insufficienti a ricostruire e dare una lettura delle destinazioni e del percorso cerimoniale originario del palazzo.

Il *Plan General du Palais de Cirié avec tous ses dehors* del 1768 di «Iacinto Benedicto ab Auri»[61] (Fig. 3), che presenta la pianta del parco e della residenza Doria, costituisce la testimonianza visiva più vicina alla permanenza di Ludovica. A questo è possibile sovrapporre i dati dell'*Inventario* del 1830, che descrive per la prima volta in maniera topografica il palazzo e la decorazione delle stanze.[62] All'ala secondaria del padiglione «tra giorno e ponente si ha l'accesso dall'atrio a giorno del porticato, il quale atrio trovasi avanti la Cappella e dè lo stucco a volta e pavimento alla veneziana». Dall'atrio si usciva nel «Giardino dei fiori», mentre al piano nobile vi era la «camera d'entrata superiore all'atrio costrutta a plafone di stuccone con pavimento di quadrettoni». Le due stanze, l'atrio al piano terreno e la camera con la medesima funzione di snodo al piano nobile, davano avvio rispettivamente a due appartamenti, nel primo caso modificati dall'assetto ottocentesco del palazzo, nel secondo dallo sventramento novecentesco, che trasformò l'ala verso nord in uffici, eliminando pavimenti alla veneziana o in legno e soffitti a stucco, a cassettoni o *plafond*.[63]

Le sale superstiti risultano decorate secondo modelli e impaginati architettonici vicini a quelli dei cantieri ducali del settimo decennio del Seicento, in particolare quello della Reggia di Venaria, condividendone probabilmente le maestranze.[64]

Nell'atrio lo spazio della volta si configura come una variante semplificata dello schema decorativo della Sala di Diana della residenza sabauda (Tav. 13), dove entro la nervatura a stucco si inseriscono riquadri ad affresco con un repertorio pittorico declinato nelle forme dell'emblematica, secondo i modelli incisi dal *Devises et emblesmes d'amour moralisez* raccolti da Albert Flamen (1648).[65] Il riferimento colto deve essere inserito nel contesto

---

60 L'analisi storico artistica delle rimanenze decorative del palazzo è già stata affrontata da Augusto Cavallari Murat (*Lungo la Stura di Lanzo*, cit.) e Sara Martinetti (*Palazzo Doria del Maro*, cit.).

61 Cirié, Biblioteca e Archivio Storico comunale. La firma si trova in basso a sinistra. L'autore dovrebbe poter essere identificato *infra* come Giacinto Benedetto Doria (1735-1782), cavaliere gerosolimitano, ultimo dei figli di Giovanni Gerolamo Benedetto Doria e di Teresa Maria Costa della Trinità.

62 ASTo, Riunite, Camera dei conti di Piemonte, Famiglie diverse, *Doria di Cirié*, art. 605, n. 62.

63 Per una descrizione accurata dello stato ottocentesco del palazzo: ASTo, Riunite, Camera dei conti di Piemonte, Famiglie diverse, *Doria di Cirié*, art. 605, n. 62.

64 Dallo spoglio documentario, tuttavia, non sono emersi conti, nomi o indicazioni che permettano di restringere le ipotesi sulle maestranze attive a Palazzo Doria.

65 S. MARTINETTI, *Palazzo Doria del Maro*, cit., p. 19. A. FLAMEN, *Devises et emblesmes d'amour moralisez*, Paris, chez Estienne Loyson, 1672 (prima edizione, Paris, chez la veuve Jean Rémy,

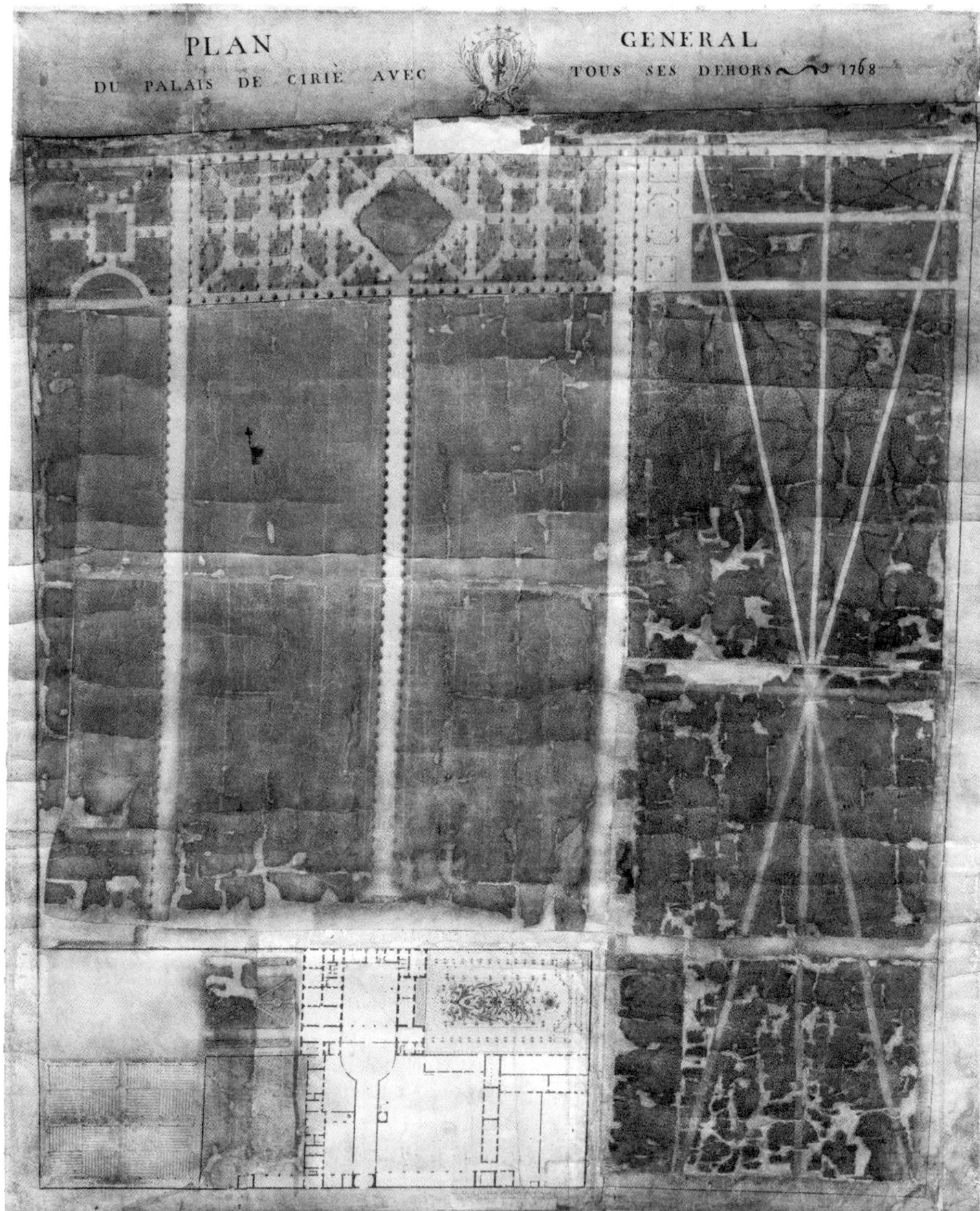

Fig. 3. Giacinto Benedetto Doria, *Plan General du Palais de Ciriè avec tous ses dehors*, disegno a penna e acquerello, 1768. Ciriè, Archivio comunale.

culturale della principessa, che ebbe nel suo *entourage* prima Giulio e poi Bartolomeo Torrini,[66] ma anche proprio della stessa famiglia Doria, che aveva nella sua ricca biblioteca una collezione di volumi legati all'emblematica, oltre che libri di Tesauro, Ariosto e Tasso.[67] Il centrovolta dell'atrio è occupato dalla rappresentazione del carro del Sole, incarnando l'emblema amoroso *Arte regendus* (XII), un richiamo al motto ovidiano *Arte leves currus, arte regendus amor*, secondo l'interpretazione di Flamen (Fig. 4, Tav. 16). Talvolta, i riquadri vengono adattati al formato rettangolare orizzontale, come osservabile nel caso di *Verba puellarum* (Fig. 6, Tav. 14), in cui una veduta della città di Cirié è incastonata sullo sfondo delle fronde mosse dal vento. Lo scorcio rivela un elemento di notevole rilevanza per la datazione dell'intero ciclo: all'interno delle mura dell'abitato si erge il campanile barocco della chiesa di San Giuseppe, terminato nel 1666, fornendo così un probabile riferimento *post-quem* anche per gli affreschi (Tav. 15).[68] Le due specchiature centrali sui lati corti dell'atrio presentano rispettivamente *Candorem purpura servat* e *Mares haec foemina vincit* (Figg. 5-7, Tavv. 17-18). Il primo emblema, rappresentato da un grande garofano – *se vermillon releve sa blancheuse* – suggerisce che il candore si manifesti attraverso il rosso, sia sulle guance delle donne che nel sangue dei martiri. Il secondo emblema, raffigurante due falconi – *cette femmelle l'emporte sur le maste* – evidenzia la superiorità della femmina nel volo durante la caccia, ma anche in amore. Entrambe le rappresentazioni si inseriscono nella metafora amorosa che permea l'intero ciclo e potrebbero essere direttamente collegate alla figura

1648): *Pareat dum placeat* (XXXV, pp. 138-140); *Candorem purpura servat* (XLIX, pp. 194-196); *Non se insierra* (XIX, pp. 74-76); *Me ipsum hoc carcere clausi* (XXXIII, pp. 130-132); *Mittentis vota secundat* (L, pp. 196-198); *Usque sequar* (VIII, pp. 30-32); *Aqua vehementius ardet* (I); *Arte regendus* (XII, pp. 46-48); *Verba puellarum* (IX, pp. 34-36); *Invito funere vivit* (XXII, pp. 86-88); *Mares haec foemina vincit* (XLVIII, pp. 190-192); *De mi fuego millanto* (XXXIV, pp. 134-136); *Non tangunt et amant* (XXIX, pp. 114-116); *Moriendo coruscat* (XXI, pp. 82-84); *Jungit amor* (XXVIII, pp. 110-112).

66 I rapporti tra Maurizio, Ludovica e i Torrini sono sottolineati nelle voci del *DBI* compilate da Andrea Merlotti (*Torrini, Giulio* e *Torrini, Bartolomeo*, XCVI, 2019). La principessa scrive a Bartolomeo Torrini da Cirié, chiedendo di mandare un chirurgo il 23 novembre 1677, per fare «buona cura» alla contessa di Bagnasco: ASTo, Corte, Lettere di principi diversi, mz. 20, *Lodovica Maria Cristina di Savoia, moglie del principe Maurizio (1636-1686)*, fasc. 2.

67 Per l'inventario si rimanda a ASTo, Riunite, Camera dei conti di Piemonte, Famiglie diverse, *Doria di Cirié*, art. 605, n. 62. Oltre a volumi di letteratura e di erudizione naturalistico-scientifica, si trovano numerosi atlanti geografici, manuali diplomatici, compendi storici legati probabilmente alle cariche politiche ricoperte dai membri della famiglia. Non è stato possibile effettuare un confronto puntuale tra gli inventari storici e i libri della biblioteca Doria (ancora in loco), ma al suo interno sono confluite alcune collezioni di libri rilevanti, sia per l'altissima qualità delle illustrazioni d'autore, incise e dipinte, sia per il tenore intellettuale dei possessori, come ad esempio i volumi appartenuti all'abate Augusto Filiberto Scaglia di Verrua, fratello di Margherita e ambasciatore a Parigi.

68 Ringrazio lo storico Gianfranco Ballesio per aver condiviso il dato inedito.

4

5

6

7

Figg. 4-7. A. FLAMEN, *Devises et emblesmes d'amour moralisez*, Paris, chez Estienne Loyson, 1672: 4. *Arte regendus* (XII, p. 46); 5. *Candorem purpura servat* (IX, p. 34); 6. *Verba puellarum* (XLIX, p. 194); 7. *Mares haec foemina vincit* (XLVIII, p. 190).

di Ludovica. Il simbolo e il motto *Candorem purpura servat* possono essere anche ricondotti al cardinale Richelieu, una figura vicina alla madre della principessa ma anche alla storia personale della giovane, sposa dello zio porporato.[69] Allo stesso modo, l'emblema del falcone è associato alla passione di Ludovica per la caccia, una simbologia legata alla principessa anche a Venaria, affermazione della superiorità femminile tipica dell'encomiastica delle *femmes fortes* di Casa Savoia.[70] Il motto venne associato nell'emblematica seicentesca a Giovanna D'Arco in ambito francese, un accostamento che assume rilevanza considerando Ludovica una sorta di eroina moderna, in virtù del matrimonio che avrebbe posto fine alla guerra civile.[71]

La camera al piano superiore del Palazzo Doria di Ciriè, tradizionalmente conosciuta come l'alcova di Carlo Emanuele II, potrebbe essere identificata come una sala d'udienza o l'anticamera del piano nobile, come indicato nell'inventario del 1830[72] che la descrive semplicemente come «camera ad uso di sala». La sua funzione originaria nel percorso cerimoniale dei secoli XVII e XVIII è stata oscurata dalle successive modifiche architettoniche, soprattutto dalla creazione degli uffici comunali nel Novecento. Nell'inventario ottocentesco, unico documento che fornisce una descrizione topografica, si fa menzione di due appartamenti collegati da un corridoio, con soffitti a volta o a cassettoni decorati, fregi in stucco e pavimenti alla veneziana. La possibilità che questo ambiente fosse un'anticamera di apertura per un percorso ideale – che metaforicamente offriva l'accesso agli appartamenti di Ludovica e Carlo Emanuele II – è suggerita dall'iscrizione nel cartiglio. Il richiamo alle «fiere ingrate e infedeli», come quelle della Reggia di Venaria, sottolinea il carattere metaforico della decorazione: «Quand la fable arepresente des beautés volages, cruelles, fières, ingrates, infidèles la fable a dit la vérité. Et ti tu ne la veux croire viens l'apprendre icy de l'histoire» (Tavv. 19-23).

---

69 Sui rapporti tra Cristina di Francia e Richelieu e la 'leggenda nera' in cui si metteva in dubbio la paternità di Vittorio Amedeo I per Ludovica, il fratello e le sorelle, rimando al contributo di Andrea Merlotti in questo volume.

70 C. Goria, «*Reali heroine*», cit., pp. 267-293.

71 C. Louandre, *Jeanne d'Arc dans l'histoire et dans la poésie*, «Revue des Deux Mondes», 15, 1846, pp. 103-129: 114. Anche la descrizione della principessa fatta da Salvatore Castiglione durante la festa per Cristina di Svezia è significativa rispetto a questa immagine «S.M. [...] col valore suo heroico, non può ricever per nuovo, che una Principessa tant'oltre si sollevi sopra il suo sesso» (F. Varallo, «*...era un sottilissimo nastro, con che frenava il cavallo». Ritratti equestri, cerimonie e loisir nella corte sabauda del XVII secolo*, in *Las caballerizas reales y el mundo del caballo*, a cura di J. Aranda Doncel e J. Martínez Millán, Córdoba, Instituto Universitario 'La Corte en Europa', 2016, pp. 361-390: 368).

72 ASTo, Riunite, Camera dei conti di Piemonte, Famiglie diverse, *Doria di Ciriè*, art. 605, n. 62.

La camera presenta nel fregio scene dipinte con giochi di putti e episodi mitologici, legati a motti che non sempre è piano mettere in relazione al mito e che al momento non hanno trovato una fonte: «aussi vaine que fraisle», «je m'en joye», «au moins nous meslerons nos eaux», «on à beau fruir, à la fin on s'arrende», «leur beau feu se résout en eau», «le dedans comme le dehors», «sa légerité la noircit», «son changement faict ma glorie», «elle fust toujours ce qu'elle est», «toujours plus dure». Una metafora che continua nel gabinetto attiguo con iscrizioni e immagini che rimandano all'incostanza e alla volubilità dell'amore: «elle tourne à tout vent», «et jamais de costance», «rien que vaine apparence», «venant», «fies vous y».

La decorazione plastica, con il soffitto a cassettoni decorati con i nodi sabaudi e la zoccolatura in scagliola con il monogramma di Carlo Emanuele II, delinea e completa il messaggio. Il grande tema della decorazione per l'Appartamento Nuovo sembra legarsi al tema amoroso dell'atrio al piano terreno, presentando le sue diverse declinazioni e collegandolo all'emblematica e alla favola come strumento di rappresentazione, conferendogli stratificati livelli di lettura e conseguenti valori semantici.

Le ricerche storiche evidenziano una possibile correlazione tra la decorazione della camera e gli eventi legati a Ludovica, soprattutto durante il suo soggiorno a Nizza. Questo periodo rappresenta l'unico momento in cui abbiamo una celebrazione retorica esplicita, seguita da un progressivo spostamento in una posizione d'ombra, soprattutto nel periodo della vedovanza. In occasione del matrimonio, furono composte due opere: il *Nettuno Pacifico* e *L'Omaggio del Paglione*.[73]

L'evento più rilevante, celebrato in onore della ritrovata pace e in anticipazione dell'arrivo dei principi, fu la festa nautica tenutasi in città dal 26

---

[73] G. Torrini, *L'Omaggio del Paglione. Per le felici Nozze delle Serenissime Altezze di Mauritio e Lodovica Maria Principi di Savoia. Epitalamio di Giulio Torrino*, Torino, Zavatta, 1642 (Biblioteca Reale di Torino, Misc. 461); *Nettuno Pacifico. Festa Navale Fatta a Nizza per gli Anni felici della Ser.ma principessa Lodovica Maria li 28 Luglio 1642*, ff. 164-168 (Bibliothèque Municipale de Lyon, ms. 1360). Cfr. anche: *Relatione delle feste fatte in Nizza per la natività di Madama Reale dal Sereniss. Prencipe Mavritio l'anno 1645*, in Nizza, Romero, 1645, ff. 198-203; L. Durante, *Histoire de Nice, depuis sa fondation jusqu'a l'année 1792, avec un aperçu sur les événemens qui ont eu lieu pendant la Révolution française a tout 1815 inclusivement*, 3 voll, Torino, Joseph Favale, 1823-1824, p. 460; G. Claretta, *Storia della reggenza di Cristina di Francia duchessa di Savoia con annotazioni e documenti inediti*, 3 voll., Torino, Civelli, 1868-1869, II, p. 2; R Gasiglia, *"L'Omaggio del Paglione" de Jules Torrini, ou le baroque littéraire nissart au XVIIe siècle*, «Recherches régionales. Côte d'Azur et contrées limitrophes», 89, 1984, pp. 147-163; A. Merlotti, *Torrini, Giulio* e *Torrini, Bartolomeo*, cit.; E. Guadagnin, *La* Philosophia *nella Grande Galleria. Un modello bibliografico per reimmaginare le collezioni dei duchi di Savoia*, Milano, Ledizioni, 2022, p. 72; F. Hildesheimer, *Le décor de la vie à Nice au XVII*[e] *siècle*, «Nice Historique», 4, 1974, pp. 181-196: 192; C. Courtois, *La musique et la danse dans les fêtes de l'ancien comté de Nice durant la période savoyarde (1388-1860)*, thèse de doctorat, directeur Luc Charles-Dominique, Université Côte d'Azur, 2023, pp. 56, 106-108; L. Facchin, *Oltre Maurizio di Savoia*, cit., p. 294.

al 28 luglio, in occasione del compleanno di Ludovica. Durante il 'gioioso' scontro navale tra le squadre dei marinai nizzardi e di Villefranche, l'arrivo del tempio della pace interruppe la competizione. Da esso, una nereide recitava versi in onore della principessa, in uno spettacolo ideato sotto la regia del conte Filippo d'Agliè.[74] È interessante notare che la stessa nereide è rappresentata nel gabinetto adiacente all'atrio del primo piano che avrebbe fornito l'accesso agli appartamenti, in atto di cantare, accompagnata dallo strumento che tiene tra le mani (Fig. 8). Questa rappresentazione si intreccia con le metafore presenti nel ciclo iconografico della stanza, dove emerge anche una battaglia navale sulla quale sembra affacciarsi il promontorio della costa nizzarda (Fig. 9).

8 

 9

Figg. 8-9. Équipe di pittori e stuccatori lombardo-luganesi, nereide che canta e suona (*fies vous y*) e veduta marina (*et jamais de constance*), affresco, 1665-1670 ca. Ciriè, Palazzo Doria, gabinetto del piano nobile, volta.

Gli scritti di Giulio Torrini, medico e bibliotecario ducale, offrono un'interpretazione simbolica del fiume Paillon, come metafora dell'amore e della mutabilità, concetti affini alla metamorfosi rappresentata nella camera di Ciriè. L'attestazione di celebrazioni nautiche e feste a Nizza, documentate da fonti dell'epoca, fornisce ulteriori elementi per collegare la decorazione della camera al contesto storico-culturale del XVII secolo. L'omaggio

74 L. Facchin, *Oltre Maurizio di Savoia*, cit., p. 294.

poetico di Torrini e le feste organizzate per Ludovica suggeriscono un filo conduttore di celebrazione e allegoria, integrando i temi dell'amore, della metamorfosi e della gloria nei riti di corte.[75] Torrini immagina il Paillon accogliere la coppia a nome della città di Nizza, trasformandola in una sorta di Giardino delle Esperidi. Questa scelta metaforica sottolinea l'instabilità e la mutevolezza, temi presenti anche nel programma iconografico dell'atrio del palazzo. La metafora dell'acqua è predominante, come evidenziato dai versi «au moins nous meslerons nos eaux», «leur beau feu se reout en eau», mentre il tema della gloria emerge nel ciclo pittorico con «son changement facit ma gloire». Le rappresentazioni mitologiche di Alfeo e Aretusa, Venere e Adone, Apollo e Dafne, Nettuno e Anfitrite, Pan e Siringa, implicate nelle metamorfosi, si intrecciano con le metafore utilizzate da Torrini per descrivere la principessa nel contesto di nizzardo. Questa fusione di temi amorosi, fluviali e di metamorfosi si lega al tema della caccia sviluppato da Castellamonte a Venaria, rafforzando l'ipotesi che la decorazione della camera sia strettamente legata alla presenza continua della principessa a Palazzo Doria durante il suo periodo di vedovanza (Tavv. 24-25).

È possibile, comunque, che la camera sia stata nuovamente riallestita dopo la morte di Ludovica, quando il palazzo divenne occasionalmente anche residenza del duca, come registra la 'Gazette de France' il 26 marzo 1693, ricordando anche alcune lettere scritte da Cirié dallo stesso Vittorio Amedeo II: «le Duc de Savoye continuoit à se mieux porter: & il devoit aller passer quelques jour à Cirié apres les festes de Pasques, dans l'esperance que le changement d'air pourroit contribuer au rétablissement entier de sa santé».[76] Questo è un dato particolarmente significativo, sintomo di come Cirié rimanga, ancora per qualche tempo, un punto di riferimento per l'itineranza e il *loisir* ducale, grazie anche alla salubrità e alla tranquillità del luogo. La presenza del monogramma del duca, nipote di Ludovica, nello zoccolo porta a pensare che la decorazione sia stata ripresa o aggiornata in più tempi, ipotesi avvalorata da un saggio sul fregio della medesima stanza, che ha portato alla luce uno strato pittorico precedente (Tav. 29).

Al piano terreno sono state recuperate nei recenti restauri nuove sale che presentano una decorazione a stucco e pittorica riferibile a questo arco cronologico, in particolare un gabinetto dove troviamo ancora dei motti associati a immagini legate all'emblematica: «di un reciproco amor nel ciel il nodo», «con l'ardore il candore», «se si pezza si sprezza», «son concordi tra lor benché diversi», «all'amor immortal premio immortale» (Tav. 30, Fig. 10). Nella medesima ala del palazzo, sempre al piano ter-

---

75 A. Merlotti, *Torrini, Giulio* e *Torrini, Bartolomeo*, cit.

76 «Gazette de France», 14, 1693, p. 188, *De Milan, le 26 mars 1693*.

reno, un salone rivela una decorazione seicentesca sottostante al fregio ottocentesco (Tav. 29).

Fig. 10. Équipe di pittori e stuccatori lombardo-luganesi, scena allegorica con putto (*son concordi fra lor benché diversi*), affresco, 1665-1670 ca. Cirié, Palazzo Doria, gabinetto del piano terreno, volta.

Le numerose testimonianze, tra microstoria locale, documenti ufficiali e – solo nominalmente di secondaria importanza – le fonti della retorica e delle lettere, che attestano la presenza di Ludovica di Savoia e della sua corte a Cirié, hanno dunque messo chiaramente in luce l'opzione di favore della principessa nei confronti di Palazzo Doria, una residenza privata preferita alle ufficiali per il riposo e la quiete. *In primis* questo dato pone in evidenza la straordinaria vicinanza nell'impianto architettonico e decorativo dell'edificio con le residenze ducali della 'Corona di Delizie'. Ma soprattutto fa emergere l'autonomia di Ludovica che con grande libertà di movimento poteva spostarsi con la sua corte non condizionata dal cerimoniale, dai rituali e dai tempi di quella del fratello duca. Se è pur vero che a Cirié la presenza di Carlo Emanuele II si rende evidente tanto nell'intestazione di documenti quanto nei monogrammi a stucco (Tavv. 26-28), è ragionevole credere che la sua frequentazione della residenza dei Doria non fosse assidua quanto quella della sorella.

Il soggiorno di Ludovica a Cirié non fu quindi solo rilevante per la famiglia con i benefici politici che ne derivarono, ma ebbe un preciso e calcolato impatto anche sulla residenza – con la creazione del parco, degli appartamenti e della cappella, come si è visto – che si riqualificò in una dimensione quasi 'regale'.

La principessa confessa apertamente la sua 'singolar propensione' verso la famiglia Doria, avendo la possibilità di plasmarne spazi e tempi e trovando una via più libera per la sua corte, fuori dal rigido calendario che governava la corte sovrana, evadendo le regole del tempo della città e del tempo della delizia, ricavandosi un'opzione privilegiata in una dimensione privata, «Alterum Eiusdem in Ciriaci Pago Delicium».[77] Una propensione solo in apparenza 'singolare' – nell'accezione moderna del termine, per chi ricostruisce questa storia nel presente – ma che, allargando lo sguardo, sembra essere una manifestazione di quella pratica diffusa tra gli esponenti della dinastia di utilizzare le residenze dei nobili alla stregua delle proprie per – citando il *Theatrum* – «trovarvi riposo all'animo stanco per le preoccupazioni e per le fatiche della corte».[78]

---

[77] C.M. Audiberti, *Regiae villae poetice descriptae*, cit., pp. 43-44.

[78] *Theatrum Sabaudiae*, cit., p. 181, riportato in A. Cavallari Murat, *Lungo la Stura di Lanzo*, cit., p. 185, nota 33.

APPENDICE

1. Archivio di Stato di Torino, Riunite, Camera dei conti di Piemonte, Famiglie diverse, *Doria di Ciriè*, art. 605, n. 296.

Ad ognuno sia manifesto conciosia cosa che per pubblico Instromento delli 25 novembre 1671: rogato al fù Nodaro Besso Cisaletto la Serenissima Principessa Lodovica Maria di Savoia habbi fatto compra dalli Illustrissimi Signori Abbate e Presidente fratelli Graneri di giornate cinque e tavole sei di prato poste nelle fini di Ciriè meglio descritte et choerenziate nel predesignato Instromento, al quale nelli opportuni si potrà havvere la debita relazione, quali giornate cinque e tavole sei hoggidì si ritrovano nel recinto di Muraglia e giardino del Palazzo dell'Illustrissimo S. Marchese di detto luogo di Ciriè in et attorno qual palazzo hà la Serenissima Principessa in diversi tempi fatto fare diverse riparazioni, meglioramenti et aggionte con intenzione che il tutto venesse incorporato alla Primogenitura della Casa del S. Marchese d'esso luogo per la qual Casa detta Sua Altezza hà sempre havuta singolar propentione [...] la quale non indotta, sedotta, ma spontaneamente per lei suoi suoi serenissimi heredi e successori à titolo di pura et vera donatione interninos irrevocabile hà donato, ceduto, transferto, et rimesso come virtù del presente pubblico instromento dona, cede, transferisce et rimette all'Illustrissimo Signor Marchese Giovanni Battista Doria Marchese di Ciriè e Marro, et de chiamati alla primogenitura della di lui casa non solamente le suddette giornate e tavole sei di prato ma ogni et altra somma da essa Serenissima Principessa esposta et che venisse in avvenire à esponer in et attorno il Palazzo del suddetto luogo di Ciriè volendo anco che restino et s'intendino compresi nella presente donatione, tutti li mobili, suppelettili, et ogni altra cosa che la medesima Sua Altezza hà fatto sin hora e farà in avvenire transportare, e lasciare nel medesimo Palazzo come che è stata et è e sarà sempre sua intenzione che dette suppellettili e mobili che ha lasciato, e vorrà lasciare in detto Palazzo restar debbano à total beneficio e pieno dominio del detto Signor Marchese per disporne poi lui in tal caso peravanti a detti a detti mobili e suppellettili però solamente à di lui piacere e senz'obbligo di restituirli ad alcun de chiamati a detta primogenitura.

2. Archivio di Stato di Torino, *Patenti Controllo Finanze*, 25 gennaio 1675.

La vicinanza della nostra Real Veneria, giunta col sito molto opportuno alla caccia, fa poder frequentemente a noi e M.R. Nostra Signora consorte ed alla Signora Principessa nostra sorella, [fruire] del palazzo di Cirié. E come che le principali e più deliciose passeggiate di questo restano aperte ed esposte alla continua soggettione de' passeggeri et habitanti del luogo, habbiamo comandato al marchese del Maro [Gio. Girolamo Doria] di farle inchiudere in un recinto di mura al che egli si è dimostrato prontissimo, ma ci ha rappresentato, che una parte dei feudi, che devono essere rinchiusi, per l'ammontare di giornate 16.30, sono feudali, e che gli altri beni restano affetti al pagamento dei carichi, cioè giornate 11.67 ½ che fanno lire 2 grosse e livrette 32, tre quarti e un ottavo piccole di registro virgola che già restavano da noi infeudate in virtù dell'Editto nostro degli 8 Marzo 1651, indi la loro feudalità abolita per altro editto 2 giugno 1671, più giornate 16.97 ½ state sempre allodiali, ed avendo fatto il riflesso, che detti beni in parte si devono ridurre a delicia, e la spesa che deve fare detto marchese e molto considerabile dichiara feudali essi beni e tavole 45 d'orto del Cavaliere Leone Doria, cornetta della compagnia delle genti d'armi del principe di Piemonte, e ciò a cominciare dal 1674.

3. D. Perrero, *Appunti Storici sul Borgo e sul Comune di Cirié, Torino, 24 aprile 1869, copia di un manoscritto donato da Monsignor Camossetti al teologo Enrico Giachetti il 27 marzo 1914*, Cirié, Archivio della Parrocchia di San Giovanni Battista e Martino.

I suoi successori piacendosi sempre più di questa residenza, sulle mura della quale fecero inscrivere il motto: *hic salus, hic quies*, l'andarono di mano in mano ampliando ed abbellendo circondandola di giardini e di boschetti conferenti alla salute non meno che ai passatempi, tanto più che poi dopo che i duchi di Savoia, attratti si tanto dalla splendida ospitalità dei Marchesi Doria, quanto dalla vicinanza della Veneria Reale, luogo di delizia prediletto della Corte, cominciarono a farvi frequenti gite, e fermate più o meno lunghe: certo è che diverse patenti ed altre provvidenze ducali portano la data di Cirié. Se non che, a tutti questi giardini e boschetti mancava ancora, nel 1674, un pregio che ne avrebbe di molto accresciuta l'attrattiva, e questo era un recinto di muro, che li avesse rinchiusi intorno intorno e fattone un parco. Ed ecco l'occasione ed il modo con cui venne fatta al palazzo si fatta aggiunta. Giova a tal proposito riferire le stesse ducali patenti, segnato in Torino il 25 gennaio 1675, con cui Carlo Emanuele II promosse l'esecuzione di detta opera a favore di un altro marchese Giò. Girolamo Doria, maggiordomo della principessa Ludovica Maria, vedova del principe Maurizio di Savoia, e sorella del detto duca che verosimilmente cedette in questa occasione non meno alle raccomandazioni di lei, che al desiderio di soddisfare al proprio gusto.

Sara Martinetti

LUDOVICA DI SAVOIA E LA VIGNA «NE' MONTI DELLA PRESENTE CITTÀ»: DECORAZIONE DIPINTA E ARREDO (1657-1692)

Nel manoscritto anonimo intitolato *Succinta Relatione della Corte di Savoia* (1689) la principessa Ludovica Maria (28 luglio 1629 - 14 maggio 1692) compare quale figura di spicco, tra le più prossime alla seconda Madama Reale e alla duchessa: «quando escono si trovano anche quasi sempre Madama la Pri[nci]pessa moglie della fel[ice] m[emori]a del Pri[nci]pe Maurizio di Savoia, e la Pri[nci]pessa di Carignano, le quali habitano fuori di Palazzo con le loro corti particolari».[1]

L'affetto che unisce la primogenita del duca Vittorio Amedeo I e di Cristina di Francia alla nipote acquisita – Anna Maria di Borbone Orléans, dal 1684 moglie di Vittorio Amedeo II di Savoia – trova espressione nel testamento della principessa, trasmesso al senato torinese il 5 aprile 1692: «A Madama la Duchessa Reale mia signora, e Nipote in testimonianza del mio rispetto, ed affetto, per esser triplicata in Noi la prossimità del nostro sangue, e per le molte gratie, delle quali mi ha sempre honorata; lego, e lascio la mia Vigna, e Fabrica esistente ne' Monti della presente Città, con tutti i mobili à quella appartenenti».[2]

Il saggio rielabora alcune delle ricerche condotte da chi scrive oltre un decennio fa, in occasione del dottorato di ricerca concluso nel 2010 con la discussione della tesi dal titolo *Villa della Regina nel XVII secolo: modelli per la decorazione d'interni nel torinese* (Università degli Studi di Torino, Dottorato di ricerca in Storia del Patrimonio Archeologico e Artistico, indirizzo in Storia e Critica d'Arte, ciclo XXII, tutors G. Romano, G. Dardanello). Ringrazio Chiara Teolato e Andrea Merlotti per l'invito a partecipare al convegno *Ludovica di Savoia, una principessa dimenticata* (Torino, Villa della Regina, 28 novembre 2022).

1 Biblioteca di Storia e Cultura del Piemonte Giuseppe Grosso, Torino, MS c 7, *Succinta Relatione della Corte di Savoia in Torino*, 1689.

2 Biblioteca Reale di Torino (BRTo), Varia 214. Erede universale di Ludovica è il nipote Vittorio Amedeo, cui è destinato dunque il palazzo torinese, attuale Palazzo Chiablese. Preziosi gioielli sono riservati alle pronipoti Maria Adelaide e Maria Luisa: di quest'ultima la principessa è madrina di battesimo.

Viene così sancita la trasmissione ai futuri sovrani di Casa Savoia del luogo chiamato da quel momento nei documenti ufficiali «Vigna di Sua Maestà» e poi «Villa della Regina». Dal 1657 il complesso di edifici e terreni era noto come «Vigna della serenissima Principessa Ludovica di Savoia»: così compare nella veduta incisa del *Theatrum Sabaudiae*, eseguita intorno al 1665, che elogia l'ampiezza degli interni, con appartamenti per i principi, un salone per le dame, un'ampia porzione destinata ai gentiluomini di corte e spazi riservati per i giovani paggi, le dame e il personale di servizio.[3] Vittorio Gianazzo di Pamparato, studiando la committenza del principe Maurizio di Savoia, sottolinea il rapporto preferenziale di Maurizio e Ludovica con il luogo, ricordando come «dopo la morte del Principe Maurizio, che il Cibrario dice avvenuta in questa villa, vi abitò ancora lunghi anni la nipote e vedova di lui, Lodovica Maria di Savoia; per cui prese allora il nome di villa Ludovica».[4]

Nella residenza, profondamente rinnovata durante il XVIII secolo, tracce delle decorazioni seicentesche sono casualmente riemerse in seguito ai drammatici bombardamenti che tra il novembre del 1942 e l'agosto del 1943 hanno pesantemente colpito l'edificio e le sue pertinenze.[5] Secondo il racconto di Augusto Pedrini, incaricato di fotografare lo stato di fatto,

> nella Villa della Regina i danni sono stati ingentissimi, dal groviglio di travi bruciate e contorte si poté così notare nei piani superiori alcuni frammenti di dipinti murali, sotto il pavimento in legno e sopra i soffitti per abbassare le camere di circa un metro di altezza. Si tratta di fregi dipinti a soggetti di caccia e di paesaggi attualmente scomparsi per dilavamenti essendo senza il tetto. Questi affreschi possono essere attribuiti al tardo secolo XVI o ai primi del secolo XVII ed è da credere che variando il gusto artistico del re Vittorio Amedeo II siano stati volutamente coperti, come la camera detta cubicolare del re ed altre nella Villa della Regina, dove sono venute alla luce molte pitture alle pareti ricoperte poi da volte e da zoccolature a grandi specchiere.[6]

Il titolo del saggio, dedicato al «Palazzo Chiablese detto anche Villa Ludovica presso Villa della Regina», testimonia che lacerti di affresco erano

---

3 Per la relazione e la veduta cfr. *Theatrum Sabaudiae. Teatro degli Stati del Duca di Savoia*, nuova edizione a cura di R. Roccia, 2 voll., Torino, Archivio Storico della Città, 2000, vol. I, pp. 270-271, tav. I, 33.

4 V.E. Gianazzo di Pamparato, *Il Principe Cardinale Maurizio di Savoia mecenate dei letterati e degli artisti*, Torino, Stamperia Reale della Ditta G.B. Paravia, 1891, p. 20.

5 Sulla decorazione settecentesca del complesso, con particolare riguardo alle scelte di gusto orientale: *Villa della Regina. Il riflesso dell'Oriente nel Piemonte del Settecento*, a cura di L. Caterina e C. Mossetti, Torino, Allemandi, 2007.

6 A. Pedrini, *Sul Palazzo Chiablese detto anche Villa Ludovica presso Villa della Regina*, «Atti e rassegna tecnica della Società degli ingegneri e degli architetti in Torino», 1, 1961, pp. 26-28: 26.

visibili non soltanto nell'edificio principale ma anche in quello attiguo, ampliamento fatto realizzare dalla principessa Ludovica sopra la citroniera, secondo quanto precisato nell'inventario patrimoniale del 1677.[7] Definito «Casa separata per l'alloggio de' Sig.ri Cavalieri, Uffiziali, e Domestici», nel 1755, è successivamente rimodernato per ospitare i duchi del Chiablese e altri membri della corte ed è infine abbattuto nel 1962 proprio in seguito ai gravi danni subiti durante la guerra.[8]

Le decorazioni riemerse nei due complessi sono ricondotte senza esitazioni da Pedrini al primo impianto della residenza collinare: forte è il fascino esercitato da Maurizio di Savoia in qualità di committente e mecenate di letterati e artisti durante i primi decenni del Seicento, quando prendono avvio i lavori di edificazione della Vigna secondo i modelli delle residenze di villeggiatura dei cardinali romani nella campagna laziale. I registri di spesa della Casa del Principe, del resto, conservano traccia di interventi e nomi di artisti per ambienti di indubbio fascino realizzati negli anni Venti del Seicento, quali ad esempio una «camera de specchi».[9]

Le opere di messa in sicurezza condotte al secondo piano della Villa dopo la dismissione del complesso da parte delle Figlie dei Militari hanno nuovamente portato alla luce, dal 1990, porzioni di soffitti lignei e fregi subito ricoperti, ma documentati da alcuni scatti conservati negli archivi storici della Soprintendenza ai Beni Ambientali. Costanza Roggero Bardelli, nella sua accurata analisi del complesso, si sofferma su una delle scene, sullo sfondo della quale si riconosce una struttura ad anfiteatro molto prossima a quella effettivamente presente alla Vigna, in corrispondenza del Belvedere.[10]

Negli anni successivi, nell'ambito del cantiere d'indagine condotto dalla Soprintendenza per i Beni Artistici, Storici ed Etnoantropologici del

---

[7] Archivio di Stato di Torino (ASTo), Corte, Materie politiche per rapporto all'interno, Casa Reale, Principi Maurizio e Ludovica di Savoia, m. 3, fasc. 8, *Inventaro legale de' beni mobili lasciati nell'eredità del principe Morizio di Savoia*, 30 ottobre e 22 novembre 1677; per la discussione del documento si veda più avanti nel testo.

[8] Sull'inventario del 1755: A. Griseri, *Un inventario per l'esotismo. Villa della Regina 1755*, Torino, Centro Studi Piemontesi, 1988, p. 117; per la decorazione interna del Palazzo Chiablese nel compendio di Villa della Regina cfr. P. Manchinu – P. Traversi, *Tracce per le sale alla China tardosettecentesche a Villa della Regina e confronti con gli allestimenti per i duchi del Chiablese e d'Aosta nelle residenze sabaude*, in *Villa della Regina. Il riflesso dell'Oriente*, cit., pp. 256-257.

[9] Per il pagamento al vetraio Gaspare Calvio nel 1627: ASTo, Camerale Piemonte, art. 220, m. 2, n. 10, 95. Tra gli artisti retribuiti espressamente per la Vigna nel 1621 vi è anche il pittore viterbese Marzio Ganassini (ASTo, Camerale Piemonte, art. 220, m. 1, n. 4, Vigna, n. 520). Specializzato in battaglie, è nota la sua attività di frescante nel Casino Montalto a Villa Lante di Bagnaia e nella residenza dei Cesi in via del Corso a Roma.

[10] C. Roggero Bardelli, *Vigna del cardinal Maurizio di Savoia*, in C. Roggero Bardelli – V. Defabiani – M.G. Vinardi, *Ville Sabaude. Piemonte 2*, Milano, Rusconi, 1990, p. 179, nota 23.

Piemonte in vista del restauro e del riallestimento della residenza, Cristina Mossetti offre un primo ragguaglio mirato sulla campagna decorativa seicentesca, proponendo confronti stilistici tuttora validi, che orientano la datazione a ridosso del settimo e ottavo decennio del Seicento.[11] Le incorniciature di finestra sulla facciata meridionale della Villa, stilisticamente coeve, presentano motivi ornamentali affini a quelli dei fregi, confermando un cantiere decorativo esteso in cui diverse maestranze sono all'opera secondo un progetto coerente.

Del piano nobile sono sopravvissuti, nell'intercapedine tra la volta settecentesca e il solaio, i fregi dipinti di sei sale – le quattro dell'attuale Appartamento del Re e le due verso ponente dell'Appartamento della Regina – oltre a due soffitti lignei in parte smontati.[12] Al secondo piano sono attualmente visibili, dopo la rimozione dei tramezzi ottocenteschi e il restauro, le decorazioni a fascia dipinte sulla parte alta delle pareti, completate da zoccoli e soffitti lignei coordinati, dei due ambienti di maggiori dimensioni rivolti a levante sopra l'Appartamento del re, con i due 'gabinetti' attigui.[13] Tracce di dipinti murali si trovano anche in altri gabinetti della Villa dove sono stati effettuati alcuni saggi preliminari negli anni Novanta del secolo scorso.

Il complesso di soffitti e fregi dipinti, riferibili in maniera pressoché esclusiva alla committenza di Ludovica di Savoia, costituisce un osservatorio privilegiato per studiare gli orientamenti di gusto della principessa e del suo *entourage*, di recente oggetto di rinnovata attenzione ma comunque poco indagati rispetto alle iniziative artistiche dell'illustre consorte.[14]

Il primitivo assetto della Vigna, destinata a ospitare Maurizio di Savoia cardinale e le sue straordinarie collezioni, dovette risultare improprio dopo il matrimonio con la nipote (1642), rendendo necessarie modifiche nella

---

[11] C. Mossetti, *Affrontare una vicenda complessa: problemi e verifiche*, in *Villa della Regina. Diario di un cantiere in corso*, a cura di Ead., Torino, Allemandi, 1997, pp. 57-61.

[12] Nel 2005 quattro fregi dipinti (Camera verso Levante del Trucco; Anticamere verso Levante e verso Ponente dell'Appartamento del Re; Anticamera verso Ponente dell'Appartamento della Regina), sono stati oggetto di un intervento di messa in sicurezza realizzato da Giuseppina Manfredi (Cooperativa per il restauro, Milano) nell'ambito del cantiere diretto da Cristina Mossetti per la Soprintendenza per i Beni Storici, Artistici ed Etnoantropologici del Piemonte, intervenendo dal piano superiore. In questa occasione è stata realizzata anche la documentazione fotografica di dettaglio che illustra il saggio.

[13] I quattro ambienti del secondo piano sono stati restaurati dalla ditta Doneux e soci di Torino tra il 2007 e il 2010.

[14] Si vedano: L. Facchin, *Oltre Maurizio di Savoia: la principessa Ludovica e il suo mecenatismo*, in *Il Cardinale Maurizio di Savoia, mecenate, diplomatico e politico (1593-1657)*, a cura di J. Morales, C. Santarelli e F. Varallo, Roma, Carocci, 2023, pp. 291-311 e C. Veronese, Alterum Eiusdem in Ciriaci Pago Delicium. *Prime indagini su Ludovica di Savoia e il Palazzo Doria di Ciriè*, in *Studi da Venaria*, a cura di A. Merlotti, Torino, Centro Studi Piemontesi, 2021, pp. 45-55; inoltre il contributo della studiosa in questa sede.

distribuzione e nella funzione degli spazi, oltre a inevitabili ripensamenti dell'iconografia di dipinti e affreschi. Inoltre è verosimile che il complesso abbia subito danni rilevanti in occasione degli scontri legati alla guerra civile (1638-1642), come ricorda Emanuele Tesauro, evocando la distruzione delle vigne sulla collina durante l'assedio del 1640: «fu così estinta in quell'abbrucciamento ogni consideratione, che non si astenne dal vago palagio consecrato à liberali riposi del Principe Cardinale, et alle meraviglie de' forestieri, dove la Natura e la Magnificentia come in un Teatro gareggiavano, e si vincevano».[15]

L'analisi dei conti della Casa di Maurizio e Ludovica permette di fissare i maggiori investimenti per interventi decorativi tra il 1652 e il 1657: rivestono particolare interesse l'esecuzione di due dipinti su tela «rimessi alla Vigna», per cui è retribuito il pittore Andrea Casella (1654), il trasporto nella residenza collinare di «sette busti di marmore» nel 1656 e il saldo delle spese per le operazioni di arriccio in un ambiente, verosimilmente la «Camera dipinta» a cui allude l'inventario del 1657.[16]

Tra le decorazioni superstiti il fregio con tondi recanti segni dello zodiaco ed essenze vegetali che alludono alle diverse stagioni dell'anno è quello che più si accosta a questa prima fase d'intervento. Il ciclico trascorrere del tempo e la fecondità della natura sono temi che rimandano al concetto del vivere in villa proprio della tradizione classica, oggetto di recupero nelle residenze della campagna laziale – in particolare per logge e ambienti di passaggio tra interno e giardini – secondo riferimenti di gusto antiquario in linea con la cultura letteraria di Maurizio. Il fregio è ad oggi un *unicum* nella decorazione ad affresco delle residenze sabaude per l'assoluta preminenza accordata alla rappresentazione della natura. Il soffitto ligneo, in parte smontato per garantirne la conservazione, riproduce un rigoglioso pergolato con fronde e viti, sottolineando il confronto diretto con le vedute reali del giardino su cui l'ambiente affaccia. Contribuiscono ulteriormente a questo effetto le carte dipinte a tempera, applicate sia al fregio che alle assi in legno, con perline, conchiglie e finte rocce simili a quelle presenti nelle grotte esterne: un aggiornamento successivo riconducibile, grazie al con-

---

[15] E. TESAURO, *I Campeggiamenti del Principe Tommaso di Savoia*, Torino, Bartolomeo Zapatta, 1674, pp. 71-72.

[16] Il pagamento a Casella per i due dipinti, forse destinati al soffitto di una sala al piano nobile che nell'inventario del 1657 presenta quattro quadri finiti e due solo con l'imprimitura, si trova in ASTo, Camerale Piemonte, art. 220, m. 6, n. 31, credito 202. Nel 1656 è registrato il pagamento a un garzone della Chiusa per la fornitura del gesso necessario «per dipingere alla Vigna a frisco»: ASTo, Camerale Piemonte, art. 403, 1656, f. 139v. Per l'inventario del 1657 cfr. ASTo, Corte, Materie politiche per rapporto all'interno, Casa Reale, Principi Maurizio e Ludovica di Savoia, m. 3, fasc. 3, *Inventaro legale de' beni mobili ed immobili caduti nell'eredità del principe Morizio*, 9 settembre 1657, f. 20v.

fronto con gli ambienti al secondo piano, alla scelta esclusiva di Ludovica, responsabile di consistenti interventi nei giardini, da fissare verso il settimo decennio del secolo (Tav. 35).[17]

Scomparso il consorte, la principessa porta infatti avanti «miglioram[en]ti rilevanti a somme considerabilissime [...] e particolarmente l'alsamento fatto sopra la Citroniera, quatro Pavaglioni fatti alla fabrica anche la maggior parte de Sterni, Solari e Volte, Scale, Uscij e finestre recipienti novamente fatti, Gallerie, Balaustrade Muraglioni ornamenti di fontane, piantamenti d'arbori e Viti».[18] La descrizione di consegna stilata per l'inventario del 1677, nella sintesi richiesta dall'atto, chiarisce bene come l'intervento coinvolga tanto le strutture quanto gli interni, interessando inoltre i giardini con nuove fontane e architetture: il patrimoniale Annibale Pistivino non esita anzi ad affermare che i lavori hanno a tal punto incrementato il valore del bene da rendere necessaria una nuova valutazione. Un dato confermato anche dai registri di spesa, che testimoniano lo stanziamento di somme rilevanti per la decorazione degli interni soprattutto nel periodo tra il 1659 e il 1671, in concomitanza con l'aggiornamento che interessa il palazzo cittadino, dove vengono realizzate l'alcova della principessa, nuove camere (tra cui una «stanza delle rose») e la galleria.

Nei due complessi Ludovica dirige progetti vasti e articolati, armonizzando quanto già pianificato vivente il consorte con il necessario ripensamento di spazi e destinazioni d'uso. Il risultato di questa operazione, della quale i documenti restituiscono soltanto alcune tappe, è qualcosa di inedito nel contesto della corte sabauda: una figura femminile, a cui non è associato alcun incarico formale di potere, è unica proprietaria di un palazzo e di una residenza di *loisir* sulla collina per quasi mezzo secolo.

Se Amedeo di Castellamonte descrivendo il ritratto della principessa nel salone della Reggia di Venaria celebra la spiccata *virago* di Ludovica,

---

17 A proposito dell'interessamento diretto di Ludovica per le decorazioni dei giardini è utile una missiva indirizzata al presidente Trucchi, priva di data ma verosimilmente databile al settimo decennio, scritta da Ciriè e riguardante l'acquisto di conchiglie: «Vi ringratio de la pena che vi siete pigliato davertirmi della risposta che a fatto M.r fabri mi pare che il prezzo delle marcate N. 1 sia esorbitante a raggione delle altre che si sono fatte venire negli anni passati cherano della medesima specie e benché il mio debito verso S.A.R. resta sempre vivo crederei di passar per cattiva economa sio le pagassi così care; spero che un'altrano verano a miglior prezzo et vi resto molto obligatta Louisa» (ASTo, Corte, Materie politiche per rapporto all'interno, Lettere diverse Real Casa, Lettere Principi diversi, Ludovica Maria Cristina di Savoia, 1642-1692, mazzo 20, fasc. III, fogli sciolti). Le carte dipinte di questa sala asportate per ragioni conservative sono state restaurate – come quelle del piano superiore – da Costantino Savio.

18 ASTo, Corte, Materie politiche per rapporto all'interno, Casa Reale, Principi Maurizio e Ludovica di Savoia, m. 3, fasc. 8, s.n.p. (numerazione attribuita f. 22r). Per gli interventi architettonici attuati alla Vigna da Ludovica, che vedono il sostanziale coinvolgimento della famiglia Tosetto, si rimanda al contributo di Maria Vittoria Cattaneo in questa sede.

dicendo che possiede «tutte quelle Virtù che si richieggono al governo d'un Scettro, e dell'Armi», alla Vigna sulla collina si può misurare la sua tempra di committente attraverso le scelte artistiche da lei attuate.[19]

La principessa mostra di apprezzare per la decorazione degli ambienti il binomio tradizionale soffitto ligneo / fregio, di duratura fortuna in Piemonte, sperimentandolo tuttavia in una declinazione del tutto peculiare.

I soggetti – tutti profani – spaziano dalla mitologia alla storia e sono accomunati da un'attenzione specifica alla vocazione produttiva del complesso, con molteplici rappresentazioni legate alla viticultura, nonché alla coltivazione di agrumi e piante realmente presenti nei giardini. I riferimenti colti e puntuali all'antichità classica convivono con scenari e dettagli molto realistici, in un clima divertito e più libero dalle esigenze del cerimoniale rispetto ad altre residenze della «corona di delitie».

Un esempio emblematico è la scena intitolata 'Alcide', dove figura Ercole nel giardino delle Esperidi: l'ambientazione è la Vigna stessa e in particolare il Belvedere, la cui parte centrale è singolarmente affine alla conformazione ancora oggi visibile (Tavv. 34-36). In un documento risalente al 1662 si menziona «lo stradone de cotogni di sopra il fontanone»: i pomi raffigurati nell'affresco sulla sinistra ricordano in effetti dei frutti di questa varietà, mentre quelli posti a ridosso di una fontana che evoca «la pietra detta il Delfino», a cui si riferisce un pagamento del 1656, evocano gli agrumi, anch'essi presenti nei giardini.[20] L'episodio, collocato sulla parete rivolta verso i giardini a levante, vuole evidentemente suggerire un parallelo tra il luogo paradisiaco del mito e la realtà della Vigna di Ludovica, caricandosi anche di valenze simboliche personali, se si considera che l'unione con Maurizio era stata celebrata da Giulio Torrini nell'*Omaggio del Paglione* (1642) proprio evocando un nuovo giardino delle Esperidi. Anche altre scene dello stesso fregio, come quella raffigurante re Ciro che si vanta di essere buon agricoltore o quella con Saturno intento a insegnare a un giovane contadino i segreti della coltivazione della vite evocano spazi riconducibili agli esterni della residenza con piante, fiori in vaso e strutture affini a quanto descritto nei documenti (Tav. 32).

La scelta delle iconografie rappresentate attinge – semplificandolo – al simbolismo di Filippo d'Agliè quale emerge dalle descrizioni delle camere

---

19 La citazione è tratta da A. DI CASTELLAMONTE, *Venaria Reale palazzo di piacere, e di caccia* [...], Torino, per Bartolomeo Zapatta, 1674 (ma 1679), pp. 29-30.

20 Si vedano la capitolazione tra il controllore Gianazzo, che opera a nome della principessa, e il giardiniere Gio Batta Bernardi in data 6 marzo 1662 (ASTo, Camerale Piemonte, art. 805, m. 2, n. 209) e il pagamento al facchino Antonio Petai «per haver con altri 7 fachini portato una pietra detta il Delfino dalla piazza avanti la Vigna di S.A. sino alle fontane» (ASTo, Camerale Piemonte, art. 403, 1656, f. 163v).

della Vigna di Cristina di Francia realizzate tra l'inizio degli anni Cinquanta e i primi anni Sessanta del Seicento, con ambienti dedicati alle «delitie» delle fronde, dei fiori, delle acque.[21] La celebrazione di una natura rigogliosa e la volontà di ricreare all'interno l'illusione di un giardino sono *traits-d'union* evidenti tra i due complessi.

I fregi dipinti della Vigna di Ludovica spiccano nel contesto sabaudo soprattutto per la felicità inventiva delle partiture decorative a finto stucco, mentre il ricorso alla parola scritta è limitato a brevi cartigli, quasi a suggerire che i temi affrontati – la mitologia, le virtù femminili, l'amore nelle sue diverse sfaccettature, la caccia, il trascorrere del tempo, ma anche fontane e paesaggi agresti – sono riferimenti condivisi della proprietaria e dei suoi ospiti che qui si riuniscono per concedersi uno svago colto e quanto più possibile informale.

La passione della principessa per la caccia e la sua abilità di amazzone trovano espressione in un fregio dove gruppi femminili a cavallo si lanciano all'inseguimento sfrenato di animali selvatici ed esotici: si riconoscono alcuni cervi e una lince (Tav. 37). Una scelta idealmente accostabile al tema delle 'fiere feroci' declinato in una sala dell'appartamento di Ludovica nella Reggia di Venaria Reale.[22] Colpisce la differente intonazione, nei riquadri e anche nella parte ornamentale: aulica e composta a Venaria, decisamente realistica alla Vigna dove agli angoli delle pareti lussureggianti trofei con corni da caccia, lance, teste di orso e di volpe sono appesi con nastri azzurri alle finte architetture (Tav. 38).

Le porzioni ornamentali mostrano ovunque raffinata inventiva nel collegarsi al tema specifico del fregio e una spiccata perizia tecnica: un'apposita preparazione spessa e ruvida accoglie pennellate corpose, che esaltano l'effetto plastico della *grisaille*. Il risultato è di grande qualità, spesso ben più elevato di quello delle scene, in particolare al piano nobile nelle anticamere ai due lati del salone centrale verso il giardino. Nel fregio dell'Anticamera verso Ponente dell'Appartamento del Re lo spazio tra i riquadri è occupato da amorini alati, talvolta agghindati con corone di foglie di quercia, che

---

21 Le decorazioni seicentesche del complesso non si sono conservate, ma una puntuale descrizione delle iconografie scelte è restituita da Filippo d'Agliè, che le aveva concepite, nell'opera *Le delitie, relatione della Vigna di Madama Reale Christiana di Francia [...] opera di Filindo il Costante, Accademico Solingo*, Torino, Gio Giacomo Rustis, 1667. Sul complesso si veda inoltre A. Griseri, *Il diamante. La Villa di Madama Reale Cristina di Francia*, Torino, Istituto Bancario San Paolo, 1988.

22 Su Ludovica cacciatrice e amazzone si vedano l'introduzione di Andrea Merlotti ed i contributi di Franca Varallo e Bruno Farinelli in questa sede; sulle decorazioni e le tele della Reggia di Venaria quello di Clara Goria e Ead., *Diana e l'immagine del potere. Jan Miel e il cantiere decorativo della Venaria Reale*, in *Il mito di Diana nella cultura delle corti, arte, letteratura, musica*, a cura di G. Barberi Squarotti, A. Colturato e C. Goria, Firenze, Olschki, 2018.

reggono a fatica pesanti canestri ricolmi di frutta e verdura, tra cui si riconoscono carciofi, asparagi, melograni, pere, mele e foglie di fico (Tav. 33). Questi brani, di grande livello qualitativo, denotano una conoscenza diretta delle invenzioni e dello stile di Charles Dauphin, come si può cogliere dal confronto con le soluzioni ornamentali presenti nei frontespizi incisi del lorenese, ma anche in alcuni dipinti su tela di soggetto profano e nelle incisioni di Michel Dorigny, assai apprezzate presso la corte sabauda.[23] Sicuramente la stessa mano è all'opera anche nelle parti a *grisaille* del fregio sopra la volta dell'attuale Anticamera verso Ponente dell'Appartamento della Regina, dove figure di ignudi sono mollemente adagiate a sostenere le architetture, impreziosite da opulente ghirlande di frutta in cui si distinguono viti e agrumi, mentre lo spazio intorno ai riquadri si popola di mascheroni fogliati, conchiglie e pelli di leopardo annodate (Tavv. 40-41). Sono queste le porzioni più riuscite della campagna decorativa della Vigna, per le quali si può ipotizzare il coinvolgimento, sotto la supervisione di Dauphin, di alcuni pittori suggeriti dai documenti della Casa di Ludovica, come Luca Dameret e Giovanni Luigi Buffi.[24] Per quest'ultimo esiste una testimonianza a posteriori del coinvolgimento nelle decorazioni dipinte della Vigna: è proprio lui, con Girolamo Gherzi, a risarcire tra il 1693 e il 1694 i fregi di alcune camere al piano nobile e al secondo piano.[25] Evidentemente i due pittori, a lungo attivi nei cantieri di corte, sono considerati i più idonei a intervenire sulle decorazioni realizzate trent'anni prima, poiché coinvolti direttamente o comunque di cultura affine agli esecutori.

Una ulteriore testimonianza del gradimento che la pittura di Dauphin riscuote presso la principessa e la sua cerchia è la grande tela da soffitto raffigurante *Il Tempo* e *le quattro stagioni* riferita alla cerchia del lorenese e da ricondurre in parte all'allievo Giovanni Battista Brambilla.[26] Il soggetto è in accordo con i temi a cui allude anche la decorazione fissa della residenza,

---

23 Per una trattazione specifica di questi aspetti mi permetto di rinviare a S. Martinetti, *«Impugnar hor la Penna, hora i Pennelli». Libri, stampe e decorazione dipinta a Torino e in provincia (1650-1680)*, in *La sfida delle stampe. Parigi Torino 1650-1906*, a cura di C. Gauna, Torino, Editris Duemila, 2017, pp. 33-60, in particolare pp. 45-52.

24 È da identificare con Luca Dameret il «Monsu Lucca pittore» pagato 4 doppie di Spagna per un «gabinetto», verosimilmente nel palazzo cittadino di Ludovica (ASTo, Camerale Piemonte, art. 805, m. 2, n. 194). Il pittore è impegnato sin dal 1656 nel restauro degli affreschi della Grande Galleria in occasione della venuta a Torino di Cristina di Svezia e tra il 1660 e il 1663 lavora ai fregi delle camere al piano nobile di Palazzo Ducale, dove è documentato anche Giovanni Luigi Buffi. M. di Macco, *Dameret, Luca*, in *Dizionario Biografico degli Italiani*, XXXIII, Roma, Treccani 1987, pp. 317-319.

25 Per l'intervento di ripristino delle decorazioni seicentesche: P. Traversi, *Maestranze, materiali e modalità operative: Palazzo Reale e Villa della Regina*, in *Disegnare l'ornato. Interni piemontesi di Sei e Settecento*, a cura di G. Dardanello, Torino, CRT, 2007, pp. 325-332.

26 Cfr. C. Mossetti, *Affrontare una vicenda complessa*, cit., p. 60.

ma la documentazione di spesa non permette di chiarire con certezza a quale ambiente fosse destinata: forse alla sala che nell'inventario del 1657 è descritta con tele da soffitto, di cui due finite e quattro con la sola imprimitura, oppure al salone centrale.

Scelta distintiva per alcune delle sale della Vigna è la decorazione dei soffitti lignei con carte dipinte applicate: oltre alla camera decorata con essenze vegetali e segni dello zodiaco, infatti, questa tipologia ornamentale si è conservata al secondo piano (Tav. 42). Si tratta di una soluzione economica, ma di grande effetto, che non trova per il momento altre attestazioni nelle residenze ducali e che sembra derivare dalla pratica dei *papiers de tapisserie*, diffusa in Francia per decorare interni e oggetti. A Torino è significativo che venga utilizzata per completare i soffitti di un'anticamera e dell'alcova della residenza di Teresa Mesmes de Marolles, 'figlia d'honore' della principessa Ludovica sino al 1667, quando riceve ottomila lire per accrescere la sua dote in vista del passaggio al servizio di Maria Giovanna Battista di Savoia-Nemours.[27] Nella residenza della favorita di Carlo Emanuele II anche i fregi sono in sintonia con quelli della Vigna, per il tono giocoso e il ricorso a dettagli ornamentali accostabili a Charles Dauphin. Un'importante traccia che suggerisce come le scelte di gusto operate da Ludovica – in termini di modelli ma anche di maestranze coinvolte – possano aver esercitato un'influenza sulle dame della sua corte e più in generale sulle famiglie nobili al servizio della principessa per lungo tempo.

Accanto a pittori gravitanti nell'orbita di Dauphin altre maestranze sono coinvolte nella realizzazione dei fregi: in una delle anticamere del piano nobile è possibile rilevare la presenza dei luganesi Casella, riconoscibili nel ricorso ad architetture classiche rapidamente abbozzate per definire gli sfondi, prossime a quelle delle sale di Venaria realizzate nei primi anni Sessanta (Tav. 39).

Una stretta prossimità con le opere a fresco di Antonio e Carlo Francesco Fea si riscontra nei fregi con scene di caccia e in quelli raffiguranti baccanali e allegorie di virtù femminili che ornano le camere al piano superiore (Tavv. 43-44), destinate in origine alla principessa, secondo quanto indicato nell'inventario del 1657. La famiglia di pittori chieresi è attiva per la committenza di Maurizio e Ludovica sin dagli anni Cinquanta, per la decorazione della cappella dedicata alla Vergine del buon soccorso nella chiesa di San Francesco da Paola. È da ipotizzare anche il coinvolgimento di Giovanni Carlone, figlio dello scultore Tommaso, retribuito nel 1663 per pitture e dorature nelle stanze che precedevano l'alcova nel palazzo citta-

---

27 Cfr. ASTo, Camerale Piemonte, art. 405, 1667, f. 7r. Per il cantiere di Palazzo Marolles rimando a S. Martinetti, «*Impugnar hor la Penna*», cit., pp. 47-51.

dino della principessa.[28] La realizzazione di fregi con scene a monocromo dorato entro elaborate cartelle che simulano lo stucco, sorrette da putti o arpie, riscuote un certo successo anche presso famiglie dell'*entourage* come i Roero di Sanseverino o i Marini, nei cui palazzi a Chieri e a Borgofranco d'Ivrea sono presenti ambienti simili per gusto e stile.

Alle decorazioni fisse si affiancano con coerenza le scelte di arredo, di cui rendono conto il secondo inventario patrimoniale dell'eredità di Maurizio (1677) e l'*Inventaro della guardarobba della principessa Ludovica Maria di Savoia* (1679), da confrontare con le rilevazioni successive.[29]

Dopo la morte del consorte Ludovica procede alla vendita di gran parte dei beni mobili a lui appartenuti, necessaria per saldare i consistenti debiti. Del ricco patrimonio di dipinti e arredi del principe restano dunque i pochi oggetti che malgrado gli sforzi non si sono potuti cedere: come afferma il patrimoniale Pistivino nel 1677 «se bene nella d[ett]a Vigna si vedino grandissima quantità de mobili [...] sono proprij di Mad.[am]a la Principessa e da essa accomprati da pochi anni in qua cio è dopo la morte di d.[ett]o fu S.[igno]r Prencipe Mauritio».[30] La descrizione suggerisce un allestimento di grande ricchezza completato a ridosso degli anni Settanta, ribadendo la consistenza delle iniziative artistiche messe in atto in maniera autonoma da Ludovica anche sul fronte dell'arredo mobile.

Il gusto della principessa, formatosi accanto alla madre Cristina e a Maurizio, si coglie anche dalla corrispondenza con i famigliari, nella quale sono presenti saltuari ma significativi riferimenti a tessuti, gioielli, mobili pregiati e fornimenti per carrozze. Tra i passaggi di maggiore interesse l'entusiasmo per un «gabinet tout plain de fleurs de boulogne au naturel» ricevuto in dono dal «marquis Palioti» unitamente a due dipinti, granati, pomate e altre galanterie, definito «le plus belle du monde».[31] Possiamo

---

28 ASTo, Camerale Piemonte, art. 405, 1663, ff. 97v-98r. L'attività del pittore nei cantieri ducali rimane sfuggente, ma è documentata nel 1664 in un ambiente nel palazzo dei conti Solaro, anch'essi membri della Casa di Maurizio e poi di Ludovica, a Margarita, grazie alla firma presente sulla trave portante del soffitto.

29 ASTo, Corte, Materie politiche per rapporto all'interno, Casa Reale, Principi Maurizio e Ludovica di Savoia, m. 3, fascc. 8 e 9. Sul tema dell'arredo alla Vigna di Maurizio e Ludovica resta fondamentale il saggio di S. PETTENATI, *L'arredo di Villa della Regina: modelli e aggiornamenti della corte fra Seicento e Settecento*, in *Villa della Regina. Il riflesso dell'Oriente*, cit., pp. 189-208.

30 ASTo, Corte, Materie politiche per rapporto all'interno, Casa Reale, Principi Maurizio e Ludovica di Savoia, m. 3, fasc. 8, s.n.p. (numerazione attribuita f. 22r).

31 ASTo, Corte, Materie politiche per rapporto all'interno, Lettere diverse Real Casa, Lettere Principi Diversi, Ludovica Maria Cristina di Savoia, 1642-1692, m. 20, fasc. III, fogli sciolti, senza data. Il donatore è con ogni probabilità il marchese Andrea Paleotti (1630-1689), senatore di Bologna e dal 1663 marito di Cristina Dudley di Northumberland, donna celebre per bellezza e dissolutezza che frequenta la corte di Cristina di Francia: cfr. G. CLARETTA, *La principessa Maria Colonna Mancini nelle particolari sue relazioni col Duca di Savoia Carlo Emanuele II,*

immaginare che arredi di questo tipo trovassero naturale collocazione alla Vigna, dove ogni dettaglio era coordinato, a partire dai soggetti dipinti ad affresco e su tela per arrivare fino ai tessuti di rivestimento, come accade per la coppia di sedie con vasi di fiori entro cartelle arricciate ricamati sullo schienale e sulla seduta, di manifattura olandese.[32] Anche quattro piani di tavolo in scagliola con decorazioni bianche su fondo nero a imitazione del marmo sono identificabili con certezza a Villa della Regina ancora nel Settecento, quando sono collocati al secondo piano nella Camera «sovra l'Anticamera de' Ritratti» (Tav. 46).[33] I soggetti – Venere che pettina Cupido, Venere che sgrida Cupido, girali d'acanto e mascheroni – richiamano le scene dipinte nell'Anticamera dell'Appartamento della Regina, dove gruppi di amorini alati sono alle prese con attività come dare la caccia alle lepri, forgiare frecce, colpire il bersaglio o fare bolle di sapone, secondo i fortunati modelli dell'emblematica fiamminga che ispirano anche i decori dei piani (Tav. 45). L'effetto complessivo, se immaginiamo anche i parati in cuoio impresso descritti nella Guardaroba della principessa, è molto affascinante per la varietà di materiali e cromie, evocando scelte di gusto simili a quelle di Cristina di Francia.[34] Lo stile dei piani rimanda alla bottega del modenese Simone Setti (attivo tra il 1659 e il 1668): si può ipotizzare che il loro arrivo sia da legare ai rapporti preferenziali della principessa con le corti emiliane nei primi anni sessanta del Seicento, ricordando anche che il duca di Modena fu ospite alla Vigna nel 1655.

Offrono suggestioni adeguate al clima della residenza collinare i dipinti descritti in maniera sintetica e senza riferimenti alla destinazione, tra i quali una tela «di tre cacciatrici» e numerosi esemplari con baccanali e putti.[35] Tra gli oggetti di arredo è affascinante pensare che fosse destinato alla Vigna

---

«Archivio della Regia Società Romana di Storia Patria», XX, 1897, pp. 95-175, in particolare p. 116. Se l'identificazione è corretta la missiva potrebbe risalire all'inizio degli anni Cinquanta.

32 Gli arredi, conservati a Palazzo Madama (inv. n. 1450/L – 1451/L) vi sono giunti come dono per l'Istituto delle Figlie dei Militari nel 1877: C. Arnaldi di Balme, scheda 6, in *Madame Reali. Cultura e potere da Parigi a Torino. Cristina di Francia e Giovanna Battista di Savoia Nemours 1619-1724*, catalogo della mostra (Torino, Palazzo Madama, 20 dicembre 2018 - 6 maggio 2019), a cura di C. Arnaldi di Balme e M.P. Ruffino, Genova, Sagep, 2019, pp. 146-147.

33 C. Arnaldi di Balme, scheda 8 in *Madame Reali*, cit., pp. 247-248.

34 ASTo, Corte, Materie politiche per rapporto all'interno, Casa Reale, Principi Maurizio e Ludovica di Savoia, m. 3, fasc. 9, f. 10v: «Trenta sette pezzi di Tapezzaria di corame d'Olanda resto di quello che si trova alla Vigna. Altri tre pezzi residuo pur della Tapezzaria che si ritrova alla Vigna con sei pezzi di friso». Per un oggetto di questo gusto nelle collezioni di Palazzo Madama (inv. 129/CU) si veda C. Arnaldi di Balme, scheda 4 in *Madame Reali*, cit., pp. 245-246.

35 ASTo, Corte, Materie politiche per rapporto all'interno, Casa Reale, Principi Maurizio e Ludovica di Savoia, m. 3, fasc. 9, ff. 8r e 8v.

«Un Ercole con l'Idra su horologio che serve di piedistallo di pero guarnito d'arg[ent]o», per la vicinanza alle scene dei fregi al piano nobile.[36]

La longevità della principessa consente di misurare il progressivo aggiornamento di decorazioni dipinte e mobilio, con interventi puntuali e in continuità con le preesistenze: nell'alcova del palazzo cittadino sono all'opera per interventi di 'restauro' su fregi e *lambris* Cesare Neurone e Gerolamo Perico, quest'ultimo impiegato anche da Maria Giovanna Battista di Savoia-Nemours per affreschi con girali nel Gabinetto Rotondo di Palazzo Madama negli stessi anni.[37]

Sono gli ultimi interventi promossi da Ludovica nei suoi palazzi, prima che Anna d'Orléans e Vittorio Amedeo II procedano al puntuale ripristino e quindi al radicale rinnovamento degli interni secondo nuove correnti di gusto. Nei torrioni angolari del piano nobile, affidati nel primo ventennio del Settecento alla sapiente regia di Filippo Juvarra, irrompe il gusto «alla china»: non possiamo che immaginare, dunque, le decorazioni seicentesche «a mozaichi» di uno dei gabinetti, che dovevano richiamare le grotte del giardino offrendo una variante alle fontane dipinte che ancora si conservano al secondo piano. E tuttavia è rincuorante che le decorazioni sopravvissute per caso alla distruzione, lette unitamente a quanto descritto dalle fonti, sappiano ancora restituirci i tratti, neppure troppo sbiaditi, di una committente determinata e colta, che con libertà disegna per sé e per i suoi ospiti un rinnovato giardino delle Esperidi sulla collina torinese.

---

36 *Ivi*, f. 12r.

37 *Ivi*, nn. 307, 308, 310, 311, 312. Le decorazioni di Perico e Cortella in Palazzo Madama (1688-1689) sostituiscono motivi simili realizzati da Innocenzo Guizzardi nel 1659: cfr. A. Aprile – F. Filippi – N. Giancola, *Il primo appartamento di Giovanna Battista in Castello (1688-1689) e il giardino con l'appartamento privato alle «Carmelite» (1697-1699)*, in *Palazzo Madama a Torino. Da castello medioevale a museo della città*, a cura di G. Romano, Torino, CRT, 2006, pp. 148-150.

Clara Goria

LA PRINCIPESSA SAGACE. RITRATTI, FAVOLE DIPINTE E UNA CAMERA TUTTA PER SÉ

L'immagine di Ludovica di Savoia (1629-1692) può apparire meno sfocata se ci mettiamo in ascolto delle fonti con lo sguardo alle opere. Uno dei punti fermi per affrontarne l'iconografia è costituito dall'effigie equestre della principessa accompagnata dalla dama d'onore, la fedele compagna Francesca Maria Cacherano, contessa di Bagnasco, opera del lorenese Charles Dauphin intorno al 1658-1663. Si tratta della tela rintracciata nel 2005, in sofferente stato conservativo, che fa parte della serie ritrattistica della Sala di Diana alla Venaria Reale, incisa da Georges Tasnière (Tavv. 56-57).[1] Ludovica, primogenita di Cristina di Francia e sorella di Carlo Emanuele II, come cacciatrice e amazzone, intenta a governare un destriero fremente, figura tra le *femmes fortes* e «reali heroine» dipinte nelle grandi tele del ciclo che segnano una delle eccezioni significative di applicazione femminile del ritratto equestre *en levade*, o corvetta, nelle contemporanee corti europee.[2] È qui rappresentata all'età di circa trent'anni, dopo la morte del principe Maurizio di Savoia nel 1657, lo zio a cui era andata in sposa bambina tre-

---

1 C.E. Spantigati, schede 8.11-8.17, in *La Reggia di Venaria e i Savoia. Arte, magnificenza e storia di una corte europea*, 2 voll., a cura di E. Castelnuovo, catalogo della mostra (Venaria Reale, Reggia, 12 ottobre 2007 - 30 marzo 2008), Torino, Allemandi, 2007, vol. 2, pp. 156-159; sul ritratto equestre di Ludovica, ritrovato avvolto su rullo insieme ad altre quattro tele del ciclo pittorico, in deposito nel Castello di Racconigi, restaurate dal Centro Conservazione e Restauro La Venaria Reale: *Delle cacce ti dono il sommo impero. Restauri per la Sala di Diana alla Venaria Reale*, a cura di C.E. Spantigati, Firenze, Nardini, 2008, cfr. qui note 48-49.

2 Cfr. C. Goria, *«Reali heroine». Ritratti equestri di sovrane e dame per le residenze ducali*, «Cheiron», 1-2, 2022, pp. 269-293. Sulla fortuna del ritratto equestre femminile, in relazione al celebre ritratto di *Cristina di Svezia in partenza per la caccia* di Sébastien Bourdon (1652-1653, Madrid, Prado), «modèle royal masculin au féminin», e le tele della Venaria, tra le prime e rare declinazioni in questo senso: D.H. Bodart, *Le portrait équestre de Christine de Suède par Sébastien Bourdon*, in *Les portraits du pouvoir*, atti del convegno (Roma, Villa Medici, 24-16 aprile 2001), a cura di O. Bonfait e B. Marin, Parigi, Somogy; Roma, Académie de France, 2003, pp. 77-89. Su ritratti equestri, cerimonie e spettacoli alla corte sabauda si vedano gli studi di F. Varallo e il suo contributo in questo volume.

dicenne, per siglare con le nozze la pace raggiunta nella guerra civile tra 'principisti' e 'madamisti'; rimasta vedova, senza figli, non si risposa, continuando a occupare un posto di rilievo durante la sua lunga esistenza che attraversa l'epoca delle reggenti.[3] La principessa dà il nome alla residenza sulla collina di Torino, già Vigna del cardinal Maurizio, dal 1657 Vigna di Ludovica (ora Villa della Regina), e nei palazzi ducali e nobiliari sono diversi gli ambienti che la riguardano, tra committenza e rappresentazione, poi riplasmati se non del tutto perduti.[4] I suoi luoghi vanno dalla dimora collinare al palazzo nel centro della capitale (oggi Palazzo Chiablese), fino a Palazzo Doria di Ciriè e al perduto «nuovo appartamento per la «serenissima Principessa Ludovica» voluto da Cristina di Francia nel Castello di Moncalieri – assieme al proprio e a quello di Carlo Emanuele II – non ancora completato nel 1653, i cui lavori si protraggono fino al 1657-1658, in prossimità del cantiere venariese.[5] Non le manca dunque un palazzo tutto per sé, ma qui merita particolare attenzione l'appartamento destinato a Ludovica alla Venaria giunto a noi con la superstite decorazione dipinta nella Camera delle Fiere feroci, su temi ideati dal letterato Emanuele Tesauro, regista del programma iconografico della cosiddetta Reggia di Diana.[6] Sul-

---

3 Sulla madre Cristina di Borbone e su Maria Giovanna Battista di Savoia-Nemours, rispettivamente reggenti degli Stati sabaudi dal 1637 al 1648 e dal 1675 al 1684: P. Bianchi – A. Merlotti, *Madame Reali «Regine delle Alpi»: ascesa e tramonto delle reggenti negli Stati sabaudi del Seicento*, in *Madame Reali. Cultura e potere da Parigi a Torino. Cristina di Francia e Giovanna Battista di Savoia Nemours 1619-1724*, a cura di C. Arnaldi di Balme e M.P. Ruffino, catalogo della mostra (Torino, Palazzo Madama, 20 dicembre 2018 - 6 maggio 2019), Genova, Sagep, 2019, pp. 25-31; A. Giovannini Luca, *Femmes Fortes e cultura del ritratto nell'età delle Reggenti*, *ivi*, pp, 51-57; C. Goria – G. Spione, *Cultura figurativa nell'età delle Madame Reali*, *ivi*, pp. 67-75.

4 Sul cantiere decorativo seicentesco di Villa della Regina e sulle altre residenze cfr. S. Martinetti e M.V. Cattaneo in questo volume. Su Ludovica e la committenza ha recentemente scritto L. Facchin, *Oltre Maurizio di Savoia: la principessa Ludovica e il suo mecenatismo*, in *Il Cardinale. Maurizio di Savoia, mecenate, diplomatico e politico (1593-1657)*, a cura di J. Morales, C. Santarelli e F. Varallo, Roma, Carocci, 2023, pp. 291-311.

5 L'appartamento di Ludovica nel Castello di Moncalieri, assieme a quelli di Cristina di Francia e di Carlo Emanuele II, rientra nella prima fase dei lavori di ampliamento e trasformazione della residenza (1646-1658) voluti da Cristina, nel cantiere avviato da Carlo Morello, attivo negli stessi anni a Palazzo Ducale, poi passato sotto la direzione di Andrea Costaguta e infine di Amedeo di Castellamonte: M.V. Cattaneo, *Il Castello di Moncalieri. Il cantiere di architettura del XVII secolo*, in *Il Castello di Moncalieri. Una presenza sabauda fra Corte e Città*, a cura di A. Malerba, A. Merlotti, G. Mola di Nomaglio e M.C. Visconti, Torino, Centro Studi Piemontesi, 2019, pp. 109-124: 114-118; sul cantiere decorativo di Palazzo Doria di Ciriè cfr. C. Veronese in questo volume.

6 G. Barberi Squarotti, *Le* Inscriptiones *di Emanuele Tesauro e gli affreschi della Reggia di Venaria*, in *Il mito di Diana nella cultura delle corti. Arte letteratura musica*, a cura di G. Barberi Squarotti, A. Colturato e C. Goria, Firenze, Olschki, 2018, pp. 183-203; C. Goria, *Diana e l'immagine del potere. Jan Miel e il cantiere decorativo della Venaria Reale*, *ivi*, pp. 205-230; C. Barelli – S. Ghisotti, *Decorazione e arredo in un cantiere del Seicento: Venaria Reale*, in *Figure del Barocco*

le tracce di Ludovica, possiamo ripartire proprio da qui e dal ritratto equestre per discutere alcune opere che le sono state tradizionalmente riferite, riconsiderando identificazioni e rappresentazioni legate alle sue abilità e passioni per l'arte equestre e per la caccia, in rapporto alle virtù di una sovranità celebrata dalle fonti letterarie. Una sovranità possibile, non espressa da un effettivo esercizio di governo ma rappresentata in effigie, restituitaci dalle opere che rivelano una figura di potere e distinzione nella società di corte del tempo, non così ovvia se letta in relazione ai ruoli di genere e alle convenzioni della ritrattistica.

Le Fiere feroci rese mansuete dall'ingegno umano: la camera di Ludovica di Savoia nella Reggia di Diana

Ludovica era di casa alla Reggia di Venaria. Aveva un appartamento a palazzo e nel borgo cittadino vi era anche «un gran corpo di fabbrica con scuderie, carroziere, cortile, e camere per servitori dato alla serenissima principessa Ludovica», di fronte all'ingresso del complesso, come scrive l'architetto Amedeo Castellamonte nel libro *Venaria Reale palazzo di piacere, e di caccia*.[7] A ridosso dell'apertura della Venaria sono registrate le sue prime frequentazioni, come emerge da un pagamento a Enrico Pertone «confetturiere della principessa Ludovica», presente nei conti della Real Casa, per «confitture liquide, e seche da lui fornite, e spedite» per la «ser. ma principessa, dame e cavaglieri» che «hanno desinato alla Venaria Reale il giorno della Gran Asemblea di Sant'Oberto e della festa di san Martino», per un pranzo nel mese di novembre, «e due merende» tra luglio e agosto del 1661.[8] Il cantiere della Venaria, già avviato dal 1657, era in gran parte ultimato nel 1663, ma già nel 1661 agli inizi di marzo il duca Carlo Emanuele II era infatti andato «a dimorare ad Altessano ovvero (come nuovamente s'addimanda) la Venaria Reale, luogo vicino a questa città tre miglia, como-

---

in Piemonte. La corte, la città, i cantieri, le province, a cura di G. Romano, Torino, CRT, 1988, pp. 139-162.

[7] A. di Castellamonte, *Venaria Reale, Palazzo di piacere, e di caccia, ideato dall'Altezza Reale di Carlo Emanuel II duca di Savoia [...] disegnato, e descritto dal conte Amedeo di Castellamonte l'anno 1672*, Torino, per Bartolomeo Zapatta, 1674 (ma 1679), ed. anastatica, Savigliano, L'Artistica, 2004, p. 5.

[8] Torino, Archivio di Stato, Camerale, art. 217, reg. 123, 1662, n. 304: C. Goria, *Diana e l'immagine del potere*, cit., p. 223, n. 62; S. Ghisotti – C. Goria, *Tavole di corte. Rappresentazioni e narrazioni. Invito alla Venaria Reale*, in *Sovrani a tavola. Pranzi imbanditi nelle corti italiane*, a cura di A. Merlotti, S. Ghisotti e C. Goria, catalogo della mostra (Venaria Reale, Reggia, 28 settembre 2023 - 28 gennaio 2024), Cinisello Balsamo, Silvana, 2023, pp. 31-39: 33. Su Pertone e la tavola di Ludovica si veda M.V. Cattaneo in questo volume.

do per la caccia al cervo», trattenendosi con tutta la sua corte almeno fino a settembre, dando feste e ricevimenti.[9] Eventi e cacce ducali ricordati da Castellamonte, a cui prendeva parte Ludovica «cacciatrice intrepida, & infaticabile con le dame, e damigelle», «superbamente vestite con habiti acconci al cavalcare, con peruche bionde, e capelli con vaghe piume in capo», su cavalli guarniti «di quantità di nastri di vaghi colori e di ricche gualdrappe», abbigliate come nei grandi ritratti equestri della sala di Diana.[10]

«Hor passiamo à quest'altra Camera, nella quale per esser destinato Appartamento della serenissima sorella la principessa Ludovica Maria giontamente sagace, e indefessa cacciatrice, ha voluto l'autore in dieci quadri del fregio mostrare, come dall'ingegno humano siansi rese mansuete diverse fiere feroci», secondo la descrizione castellamontiana.[11] «Regiae sororis cubiculum»: così è intitolata da Tesauro la sala dedicata a Ludovica, prima sorella di Carlo Emanuele II, «heroina» e «strenuissima venatrix».[12] Tra gli ambienti superstiti dell'originario impianto della residenza, la stanza ha funzione di camera da letto dell'appartamento di mezzanotte, con «gabinetti, guardarobbe, et altre comodità», rivolto verso la corte d'onore.[13] È uno dei due appartamenti minori, a cui si aggiungono nel 1669 l'ala che si sviluppa verso il giardino e i quattro padiglionetti che nel 1671 chiuderanno a tenaglia il piccolo cortile interno. La decorazione rientra nella prima fase

---

[9] Per la residenza del duca alla Venaria nel 1661 cfr. A. Merlotti, *«Cacciator Reale»: Carlo Emanuele II e la caccia*, in *Le cacce reali nell'Europa dei principi*, a cura di A. Merlotti, Firenze, Olschki, 2017, pp. 207-224: 218. Per la cronologia anticipata del cantiere decorativo, la cui apertura ufficiale è tradizionalmente fissata al 1659, cfr. C. Goria, *Diana e l'immagine del potere*, cit., pp. 212-213.

[10] A. di Castellamonte, *Venaria Reale*, cit., p. 19.

[11] *Ivi*, p. 55.

[12] E. Tesauro, *Inscriptiones quotquot reperiri potuerunt opera et diligentia Emmanuelis Philiberti Panealbi*, Torino, Bartolomeo Zappata, 1666, pp. 437-439.

[13] A. di Castellamonte, *Venaria Reale*, cit., p. 57. Nel Settecento l'appartamento segue la progressiva marginalizzazione della Reggia di Diana. Nel 1711 la stanza è indicata come camera da letto dell'appartamento cosiddetto «vechio», definito «gialdo» dal colore della tappezzeria (da qui deriva la scelta della tappezzeria che caratterizza l'attuale allestimento), nel 1774 l'appartamento è detto «di riserva». Sono diverse le denominazioni storiche che si susseguono: «Camera dell'appartamento della principessa Ludovica Maria» (1674-1679); «Camera da letto detta degli Animali Feroci» (1691); «Camera dell'Alcova dell'Appartamento vechio detto altre volte di M.R. ossia l'Appartamento Gialdo» (1711); «Camera dell'appartamento di riserva già occupato dalle LLAARR duca d'Aosta, e Monferrato» (1774), ovvero Vittorio Emanuele di Savoia, duca d'Aosta (1759-1824) e Giuseppe Maurizio di Savoia, duca di Monferrato (1762-1799); la camera da letto era innanzitutto destinata al riposo notturno, ma anche al ricevimento in occasioni non pubbliche per udienze private: P. Cornaglia – S. Ghisotti – A. Merlotti, *Supporto informativo per ogni ambiente del percorso di visita*, in *Quaderni della Struttura per l'Allestimento del percorso di visita della Reggia di Venaria, in collaborazione con Struttura di Monitoraggio e Documentazione dei Cantieri*, Documento n. 3, 2004, Venaria Reale, Reggia, Archivio del Centro Studi.

del cantiere quando, nel 1662, sono registrati genericamente i ponteggi di «pittori, stuccatori e doratori»: lavorano agli stucchi le maestranze luganesi e alle pitture murali il fiammingo Jan Miel nel salone e nelle sale i luganesi Andrea e Giacomo Casella e i comaschi Giovan Paolo e Giovanni Antonio Recchi, attivi in quegli anni nel circuito delle fabbriche ducali.[14] In particolare, il fregio dipinto nella Camera delle Bestie feroci tradizionalmente assegnato ai Recchi, autori delle pitture della Camera delle Cacce infernali anticamera dell'appartamento di Ludovica, è attribuito al solo Giovanni Antonio.[15]

Vale soffermarsi sui temi dipinti in quanto espressamente dedicati alla principessa Ludovica, come dichiara Castellamonte, e prima ancora lo stesso Tesauro che nelle *Inscriptiones* descrive le iconografie della camera in chiusura del testo dedicato alla Reggia di Diana.[16]

L'ampio fregio superiore interamente dipinto con un'illusiva cornice in stucco originariamente comprendeva dieci episodi, di cui restano tre pressoché leggibili e quattro in stato frammentario. Possiamo ripercorrere gli episodi seguendo l'ordine impartito da Tesauro, poi fedelmente ricalcato da Castellamonte. Si prende avvio dalla scena con «Mentore Siracusano» che estrae una spina dalla zampa di un leone incontrato «in una selva della Siria», con il motto «E la spina mi toglie, e la fierezza», e il commento castellamontiano «l'inimico più debole debba con ossequij officiosi addolcir la fierezza del più potente» (in Tesauro: «Hostilis potentia officijs mulcenda»). Poi, «Elpide Samio portato da tempesta di mare nell'Africa (nutrice di bestie feroci)» incontra un altro leone, strozzato per ingordigia da un osso tra le fauci, e lo soccorre con «intrepida clemenza», con il motto «Ben sovente s'affoga il troppo ingordo» («noxia rapacitas»), entrambi dipinti sulla parete nord (Tav. 47). L'episodio, perduto, di «Filino Filosofo» che aiuta la pantera salvando i suoi cuccioli appena partoriti, caduti in una fossa (la pantera «in segno di gratitudine li fece poi parte tutti li giorni delle sue caccie»), e il motto «giova l'esser pietoso anco a' spietati» («iuvisse iuvat»), sulla parete est (Tav. 50). Sulla parete ovest, un fanciullo della città di Baia, situata sulla

---

14 C. Barelli – S. Ghisotti, *Decorazione e arredo in un cantiere del Seicento*, cit., pp. 140-151; S. Ghisotti, *Apparato decorativo e programma iconografico. Storia conservativa nel Settecento*, in *Delle cacce*, cit., pp. 17-28.

15 La Camera delle Bestie feroci presenta un soffitto ligneo a cassettoni, forse di riutilizzo e proveniente dal Palazzo Reale di Torino; le decorazioni pittoriche negli sguanci delle finestre del 1671 spettano a Domenico Pagano. Lungo le pareti, prima del restauro, erano visibili le tracce della soppalcatura eseguita dai militari nel corso dell'Ottocento: C. Barelli – S. Ghisotti, *Decorazione e arredo in un cantiere del Seicento*, cit., pp. 143, 151; P. Cornaglia – S. Ghisotti – A. Merlotti, *Supporto informativo per ogni ambiente del percorso di visita*, cit.

16 A. di Castellamonte, *Venaria Reale*, cit., pp. 55-57; E. Tesauro, *Inscriptiones*, cit., pp. 437-439.

costa campana nel Regno di Napoli, a cavalcioni del suo amico delfino, incontrato nel lago di Lucrino, che ogni giorno lo traghettava sul dorso fino a Pozzuoli dove andava a scuola, con il motto «Alla virtù qualunque via è sicura»; quindi, Ircano cacciatore che per salvarsi da una tigre a cui aveva rubato i cuccioli le getta uno specchio davanti, in modo da fuggire mentre la tigre si contempla in esso, con il motto «Chi se stesso rimira, altri non caccia» («in censores»), questi ultimi entrambi frammentari (Tav. 49). Un «indomito» elefante in ginocchio, addomesticato da un indiano che gli dà la biada dopo un lungo digiuno, con il motto «Con la fame ogni orgoglio al fin si doma», e il commento «Per gli uomini di guerra, più sicuro rimedio espugnar le fortezze col ridurli alla fame, che di usar la violenza», sulla parete sud (Tav. 48). Quindi il perduto «Monocerote, o sia unicorno bestia formidabile, e feroce, che per la sua forza, e astutia non si può prendere ne con armi, ne con inganni, e pure all'incontro di Verginella fanciulla si rende, e si mitiga, e sin li mangia in seno», e il motto «Nuocer non sa una fiera a un'innocente» («arx tutissima nihil sibi conscire»), sulla parete est (Tav. 50). Un toro selvatico domato con una corona di rami di fico intorno al collo, con il motto «Con la dolcezza ogni furor si placa», sulla parete sud (Tav. 48); Toante di Arcadia nel bosco, salvato dai ladroni grazie all'intervento di un serpente riconoscente per essere stato nel passato da lui nutrito per lungo tempo e poi liberato in quello stesso bosco, con il motto «L'haver nodrito un drago è mia salute», al centro della parete est (Tav. 50). Infine, «alcuni pescatori armeni» tirano in barca le reti colme di pesce e riescono a placare una tigre in agguato sulla riva offrendole parte della preda, con il motto «Amor interessato, è amor di belva», sulla parete ovest (Tav. 49).

La lettura non è agevole per lo stato frammentario del fregio e la perdita di due episodi («Filino Filosofo» con la pantera e la fanciulla con l'unicorno) sulla parete est, verso la corte d'onore, dovuta all'apertura di due finestre durante il periodo militare della reggia. Le storie sono principalmente derivate dalla *Storia naturale* di Plinio, come indica lo stesso Tesauro fornendo le diverse fonti di riferimento. Sono episodi che traggono ispirazione dagli esempi di mansuetudine e clemenza delle fiere contenuti nei libri pliniani VIII e IX, come è stato messo a fuoco da Giovanni Barberi Squarotti, che ha rilevato come sotto un'apparente semplicità di figure questo appartamento abbia in realtà un impianto concettuale più complesso rispetto agli altri e il commento di Tesauro diventi più specificamente politico, in rapporto al tema della forza civilizzatrice, o repressiva, del potere sovrano.[17] A proposito di questa sala ha evidenziato il particolare riuso delle fonti, la loro sovrappo-

17 G. Barberi Squarotti, *Le* Inscriptiones, cit., pp. 191-192.

sizione e dissimulazione, come nel caso dell'episodio frammentario del toro selvatico, addomesticato con il collo cinto da una collana di foglie di fico, di cui Tesauro indica il passo pliniano da cui sarebbe tratto, mentre in realtà è ripreso dai *Hieroglyphica* di Valeriano (con relativa illustrazione, indicata da Barberi Squarotti anche come possibile modello iconografico della pittura).[18]

I temi di questo bestiario fantastico ed esotico sono da leggersi entro il programma generale ideato da Tesauro, provando a rintracciare il rapporto con la figura di Ludovica. Sono favole ambientate in varie parti del mondo, dalla Siria all'Arcadia e Armenia, passando per Napoli: un giro che inizia dalla parete nord, la prima che si vede entrando dall'anticamera, con i leoni che fanno ricorso a Mentore di Siracusa e Elpide di Samo, cui segue, come nell'opera pliniana, Filino con la pantera e poi altri episodi tratti anche da altre fonti, fino alla parete ovest con l'episodio dell'amicizia del delfino con il bambino di Baia, poi quella di Ircano cacciatore con la tigre allo specchio e quella dei pescatori armeni con un'altra tigre ancora.[19] Sono incontri inattesi tra animali e umani che nell'opera pliniana aprono «un quadro nuovo nella relazione fra esseri umani e bestie, che non è fatto solo di terrore», con esempi di clemenza memorabili e contatti insoliti e 'meravigliosi'.[20] Meravigliose relazioni, in tal senso anche nell'impianto iconografico della Reggia di Venaria. Qui entrano in campo ingegno, clemenza, dolcezza, amicizia, pietà, innocenza, gratitudine, fierezza, virtù del potere sovrano per addomesticare e domare la 'ferocia', che possono bene funzionare in relazione a una principessa «giontamente sagace, e indefessa cacciatrice». Le storie dipinte, come favole moralizzate, rimandano a temi cari a Tesauro, già autore de *La politica di Esopo frigio* del 1646, rivolto a Giuseppe Emanuele di Savoia-Carignano, con aforismi politici dedicati all'educazione e alle qualità del principe e all'arte del regnare, ispirati al francese Jean Baudoin.[21] Parole e immagini, come

---

[18] *Ivi*, pp. 200-201.

[19] G. PLINIO SECONDO, *Storia naturale*, II, *Antropologia e zoologia*, libri 7-11, Torino, Einaudi, 1983, da cui derivano gli esempi di clemenza del leone con Mentore siracusano e Elpis di Samo, gli episodi della pantera apparsa al padre «di un certo Filino, cultore di filosofia», di Toante di Arcadia, dei tori selvaggi e degli elefanti domati prendendoli per fame – «prova della loro sottomissione era un ramo che un uomo porgeva e che l'elefante accettava pacificamente», come nel fregio dipinto (libro 8, *Gli animali terrestri*, pp. 159, 181-183, 185, 191, 257-259); la storia dell'amicizia del bambino con il delfino spintosi nel lago Lucrino (oggi laguna di Maricello presso i Campi Flegrei), così legati tra loro che quest'ultimo non sopravvisse alla morte per malattia del bambino (libro 9, *Gli animali acquatici*, pp. 309-311); la favola della tigre allo specchio, secondo un antico tema caro ai predicatori medievali e fortunato in poesia: A. BARCHIESI – G. RANUCCI – C. FRUGONI, *Nota biobibliografica*, in G. PLINIO SECONDO, *Storia naturale, I, Cosmologia e geografia. Libri 1-6*, Torino, Einaudi, 1982, p. LIX.

[20] G. PLINIO SECONDO, *Storia naturale*, cit., II, Note di E. Giannarelli al libro ottavo, *Gli animali terrestri*. Note di A. Borghini al libro nono, pp. nn.

[21] E. TESAURO, *La politica di Esopo frigio*, a cura di D. Aricò, Roma, Salerno, 1990.

le illustrazioni delle favole, sembrano così riferirsi alla figura di Ludovica, al suo ingegno, alla passione per la caccia in cui si distingueva e a quelle «virtù che si richieggono al governo d'un scettro, e dell'armi» di cui era dotata, come scriveva Castellamonte commentando il suo ritratto equestre.[22]

In questo contesto mi è stato possibile individuare la fonte utilizzata per la redazione pittorica dell'episodio di Ircano cacciatore, tratta dalla tavola incisa raffigurante la caccia ai cuccioli di tigre con gli specchi di Antonio Tempesta dalla serie delle *Venationes ferarum, avium, piscium pugnae* (Roma 1602), su modello di Giovanni Stradano, con versi latini di gusto pliniano (Figg. 1-2).[23] È un repertorio circolante in cantiere, a cui attinge anche Miel per lo sfondo della tela con la *Caccia all'orso* del 1659 nella Sala di Diana.[24] Si direbbe una fonte ben nota a Tesauro che nelle *Inscriptiones*, proprio a commento dell'episodio con «Hircanus Venator» e la tigre, citava tra le fonti il libro terzo del *De Raptu Proserpinae* di Claudiano, già di riferimento per Stradano.[25] Il pittore sembra trarne ispirazione per questa scena, di ammonimento sulle ingannevoli tentazioni, rappresentando una tigre – ma con un mantello a macchie di leopardo, come nell'incisione – mentre si rimira in uno specchio quadrato. I riusi iconografici si estendono a fonti diverse. Per rappresentare l'episodio di Elpide Samio, ad esempio, si fa ricorso alla nota iconografia di Sansone e il leone, come nella prova incisa da Dürer (Figg. 3-4).[26] Oltre i modelli grafici, sono ricorrenti i continui scambi tra decorazione plastica e pittorica nelle diverse sale in corso di lavorazione, come nel caso della cornice illusiva del fregio dipinto con festoni, conchiglie, teste velate e putti su piedistalli antropomorfi, prossimi ad alcuni elementi degli stucchi nella contigua Camera delle Cacce infernali (Tavv. 47-50).

Resta da circoscrivere ulteriormente l'attribuzione per via stilistica del fregio al solo Giovanni Antonio Recchi, avanzata nel 1988 per quella «va-

---

22 A. di Castellamonte, *Venaria Reale*, cit., pp. 55, 29.

23 C. Goria, *I Recchi alla Venaria Reale, tra Jan Miel e gli artisti dei laghi*, in *Scambi artistici tra Torino e Milano 1580-1714*, a cura di A. Morandotti e G. Spione, Milano, Scalpendi, 2015, pp. 147-170: 152; Ead., *Diana e l'immagine del potere*, cit., p. 226. Sulla tavola incisa tratta da A. Tempesta, *Venationes ferarum, avium, piscium, pugnae bestiariorum et mutuae bestiarum* [...], Romae, Ioannes Orlando, 1602, e da J. Van der Straet detto Stradano, *Venationes ferarum, avium, piscium, pugnae bestiariorum et mutuae bestiarum* [...], Anversa, Philip Galle, 1580-1596, con temi per la maggior parte ripresi dalla *Historia naturalis* di Plinio: *The illustrated Bartsch*, New York, Abaris Books 1978-1998, 36, pp. 319, 321; A. Baroni Vannucci, *Jan Van Der Straet detto Giovanni Stradano flandrus pictor et inventor*, Roma, Jandi Sapi, 1997, pp. 371-389.

24 C. Goria, *Diana e l'immagine del potere*, cit., pp. 226, 228.

25 E. Tesauro, *Inscriptiones*, cit., p. 438. Sulle fonti letterarie di ispirazione per la *Caccia alle tigri con gli specchi* della serie *Venationes*: A. Baroni Vannucci, *Jan Van Der Straet*, cit., p. 310.

26 Si veda qui, come gentilmente mi suggerisce Adriano Aymonino, che ringrazio, la fortunata xilografia di Dürer sul tema dell'Antico Testamento, *Sansone che uccide il leone*, 1497-1498: G.M. Fara, *Albrecht Dürer. Originali, copie, derivazioni*, Firenze, Olschki, 2007, pp. 168-170.

1

2

Fig. 1. Antonio Tempesta, *La caccia ai cuccioli di tigre con gli specchi*, da *Venationes ferarum, avium, piscium. Pugnae Bestiarum et mutuae bestiarum* [...], Roma, 1602. Fig. 2. Giovanni Antonio Recchi (attr.), *Ircano cacciatore e la tigre allo specchio*, 1662 ca., particolare del fregio dipinto. Venaria Reale, Reggia, Sala delle Fiere feroci rese mansuete dall'ingegno umano.

3

4

Fig. 3. Albrecht Dürer, *Sansone che uccide il leone*, incisione, 1497-1498. Fig. 4. Giovanni Antonio Recchi (attr.), *Elpide Samio estrae un osso dalle fauci di un leone*, 1662 ca., particolare del fregio dipinto. Venaria Reale, Reggia, Sala delle Fiere feroci rese mansuete dall'ingegno umano, fregio dipinto, parete nord.

ghezza del colorire» ricordata da Castellamonte, con un andamento più narrativo e una vivace vena aneddotica riscontrabile anche nelle coeve decorazioni dei palazzi della nobiltà.[27] Un tono meno aulico rispetto alle pitture di Giovanni Antonio nel Castello ducale del Valentino, ma che si può porre in relazione con il ciclo di Palazzo di Città a Torino, sempre su temi di Tesauro, in particolare con il fregio del *Miracolo dell'Ostia* (1662-1663) assegnato a Giovanni Antonio, e ai Fea per gli ornati a finto stucco, nella Sala del Sindaco intorno 1662-1663, e con il fregio dipinto dai Casella nella Sala della Congregazione con simili elementi decorativi, come le teste velate; e ancora, con il fregio delle *Storie di Sansone* attribuito allo stesso Giovanni Antonio Recchi, realizzato dopo il 1665 in Palazzo Lascaris.[28] Non va

---

27 C. Barelli – S. Ghisotti, *Decorazione e arredo in un cantiere del Seicento*, cit., p. 151.

28 A. Griseri, *Metafore maiuscole e altri racconti per il Palazzo Civico a Torino*, in *Il Palazzo di Città a Torino*, Torino, Archivio Storico della Città, 1987, vol. 1, pp. 203-227; M. di Macco *La comunicazione simbolica di precetti morali nei due fregi del palazzo torinese*, in *Palazzo Lascaris. Analisi e metodo di un restauro*, a cura di F. Helg e A. Piva, Venezia, Marsilio, 1979, pp. 34-39; C. Goria, *"Saxonicae gloriae" dipinte. Spazi e figure per le origini dinastiche sabaude*, in *Stato sabaudo e Sacro ro-*

escluso inoltre l'apporto di altri autori, sulla traccia anche di un appunto ottocentesco di Gianazzo di Pamparato che ricorda «i fratelli Giovanni Francesco ed Antonio Fea di Chieri» che «eseguirono pure per la Venaria alcuni affreschi», già attivi in Palazzo Ducale a Torino (1660-1661) e a Villa della Regina (1663), come ho già proposto e come potranno meglio chiarire i recenti studi condotti su quest'ultimo cantiere e sul ciclo pittorico di Palazzo Doria di Ciriè.[29]

Ritratti

È recentemente entrato nelle collezioni della Reggia di Venaria un dipinto pubblicato nel 2009 come ritratto di Carlo Emanuele II di Savoia e Giovanna Battista di Nemours con due personaggi della corte sabauda, ripresi in secondo piano ai rispettivi lati dei duchi, ora identificati con il principe Emanuele Filiberto Amedeo di Savoia-Carignano e con la principessa Ludovica (Tav. 51).[30] In un interno sontuoso con affaccio su una piazza porticata (uno scorcio che potrebbe richiamare Piazza Castello vista da Palazzo Madama), il duca in abito di Gran Maestro dell'Ordine dell'Annunziata indica con lo scettro, al centro della tela, Maria Giovanna Battista, sposata in seconde nozze nel 1665. A quella data, prima della nascita di Vittorio Amedeo nel 1666, gli eredi al trono sono Ludovica e il cugino Emanuele Filiberto del ramo Savoia-Carignano, qui in abito cavalleresco dell'Annunziata. La rappresentazione dei due principi potrebbe dunque esprimere la concordia tra i rami della dinastia, a pochi decenni dalla guerra civile che aveva diviso il ducato. Il dipinto verrebbe così a costituire una rara testimonianza del contesto politico di quegli anni quando, dopo la morte di Maurizio nel 1657, si

---

mano Impero, a cura di M. Bellabarba e A. Merlotti, Bologna, il Mulino, 2014, pp. 109-111; Ead., *I Recchi alla Venaria Reale*, cit., p. 152 e P. Vanoli, *I Recchi a Torino: tradizione lombarda e gusto di corte*, in *Scambi artistici tra Torino e Milano*, cit., pp. 114-117.

29 V.E. Gianazzo di Pamparato, *Il Castello della Venaria Reale*, Torino, Stamperia Reale della ditta G.B Paravia e comp., 1888 (edizione anastatica, a cura di F. Pernice, Torino, 1995), p. 13. Rimando qui ai contributi di S. Martinetti e C. Veronese in questo volume.

30 Il dipinto, acquisito dal Consorzio delle Residenze Reali Sabaude nel 2022, è entrato nella collezione del percorso di visita permanente della Reggia di Venaria, esposto nella camera delle Fiere feroci. È stato pubblicato, già in collezione privata, da A. Cifani – F. Monetti, scheda III.1, in *Feste Barocche. Cerimonie e spettacoli alla corte dei Savoia tra Cinque e Settecento*, a cura di C. Arnaldi di Balme e F. Varallo, catalogo della mostra (Torino, Palazzo Madama, 7 aprile - 5 luglio 2009), Cinisello Balsamo, Silvana, 2009, pp. 119-120; cfr. R. Oresko, *Maria Giovanna Battista di Savoia-Nemours*, a cura di C. Arnaldi di Balme e B.A. Raviola, Torino, Allemandi, 2017, p. 40. Per l'identificazione di Ludovica e Emanuele Filiberto: *Relazione storica*, a cura dell'Ufficio Conservazione del Consorzio delle Residenze Reali Sabaude (D. Zanardo, con la consulenza storica di T. Ricardi di Netro), presso l'Archivio corrente della Reggia di Venaria.

prospettava un progetto di nozze, poi sfumato, di Ludovica con il cugino.[31] La tela si lega al grandioso ritratto dei duchi con il neonato erede Vittorio Amedeo dipinto da Dauphin nel 1666 (Madrid, Prado) e si confronta con altre tele conservatesi a Racconigi e al Quirinale, in parte attribuite a Carlo Metrano.[32] Ricorrono alcuni schemi compositivi in uso nella ritrattistica delle corti, come nel più tardo ritratto doppio dei principi elettori Enrichetta Adelaide di Savoia e Ferdinando di Baviera del 1670 circa (Monaco, Castello di Nymphenburg), attribuito all'udinese Sebastiano Bombelli, veneziano di adozione, con un impianto che ricorda il nostro dipinto.[33] Non è stato ancora possibile identificare il pittore del quadruplice ritratto di ambito piemontese intorno al 1665-1666, quando risultano attivi Dauphin, il savoiardo Lorenzo Dufour e Metrano, di una qualità piuttosto modesta al confronto di questi autori. Non si conosce la destinazione originaria del dipinto, ma si può risalire alla provenienza dal palazzo nobiliare del Gerbido torinese, di proprietà di Enrichetta Ferrero della Marmora (1874-1948), come si ricava dalle annotazioni presenti sul retro di una fotografia storica dell'opera, conservata presso la Biblioteca Reale di Torino, da cui si apprende inoltre che «il quadro fu malamente restaurato in epoca non molto remota».[34] Note utili che possono in parte spiegare la durezza del segno pittorico, rilevabile in particolare

---

31 Si vedano in questo volume i contributi di A. Merlotti e B. Farinelli.

32 Per il ritratto di Dauphin al Prado a Madrid: M.B. Failla – A. Merlotti, scheda 6.1, in *La Reggia di Venaria*, cit., vol. 2, pp. 108-109; per il ritratto di Carlo Emanuele II con attribuzione a Metrano, ritrattista documentato in Piemonte dal 1659, e altri ritratti del patrimonio del Quirinale a Roma provenienti dalle collezioni sabaude: L. Laureati, scheda 237 e L. Trezzani, schede 235, 172-173, in *Il patrimonio artistico del Quirinale. Pittura antica. La quadreria*, a cura di L. Laureati e L. Trezzani, Milano, Electa, 1993, pp. 174, 202; qui si veda anche un ritratto a figura intera attribuito a Ludovica di pittore anonimo attivo in Piemonte: L. Laureati, scheda 137, *ivi*, pp. 202, 203; per il ritratto del duca già attribuito a Metrano presso il Castello di Racconigi: M. di Macco, *Quadreria di Palazzo e pittori di corte. le scelte ducali dal 1630 al 1684*, in *Figure del Barocco*, cit., p. 65, nota 137, tav. 4; N. Gabrielli, *Racconigi*, Torino, Istituto Bancario San Paolo, 1972, p. 201.

33 Sul doppio ritratto presso lo Schloss Nymphenburg a Monaco: P. Delorenzi, *Rapporti artistici veneto-danubiani fra Sei e Settecento: la pittura del ritratto*, in *Barocke Kunst und Kultur im Donauraum*, a cura di Karl Möseneder *et al.*, Petersberg, Michael Imhof Verlag, 2014, pp. 280-291.

34 Presso la Biblioteca Reale di Torino, *Iconografia sabauda*, faldone IV, si conserva la fotografia storica in bianco e nero del ritratto con note sul retro (fotografia IV. 75): «Carlo Emanuel II Duca di Savoia con la consorte Maria Giovanna Battista di Savoia Nemours. Da un quadro ad olio, su tela, di anonimo di m 1,84 × 1,90 di base, esistente al Gerbido torinese, nel cosiddetto Palazzo di proprietà della contessa Enrichetta degli Alberti, nata Ferrero, marchesa della Marmora. Il quadro fu malamente restaurato in epoca non molto remota. A fianco dei duchi di Savoia, *hic inde*, sono i principi di Carignano Emanuele Filiberto e Caterina d'Este». La tela è successivamente passata in diverse raccolte private; poi andata in asta nel 2011 e nel 2021: *Relazione storica*, presso l'Archivio corrente della Reggia di Venaria; *Dipinti Antichi/Old Masters*, catalogo d'asta, Genova, Castello Mackenzie, Asta 610, 16 giugno 2021, lotto 175 (proveniente da: collezione privata torinese).

nel viso della principessa che appare molto più appesantito nella fotografia. La ricerca ancora aperta su più fronti, dunque, dovrà tenere conto anche del fatto che la tela è stata verosimilmente modificata rispetto alle originarie dimensioni, come suggerisce la figura che si intravede a sinistra, di un paggio moro con turbante, orecchino e giubba a righe, simile al personaggio che spesso accompagna Ludovica nei ritratti, come vedremo tra poco.

Per fare chiarezza sull'iconografia riguardante Ludovica è da riconsiderare un'opera che le è stata tradizionalmente riferita: la tela del milanese Agostino Santagostino del 1660-1663 circa (Musei Reali di Torino-Palazzo Reale), ancora recentemente pubblicata come le nozze di Ludovica con Maurizio di Savoia (Tav. 52).[35] Si tratta di un dipinto appartenente alla serie commissionata a Milano con dodici «fatti eroici di Prencipesse della Reale Casa di Savoja» (così registrati nell'*Inventario mobili* di Allemandi, governatore dei reali palazzi, nel 1682): «i dipinti del fregio erano fatti virtuosi di Principesse della Real Casa di Savoia, che si maritarono con illustri principi stranieri», scriveva Clemente Rovere, descrivendo la Sala delle Principesse, l'anticamera dei Paggi contigua alla sala della Concordia con altri dodici «fatti eroici di diverse principesse forastiere maritate nella Real Casa di Savoia», su progetto iconografico predisposto da Tesauro per il riallestimento del «Palazzo nuovo», in vista delle nozze di Carlo Emanuele II con Francesca di Valois Orléans nel 1663.[36] Se si torna alla fonte tesauriana e allo studio di Bertana dedicato ai due cicli figurativi smantellati, si recupera il tema della rappresentazione, espresso dal motto in latino presente sulla tela: «Ludovica Philiberti nepos et uxor / sedandis cognatorum dissidys agnato iungitur»; maggiormente specificato nelle *Inscriptiones* di Tesauro: «Ludovica Primi Caroli filia, Philiberti secundi uxor», ovvero «fuit nimirum viro suo ex patruele neptis», nipote del cugino di suo marito.[37] Ad essere raffigurate sono

---

35 L. FACCHIN, *Oltre Maurizio di Savoia*, cit., pp. 294-296; M.B. FAILLA, scheda OA n. 01-00207751, Catalogo Generale dei Beni Culturali, 2004.

36 Sui due cicli, smantellati in epoca carlo-albertina dopo il 1835, per la Sala da ballo progettata da Pelagio Palagi, passati al Castello di Moncalieri e rientrati nei depositi di Palazzo Reale nel 1925: C. ROVERE, *Descrizione del Palazzo Reale di Torino*, Torino, Eredi Botta, 1858, pp. 162, 213, n. 112; M. DI MACCO, *Quadreria di Palazzo*, cit., p. 136; C.E. BERTANA, *Un "Itinerario" scomparso: La Sala della Concordia e delle Principesse nel Palazzo Reale di Torino*, «Studi Piemontesi», 18, fasc. 1, 1989, pp. 233-242: 241; M. DI MACCO, scheda 134, in *Diana trionfatrice. Arte di corte nel Piemonte del Seicento*, a cura di M. di Macco e G. Romano, catalogo della mostra (Torino, Società Promotrice delle Belle Arti, 27 maggio - 24 settembre 1989), Torino, Allemandi, 1989, pp. 120-122; M. DI MACCO, *Critica occhiuta*, in *Storia di Torino*, IV, *La città fra crisi e ripresa (1630-1730)*, a cura di G. Ricuperati, Torino, Einaudi, 2002, pp. 381-382; F.R. GAJA – F. VESPASIANO, *Palazzo Ducale (poi Reale)*, in *Scambi artistici tra Torino e Milano*, cit., pp. 56-57.

37 E. TESAURO, *Inscriptiones*, cit., p. 389; C.E. BERTANA, *Un "Itinerario" scomparso*, cit., p. 241. L'opera è in stretto rapporto con la tela di Santagostino della stessa serie (Torino, Musei Reali-Palazzo Reale), raffigurante Luisa di Savoia, madre di Francesco I di Francia, che restituisce

infatti le nozze del 1496 di Iolanda Ludovica (1487-1499) – figlia di Bianca di Monferrato e di Carlo I, duca di Savoia, e nipote di Filiberto I, suo zio – con il cugino Filiberto II di Savoia, figlio di Filippo II, ricordate in rapporto alle lotte interne dinastiche innescate dalle pretese di successione di quest'ultimo.[38] Non siamo quindi di fronte a una discordante iconografia, ma si tratta di un tema di storia dinastica raffigurante un'altra e lontana principessa, con capelli biondi e in costume d'epoca. Per rappresentarlo il pittore squaderna anzi una precisa «cultura figurativa storicizzata», come ha rilevato Michela di Macco, a proposito della tela con le nozze di Ludovica e Filiberto, evidenziandone una disposizione paratattica con richiami alla cultura di Morazzone.[39] In questo gioco di rimandi tra virtù e fatti delle duchesse e principesse sabaude con le eroine del passato emerge una diramata genealogia femminile tra storia e mito richiamata anche nelle pubblicazioni, come nell'*Idea spirituale delle dame di corte* di Arcangelo da Salto (1671), analizzata da Paolo Cozzo in questo volume, dedicata a Ludovica di Savoia, erede di altre principesse che avevano portato lo stesso nome (tra cui Ludovica consorte di Filiberto, quasi a prefigurarne le nozze).

Bisogna infine ritornare sul ritratto equestre finora ritenuto di Ludovica, attribuito al lorenese Dauphin, formatosi a Parigi nella bottega di Simon Vouet (Tav. 54), di cui ho recentemente proposto una diversa lettura, riconsiderando la problematica identificazione dei soggetti dei quattro grandi ritratti di principesse sabaude, registrati nel Castello di Racconigi a partire dagli inventari ottocenteschi (genericamente come 'donna a cavallo'), appartenenti alle collezioni sabaude.[40] La supposta effige equestre di Ludovica va infatti a mio avviso identificata con Cristina di Francia per diverse ragioni iconografiche e stilistiche. La protagonista del dipinto presenta infatti i

---

la pace al regno (Tav. 53), con la citazione dall'*Adorazione dei Magi* di Tiziano (Milano, Pinacoteca Ambrosiana) della figura del cavallo a destra che si lecca la zampa: M. di Macco, *Critica occhiuta*, cit., p. 382.

[38] Si veda R. Crotti Pasi, *Filippo II, duca di Savoia* e *Filiberto II di Savoia*, in *Dizionario Biografico degli Italiani*, XLVII, 1997, *ad vocem*.

[39] M. di Macco, *Critica occhiuta*, cit., p. 382. Per l'iconografia di Filippo II detto il Bello si veda anche la tela seicentesca che lo raffigura (Castello di Racconigi, inv. 5541), ora esposta nel percorso di visita della Reggia di Venaria, parte della serie dipinta da pittori attivi alla corte sabauda; cfr. R. Vitiello, scheda 1.1-1.8, in *La Reggia di Venaria*, cit., pp. 8-11.

[40] L'attribuzione a Dauphin spetta a Andreina Griseri nel 1982: A. Griseri, *Il cantiere per una capitale*, in *I rami incisi dell'archivio di corte: sovrani, battaglie, architetture, topografia*, a cura di I. Massabò Ricci e B. Bertini Casadio, Torino, Archivio di Stato di Torino, 1981, p. 25. Il riferimento a Ludovica è stato avanzato nel 1972 da N. Gabrielli (*Racconigi*, cit., p. 198) e da M. di Macco nel 1989 (scheda 26, in *Diana* Trionfatrice, cit., p. 25; su questa traccia: F. Grana, schede 6.6-6.7, in *La Reggia di Venaria*, cit., p. 113; L. Facchin, scheda 1, in *Madame Reali*, p. 178). Nella ricognizione inventariale di Racconigi del 1951 la stessa Gabrielli aveva però riferito la tela a Cristina di Francia, sebbene attribuisse la paternità pittorica a Miel. Sul gruppo di tele, con relativa bibliografia, rimando qui a: C. Goria, «*Reali heroine*», cit., pp. 286-293.

caratteri di Cristina con lineamenti più morbidi e imbolsiti per l'età, come appare in diverse tele e incisioni all'altezza del 1660-1663, ed è qui raffigurata mentre incede su un cavallo al trotto, secondo una posa che i codici della ritrattistica equestre tradizionalmente riservano all'immagine di una sovrana.[41] In questo modo è infatti ritratta nel ciclo di Venaria, nella perduta tela del fiammingo Mathieu a noi nota tramite l'incisione di Tasnière, da cui deriva anche un piccolo dipinto recentemente emerso su mercato antiquariale.[42] I confronti incrociati tra quest'ultimo e l'incisione mostrano precise concordanze iconografiche e cromatiche: identico è l'abito con l'ampia gonna del colore preferito di Cristina, il 'gridelino', al di sotto di uno strato nero che ne indica la vedovanza, le piume nere del copricapo, come rossa è la livrea dello scudiere. Sia la tela di Racconigi sia quella di collezione privata sono inoltre tra i rari dipinti in cui compaiono le stesse eleganti scarpe con tacco alto alla moda parigina, secondo la particolare tipologia con pattino.[43] Sono calzate ai piedi della protagonista di entrambe le tele, che anche per questo dettaglio si direbbe la stessa persona. Il dipinto di Racconigi è un attento ritratto, di alta qualità, che può essere datato al 1658-1660 circa, e sembrerebbe proprio raffigurare la duchessa Cristina di Francia ripresa «a maneggiare con maestosa gravità le redini di un superbo destriere», citando la descrizione castellamontiana della grande tela nella sala di Diana.[44]

Questa rilettura spinge a rivedere le identificazioni degli altri ritratti e la loro stessa configurazione come serie o meno. È da verificare infatti il riferimento a Cristina dei due seguenti dipinti in veste mitologica, entrambi attribuiti a Dauphin: il ritratto come amazzone seguace di Diana e quello in Minerva, quest'ultimo attribuito a Cristina per via della cultura retorica di corte che la identificava nella «saggia Pallade alpina», come scriveva Valeriano Castiglione nel 1645.[45] Ho già proposto che nel primo

---

41 Si considerino il ritratto inciso di A. De Pienne, su disegno di E. Grandjean (1660), o la tela raffigurante Cristina di Francia, 1663 (Monaco, Bayerische Staatsgemaldesammlungen, inv. 7508), e altri confronti: C. Goria, *«Reali heroine»*, cit., p. 289.

42 C. Arnaldi di Balme, scheda 6, in *Madame Reali*, cit., pp. 180-181; cfr. anche la piccola copia di ambito piemontese tratta dal doppio ritratto, di modesta qualità e incerta datazione (Racconigi, Castello): S. Ghisotti, *Apparato decorativo*, cit., p. 24.

43 Per la tipologia di scarpe, raramente riscontrabile nei dipinti: M.P. Ruffino, *Madame Reali, stoffa di regine*, in *Madame Reali. Cultura e potere da Parigi a Torino. Cristina di Francia e Giovanna Battista di Savoia Nemours. 1619-1724*, catalogo della mostra (Torino, Palazzo Madama, 20 dicembre 2018 - 6 maggio 2019), a cura di C. Arnaldi di Balme e M.P. Ruffino, Genova, Sagep, 2019, pp. 87-93: 91.

44 A. di Castellamonte, *Venaria Reale*, cit., p. 29.

45 L'identificazione di Cristina in Minerva spetta a M. di Macco, scheda 25, in *Diana* Trionfatrice, cit., p. 24. Su queste tele: F. Grana, schede 6.6, 6.7, 6.8, in *La Reggia di Venaria*, p. 113; L. Calzona, scheda 72, in *I segreti di un collezionista*, pp. 157-158; L. Facchin, scheda 1, in *Madame Reali*, p. 178, sul ritratto (Cristina di Francia?) come Minerva avanza l'ipotesi che possa alludere

possa riconoscersi Margherita di Savoia, duchessa di Parma e Piacenza, sorella di Ludovica, per lo stretto rapporto iconografico con la tela che la raffigura nella sala di Diana alla Venaria dipinta dal savoiardo Esprit Grandjean, quasi sovrapponibili per la posa della duchessa e la figura del cane.[46] L'identificazione funziona anche a confronto con altre tele coeve, tra cui il dipinto di Margherita a figura intera in abito da caccia che imbraccia il fucile (Tenuta Presidenziale di Castelporziano, Castello), proveniente dalle collezioni sabaude.[47]

Ma qui ci interessa soprattutto il ritratto in Minerva, per il quale ho avanzato un'identificazione con Ludovica, già riconosciuta da Noemi Gabrielli nel 1951, sulla base dello stretto legame con la tela che la raffigura nella serie della Venaria, di guida alla lettura delle tele di Racconigi (Tavv. 55-56).[48] Nella narrazione del ciclo ritrattistico venariese, illustrato da Castellamonte in dialogo immaginario con Gian Lorenzo Bernini in visita al complesso, dopo i ritratti dei duchi entra subito in scena la principessa, ripresa in una concitata azione di caccia, incisa da Georges Tasnière su disegno di Giovanni Battista Brambilla, con didascalia in calce che identifica: «La principessa Ludovica Maria di Savoia. Francesca Maria Cacherano contessa di Bagnasco» (Tav. 57).[49] La tela della Venaria e la corrispettiva incisione forniscono puntuali agganci con il ritratto in Minerva di Racco-

---

a una delle figlie di Cristina o piuttosto a una delle sue cognate, Francesca di Valois o Giovanna Battista Savoia-Nemours; EAD., *Oltre Maurizio di Savoia*, cit., pp. 298-299.

46 C. GORIA, «*Reali heroine*», cit., p. 290-291. Già N. GABRIELLI, *Racconigi*, cit., p. 198, riportava la tela a Margherita per i legami iconografici con il corrispettivo ritratto di Venaria; cfr. M. DI MACCO, *I ritratti equestri*, in *I rami incisi*, p. 332.

47 Sulla tela (Tenuta Presidenziale di Castelporziano, Castello, piano nobile), a Roma dal 1881, probabilmente identificabile con il dipinto presso il Palazzo Reale di Torino inventariato nel 1815 come «una principessa col fucile in mano che va a caccia»: L. LAUREATI, scheda 179, in *Il patrimonio artistico del Quirinale*, cit., pp. 178-179. La tela è stata allestita nel percorso di visita della Reggia di Venaria nel 2008-2009.

48 N. GABRIELLI, *Racconigi*, cit., p. 198; cfr. M. DI MACCO, *I ritratti equestri*, cit., p. 329; C. GORIA, «*Reali heroine*», cit., pp. 290-291.

49 A. DI CASTELLAMONTE, *Venaria Reale*, cit., pp. 29-30. Su Francesca Maria Cacherano, appartenente alla nobile famiglia astigiana (Alessandro Cacherano di Cavallerleone era stato nominato nel 1657 primo maggiordomo della principessa Ludovica), consorte dal 1658 di Emanuele Filiberto Argentero di Bagnasco, dama di Ludovica, che aveva il privilegio di un proprio appartamento nel palazzo torinese della principessa: A. MERLOTTI – T. RICARDI DI NETRO, *I protagonisti del Salone*, in *Delle cacce*, cit., pp. 36-37. Sulla serie ora incompleta dei dieci grandi doppi ritratti equestri della Sala di Diana, scalata dal 1657 circa al 1665-1666, con aggiornamenti dinastici avvenuti in corso d'opera, realizzata dai maggiori artisti attivi a corte, fiamminghi, francesi e piemontesi, tra cui il fiammingo Jan Miel, chiamato da Roma nel 1658 come primo pittore di corte, e Dauphin, autore anche della tela perduta con le due consorti del duca (1665-1666) e del ritratto con Emanuele Filiberto Amedeo di Savoia-Carignano e Cristina Wilcardel de Fleury, figlia d'onore di Cristina di Francia: qui nota 1 e C. GORIA, «*Reali heroine*», cit., con bibliografia precedente.

nigi: condividono l'iconografia della principessa con copricapo piumato, elmo e lorica, mentre si esibisce nella complessa manovra della *levade* su un identico destriero, brandendo una spada o una lancia, accompagnata da un paggio moro.[50] Coincidono le cromie, la veste bianca con ampio drappo ocra, la divisa del paggio con orecchino di perla, giubba bianca e calzoni rossi, le preziose guarnizioni oro e argento che decorano il nero destriero con macchia bianca sul muso. Nella tela di Racconigi, rispetto alla scena di caccia venariese, viene però esaltata la dimensione allegorica: le eleganti calzature alla moda cedono il posto ai calzari all'antica, compaiono la spada sguainata da un fodero decorato e uno scudo ovale in argento sbalzato con l'effigie dorata di Medusa; figurano un putto e una fama alata con corona di alloro; sullo sfondo un'ampia apertura paesaggistica con montagne e uno scontro cavalleresco al centro, mentre a destra si intravede una rovina architettonica. Non è invece possibile condurre un raffronto sulla fisionomia di Ludovica, per il volto ripreso di profilo e poco leggibile nella tela venariese, ma possiamo ricorrere ad alcuni ritratti riferibili alla principessa tra Monaco, Torino e Racconigi (Tav. 59). Per quanto sia difficile muoversi sul terreno di insidiose somiglianze familiari e iconografie stereotipate, si può confrontare con il ritratto ovale della «Princesse de Savoy», di calligrafica descrizione, a mezza figura e di tre quarti (Musei Reali di Torino-Palazzo Reale), di ambito francese, in cui emergono alcuni tratti fisionomici ricorrenti in altri dipinti, come una pronunciata arcata sopraccigliare ad ali di gabbiano (Tav. 6).[51] È un modello fortunato che può leggersi in relazione all'attività di Lorenzo Dufour che nella *Lista delli ritratti fatti da me Lorenzo Duffour per servizio di S.A.R.* del 1674 indicava proprio un ritratto della principessa Ludovica di Savoia.[52]

---

[50] Sul doppio ritratto con Ludovica alla Venaria, già presso il Castello di Moncalieri nel 1880 fino al 1908, poi in Palazzo Cisterna a Torino, nel 1931 trasferito alla Galleria Sabauda e nel 1938 fra i beni del principe di Piemonte, Umberto di Savoia, passato nel Castello di Racconigi: F. Grana – D. Zanardo, *Le Cacce e i ritratti equestri nell'Ottocento: spostamenti e dispersioni*, in *Delle cacce*, cit., pp. 45-47. Sul tema del paggio moro cfr. D. Sanguineti, *Contrasti cromatici. Il paggio moro nella ritrattistica di età barocca: esempi genovesi*, in *Ottomani Barbareschi Mori nell'arte a Genova. Fascinazioni scontri scambi nei secoli XVI-XVIII*, a cura di L. Stagno e D. Sanguineti, Genova, Sagep, 2024, pp. 119-135; P.H.D. Kaplan, *Italy 1490-1700*, in *The image of the Black in Western Art. From the "Age of Discovery" to the Age of Abolition. Artists of the Renaissance and Baroque*, III.1, a cura di D. Bindman e H.L. Gates Jr, Cambrige (Massachusetts), Belknap Press of Harvard University Press, 2010, pp. 93-190, qui: 126-134, 173-187.

[51] Sul ritratto ovale, con iscrizione riguardante Ludovica, presso i Musei Reali di Torino-Palazzo Reale, inv. 1066-1069: P. Manchinu, scheda OA 01 00201196, 2000. Un'altra simile redazione, di diverso formato, si conserva presso il Castello di Racconigi: C. Accornero, scheda OA 01 00398372, 2016; L. Facchin, scheda OA 01 00399657, 2016, Catalogo Generale dei Beni Culturali. Si veda anche il ritratto della principessa a figura intera presso Monaco, Bayerische Staatsgemaldesammlungen, inv. 7495.

[52] A. Baudi di Vesme, *Schede Vesme. L'arte in Piemonte dal XVI al XVIII secolo*, Torino, Società piemontese di archeologia e belle arti, vol. II, 1966, pp. 428-429.

Il ritratto in Minerva di Racconigi può aiutarci così a ricomporre la qualità e leggibilità della tela di Venaria, che verosimilmente rientra tra le prime committenze della serie ritrattistica insieme alle effigi dei duchi. Sempre a Racconigi si conserva un bozzetto attribuito a Dauphin che si connette allo stesso ritratto in Minerva, riferito a Ludovica nella ricognizione inventariale del 1951, con alcune varianti, quali l'assenza dello scudo, la diversa posizione del paggio moro, la fama alata senza il putto e un'ambientazione paesaggistica che richiama le prove venariesi (Tav. 58), a cui si ricollega ancora un'altra redazione della collezione Mazzonis di Torino, già Solaro della Chiusa, segno della fortuna e della circolazione di questi modelli nelle collezioni nobiliari.[53] È un modello che fa da ponte tra il ritratto di Ludovica alla Venaria, quello in Minerva di Racconigi e un'altra tela più tarda. La redazione ridotta di Racconigi infatti è da porre in relazione anche con il presunto ritratto equestre di Maria Giovanna Battista che brandisce una lama serpentinata (Torino, Palazzo Madama), attribuito a Giovanni Luigi Buffi, del 1670-1690 circa, con cui condivide l'impianto generale della scena, l'iconografia della principessa amazzone sul destriero *en levade* e altri elementi, come la figura della fama alata (quasi possa trattarsi di un altro ritratto di Ludovica qui avanti negli anni, piuttosto che un riuso iconografico in ambito dauphiniano, prestato alla figura della reggente Maria Giovanna Battista?).[54] Ulteriori indagini dovranno poi riconsiderare il noto dato documentario riguardante un secondo ritratto di Ludovica a cavallo, registrato nell'inventario dei beni della principessa del 1679 nella quadreria di Palazzo Chiablese a Torino, insieme a tre quadri raffiguranti Carlo Emanuele II, Maria Giovanna Battista e Enrichetta Adelaide.[55]

---

[53] L. Facchin, schede 8-9, in *Mazzonis e gli altri. Le opere del Maestro e i tesori della sua collezione*, catalogo della mostra (Torino, Museo di Arti Decorative Accorsi-Ometto), Cinisello Balsamo, Silvana, 2015, pp. 40-41; la tela della Collezione Mazzonis è stata esposta nel percorso di visita della Venaria nel 2024. Sulla tela conservata presso il Castello di Racconigi: G. Spione, scheda OA 01 00196549, 2000, Catalogo Generale dei Beni Culturali.

[54] L. Facchin, scheda 10, in *Madame Reali*, cit., pp. 182-183, ha già rilevato che i caratteri della figura rappresentata nella tela di Palazzo Madama non sono strettamente aderenti all'iconografia di Giovanna Battista, non escludendo che la tela possa raffigurare un'altra figura sabauda, come Maria Angela Caterina d'Este; M. di Macco, scheda 257, in *Il tesoro della città. Opere d'arte e oggetti preziosi da Palazzo Madama*, catalogo della mostra (Nichelino, Palazzina di Caccia di Stupinigi, 31 marzo - 8 settembre 1996), Torino, Allemandi, 1996, p. 257.

[55] M. di Macco, *I ritratti equestri*, in *I rami incisi*, cit., pp. 328-329. La quarta tela del gruppo dei ritratti delle principesse sabaude (Racconigi, Castello), con un'attribuzione in ambito dauphiniano, riferita a Cristina di Francia da Gabrielli (*Racconigi*, cit., p. 198), sembrerebbe rimandare all'iconografia di Enrichetta Adelaide di Savoia per i rapporti con il doppio ritratto dipinto da Miel alla Venaria che la raffigura, ma su questo mi riservo di ritornare in altra sede.

La rappresentazione equestre *en levade* si lega particolarmente all'immagine di Ludovica tracciata dalle fonti, come ritratto del potere, espressione delle abilità e passioni della principessa. Le «virtù che si richieggono al governo d'un scettro, e dell'armi» sono richiamate da Castellamonte descrivendo l'effigie di Ludovica, «in atto di ferir con una mano col dardo la fiera, e maneggiar con l'altra arditamente l'infocato cavallo», «a cui fece torto la Natura, perché avendola dotata di tutte quelle virtù che si richieggono al governo d'un scettro, e dell'armi, glie ne ha poi invidiosa tolta l'occasione»;[56] abilità e virtù espresse, appunto, dalla scelta di ritrarla in atto di governare con destrezza il destriero. Riferimenti «al comando e alla sovranità» tornano nelle parole dell'ambasciatore veneto Francesco Michiel nel 1670, che ricordava quanto Ludovica «aversi sacrificato negli anni più giovanili per estinguer le fiamme più ardenti delle guerre civili» con il suo matrimonio e che «apparve immediata la pace e non vi fu chi non benedisse con lagrime di giubilo il di lei nome», tanto che «ogni condizione di persone l'acclamerebbe al comando e alla sovranità»; una sovranità espressa ancora una volta dalla figura di Ludovica «grande e così ammirabile principessa», «che rassembla una amazzone negli esercizi della caccia, nel maneggiare un cavallo, e nel giuocar la lancia e la pistola», scriveva ancora Michiel.[57] L'immagine di Ludovica come abile amazzone ricorre nella cronaca della visita di Cristina di Svezia a Torino nel 1656 narrata da Salvatore Castiglione, fratello del celebre Grechetto, nonché maestro di pittura della principessa, e nella 'Gazette de France' (Parigi, 9 novembre 1656) dove si distingue nella caccia al cervo nella tenuta di Mirafiori: «notamment la Princesse Louise, qui estoit vestue, et son cheval harnaché d'une peau de tygre enrichie d'une superbe broderie d'or, et montroit une adresse et hardiesse toute particuliére».[58] Qui emerge l'incontro nodale con Cristina di Svezia, celebrata amazzone e 'Minerva del nord', di cui era noto alla corte sabauda il ritratto «in atto di maneggio», realizzato da Sébastien Bourdon nel 1652-1653 su richiesta di Filippo IV di Spagna (Madrid, Prado).[59] Un modello per la ventisettenne Ludovica, pressoché coetanea di Cristina di Svezia, al cui seguito la descrivono le fonti, sempre in stretto dialogo con la figura della

---

[56] A. di Castellamonte, *Venaria Reale*, cit., p. 29.

[57] *Relazioni di ambasciatori veneti al Senato*, XI, a cura di L. Firpo, Torino, Bottega d'Erasmo, 1983, p. 975. Cfr. B. Farinelli in questo volume.

[58] *Les particularitez de la magnifique réception faite à la reyne de Suéde, par leurs Altesses Royales de Savoye, dans tous le lieux de leurs estats*, «Gazette de France», n. 142, 9 novembre 1656, p. 1171; per la visita di Cristina di Svezia a Torino narrata da Salvatore Castiglione si rimanda in questo volume a F. Varallo.

[59] V. Castiglione, *La regina Cristina di Svezia a Torino nel 1656*, a cura di M.L. Doglio, Alessandria, Edizioni dell'Orso, 2010, pp. 30 e 59; cfr. C. Goria, *«Reali heroine»*, cit., p. 279.

madre Cristina di Francia, ma con sue specificità ed esperienze emergenti nei ritratti letterari.

Ecco allora che la giovane Ludovica, fiera e 'sagace' amazzone, potrebbe vestire i panni di Minerva vittoriosa nella tela dipinta da Dauphin, in festosa parata allegorica preceduta dalla Fama e da Cupido, per il contributo dato alla pace raggiunta al termine della guerra civile. «Amazzone della virtù», Minerva o Diana, Atalanta, Aretusa, Camilla, Pentesilea, nuova Alessandra a cavallo di Bucefalo, Ludovica poteva così giocare una sua molteplice parte anche nell'*Accademia della Fama* di Francesco Flavio Frugoni (Torino 1666):[60]

> Ludovica la gran principessa de' cuori, saggia così, come nobile, e così spiritosa, come spirituale, è l'Amazzone della virtù, la Pallade della Pallestra, la Diana delle Selve, l'amore dell'honestà, il cuor del coraggio, la stella della prudenza, il fregio della porpora, il fiore della prudenza, e del suo sesso la gloria. Ella, qual Atalanta, sulla Dora si vede su brioso corsiere volar veloce a saettar i daini fugaci, e precorrere la sua fama col valoroso suo moto. Questa cacciatrice Aretusa colla rapidezza del corso trattiene ne' cervi feriti la fugacità del tempo cozzante. Ha l'animo così grande, che la sua specie può vantare per essa le sue Alessandre.[61]

---

60 F.F. FRUGONI, *Accademia della Fama, tenuta nel Gran Museo della Gloria sopra la magnificenza dell'A.R. di Carlo Emanuele II* [...], Torino, Zavatta, 1666, pp. 195, 469; cfr. M. DI MACCO, *Critica occhiuta*, cit., pp. 390-395 e L. FACCHIN, *Oltre Maurizio di Savoia*, cit., p. 298.

61 F.F. FRUGONI, *Accademia della Fama*, cit., p. 195.

CREDITI FOTOGRAFICI

Su concessione della Fototeca Cifani Monetti, Torino: Tav. 1. Su concessione del Ministero della Cultura – Archivio Fotografico dei Musei Nazionali di Bologna-Direzione regionale Musei nazionali Emilia-Romagna (con divieto di riproduzione o duplicazione con qualsiasi mezzo): Tav. 2. Su concessione della Fondazione Torino Musei – Palazzo Madama-Museo Civico d'Arte Antica: Tavv. 3, 46. Su concessione del Ministero della Cultura – Residenze reali sabaude-Direzione regionale Musei nazionali Piemonte: Tavv. 4, 5, 12, 54, 55, 58; Tav. 56 (fotografia Laboratorio Imaging della Fondazione Centro Conservazione e Restauro 'La Venaria Reale'). Su concessione del Ministero della Cultura – Musei Reali di Torino: Tavv. 6, 52, 53; Figg. 1-2 p. 100. Su concessione dell'Arcidiocesi di Torino e della Parrocchia di San Francesco da Paola, Torino: Tavv. 7, 9 (fotografie Giorgio Olivero). Su concessione del Ministero della Cultura – Sabap-TO e della Real Chiesa di San Lorenzo (tutti i diritti riservati): Tav. 8 (fotografia Giorgio Olivero). Su concessione della Città di Ciriè: Tavv. 10, 11 (foto Cecilia Veronese); Tavv. 13, 14, 15, 16, 17, 18, 19, 20, 21, 22, 23, 25, 30, Fig. 2 p. 134, Fig. 3 p. 138, Figg. 8-9 p. 143, Fig. 10 p. 145 (fotografie Giorgio Olivero); Tavv. 26, 27, 28, 29 (fotografie Cecilia Veronese). © Consorzio delle Residenze Reali Sabaude: Tavv. 24, 47, 48, 49, 50, Fig. 2 p. 171, Fig. 4 p. 172 (fotografie Giorgio Olivero); Tavv. 51, 57, 60, Fig. 1 p. 82, Figg. 2-3 p. 83, Fig. 4 p. 84 (fotografie Costantino Sergi). Torino, collezione privata: Tav. 31; Fig. 7 p. 117; Fig. 1 p. 130. Su concessione del Ministero della Cultura – © Sabap-TO (tutti i diritti riservati): Tavv. 32, 33, 34, 35, 36, 37, 38, 39, 40, 41, 42, 43, 44, 45; Fig. 3 p. 103 (foto Maria Vittoria Cattaneo e Luisa Montobbio); Fig. 4 p. 107 (foto Maria Vittoria Cattaneo). Su concessione del Ministero della Cultura – Archivio di Stato di Torino: Tav. 59, Fig. 5 p. 109, Fig. 6 p. 115. Su concessione del Santuario della Madonna di Oropa: Fig. 8 p. 117 (foto Maria Vittoria Cattaneo). (CC) Washington, National Gallery of Art: Fig. 3 p. 172. © Bruno Farinelli: Fig. 5 p. 88. Collezione privata: Figg. 4-7 p. 140. Collezione privata: Fig. 1 p. 171.

TAVOLE

Tav. 1. Philibert Torret, *Vittorio Amedeo I, Cristina di Francia, Francesco Giacinto e Ludovica di Savoia*, olio su tela, prima metà del XVII sec., ubicazione ignota. Fotografia antica, Torino, Fototeca Cifani Monetti. Il dipinto raffigura la famiglia ducale nel 1633. Francesco Giacinto, il tanto atteso erede, era nato il 14 settembre. La corona chiusa su cui il duca poggia la mano, rimanda all'assunzione del titolo regio (Cipro) in quello stesso anno.

Tav. 2. Philibert Torret, *I principi Francesco Giacinto e Carlo Emanuele II di Savoia, con le principesse Ludovica Cristina, Margherita Violante, Adelaide Enrichetta e Caterina Beatrice*. Bologna, Direzione regionale Musei dell'Emilia Romagna-Bologna, Archivio fotografico, Fondo Malaguzzi Valeri. Rispetto al ritratto precedente (Tav. 1) sono trascorsi tre anni. A Ludovica e Francesco Giacinto si sono aggiunti altri quattro figli: Carlo Emanuele (nato nel 1634), Margherita (1635) e le gemelle Adelaide e Beatrice (1636). La presenza della racchetta e l'assenza di simboli politici lascia suppore che l'opera sia stata eseguita prima della morte di Vittorio Amedeo I (7 ottobre 1637) e la contestuale ascesa al trono di Francesco Giacinto.

Tav. 3. Philibert Torret, *Cristina di Francia con i figli Carlo Emanuele, Ludovica, Violante Margherita, Adelaide Enrichetta*, olio su tela, 1640 ca. Torino, Palazzo Madama – Museo Civico d'Arte Antica. Scomparso anche Francesco Giacinto (1638), a capo della famiglia è ormai Cristina, in abito vedovile e ruolo di reggente. Ludovica non è ancora sposata, il che riporta la realizzazione dell'opera ad un periodo compreso fra 1640 e 1641.

4

Tav. 4. Anonimo piemontese, *La principessa Ludovica di Savoia*, olio su tela, metà XVII secolo. Racconigi, Castello. Tav. 5. Anonimo piemontese, *La principessa Ludovica di Savoia*, olio su tela, metà XVII secolo, Racconigi, Castello. Tav. 6. Pittore attivo in Piemonte (Lorenzo Dufour?), *La principessa Ludovica di Savoia*, olio su tela, metà XVII secolo, Torino, Musei Reali - Palazzo Reale.

6

7

8

9

Tavv. 7-9. Giuseppe Maria e Giovanni Domenico Carlone, *Maurizio di Savoia con l'angelo custode e Ludovica di Savoia con l'angelo custode*, marmo, 1665-1667. Torino, chiesa di San Francesco da Paola, cappella della Vergine del Soccorso. Tav. 8. Stemmi affiancati di Maurizio e Ludovica di Savoia. Torino, chiesa di San Lorenzo, altare dell'Immacolata Concezione (già di S. Luigi IX), paliotto, marmi policromi, 1678-1683.

10

11

12

Tav. 10. Anonimo, *Lucia Caterina Benso di Isolabella*, olio su tela, prima metà del XVII secolo. Cirié, Palazzo Doria. Tav. 11. Anonimo, *Claudia Margherita Scaglia di Verrua*, olio su tela, seconda metà del XVII secolo. Cirié, Palazzo Doria. Tav. 12. Bartolomeo Caravoglia, *Claudia Margherita Scaglia di Verrua marchesa del Maro e Ludovica Maria di San Martino d'Agliè marchesa di San Maurizio*, olio su tela, 1658-1663, particolare. Racconigi, Castello, in comodato alla Reggia di Venaria. Tav. 13. Équipe di pittori e stuccatori lombardo-luganesi, volta, 1665-1670 ca. Cirié, Palazzo Doria, atrio del piano terreno.

14

15

Tav. 14-18. Équipe di pittori e stuccatori lombardo-luganesi, *Verba puellarum* (14) e particolare della veduta di Cirié (15); *Arte regendus* (16); *Candorem purpura servat* (17); *Mares haec foemina vincit* (18), affresco, 1665-1670 ca. Cirié, Palazzo Doria, atrio del piano terreno, volta.

16

PEREAT DVM PLACEAT
NO SE INSIERRA
CANDOREM PVRPVRA SERVAT

17

DE MI FVEGO MILLANTO
INVITO FVNERE VIVET
MARES HÆC FŒMINA VINCIT

18

19

20

Tavv. 19-22. Équipe di pittori e stuccatori lombardo-luganesi, scene allegoriche: 1. *On abeau fuir, a la fin on s'arreste* (19); *Au moins nous meslerons nos eaux* (20); *Son changement faict ma gloire* (21); *Leur beau feu se resout en eau* (22), affresco, 1665-1670 ca. Ciriè, Palazzo Doria, anticamera piano nobile , fregio.

SON CHANGEMENT FAICT MA GLOIRE

21

LEVR BEAV FEV SE RESOVT EN EAV.

22

Tav. 23. Équipe di pittori e stuccatori lombardo-luganesi, portale, 1665-1670 ca., Cirié, Palazzo Doria, anticamera del piano nobile.

Tav. 24. Giovanni Paolo e Giovanni Antonio Recchi (affreschi), Bernardino Quadri (stucchi), volta, 1660-1661. Reggia di Venaria, Sala delle Cacce acquatiche.

Tav. 25. Équipe di pittori e stuccatori lombardo-luganesi, volta, 1665-1670 ca. Cirié, Palazzo Doria, gabinetto del piano nobile.

26

27

28

29

Tavv. 26-28. Équipe di pittori e stuccatori lombardo-luganesi, monogramma di Carlo Emanuele II e due ignoti (Maria Giovanna Battista di Savoia-Nemours?), affresco, 1665-1670 ca. Cirié, Palazzo Doria, anticamera del piano nobile, zoccolo. Tav. 29. Équipe di pittori e stuccatori lombardo-luganesi, frammento della decorazione seicentesca, affresco, 1665-1670 ca. Cirié, Palazzo Doria, 'Sala delle Arti', fregio.

Tav. 30. Équipe di pittori e stuccatori lombardo-luganesi, volta, 1665-1670 ca. Cirié, Palazzo Doria, gabinetto del piano terreno.

Tav. 31. Anonimo incisore, su disegno di Giovanni Tommaso Borgonio, *Vinea Transpadana Serenissimae Principissae Lodovicae a Sabaudia*, 1665-1666 ca. Da *Theatrum Statuum Sabaudiae Ducis* […], Amstelodami, Blaeu, 1682, I, 33.

32

33

Tavv. 32-33. Ambito di Charles Dauphin, *Saturno insegna a un contadino la coltivazione della vite* e motivi decorativi a grisaille, affresco, 1660-1670. Torino, Villa della Regina, Appartamento del Re, Anticamera verso Ponente, intercapedine tra la volta e il solaio, fregio.

34

35

Tav. 34. Ambito di Charles Dauphin, *Ercole nel giardino delle Esperidi*, affresco, 1660-1670. Torino, Villa della Regina, Appartamento del Re, Anticamera verso Ponente, intercapedine tra la volta e il solaio, fregio. Tav. 35. Maestranza lombardo-piemontese, essenze vegetali e segni dello zodiaco, affresco, 1656 ca.; carte dipinte applicate con perline, ciottoli, conchiglie e mursi, 1670 ca. Torino, Villa della Regina, Appartamento del Re, Camera verso Levante detta 'del Trucco', intercapedine tra la volta e il solaio, fregio.

Tav. 36. *Grotta del Re Selvaggio e Belvedere*. Torino, Villa della Regina, cortile d'onore.

37 

 38

39 

Tav. 37. Carlo Francesco Fea (attr.), gruppo di amazzoni durante la caccia al cervo, affresco, 1660-1663. Torino, Villa della Regina, Appartamento del Re, Camera del Letto verso Ponente, intercapedine tra la volta e il solaio, fregio. Tav. 38. Giacomo e Andrea Casella su disegno di Charles Dauphin (?), trofeo di caccia, affresco, 1660-1663. Torino, Villa della Regina, Appartamento del Re, Camera del Letto verso Ponenteintercapedine tra la volta e il solaio, fregio. Tav. 39. Giacomo e Andrea Casella (attr.), corteo di baccanti, affresco, 1660-1663. Torino, Villa della Regina, Appartamento del Re, Anticamera verso Levante, intercapedine tra la volta e il solaio, fregio.

40

41

Tav. 40. Ambito di Charles Dauphin, telamone in stucco dorato, ghirlanda di frutta, conchiglie e pelli di leopardo, affresco, 1660-1670. Torino, Villa della Regina, Appartamento della Regina, Anticamera verso Ponente, intercapedine tra la volta e il solaio, fregio. Tav. 41. Giacomo e Andrea Casella (con Carlo Francesco Fea?), coppia di telamoni reggi-conchiglia, affresco, 1660-1663. Torino, Villa della Regina, Appartamento della Re, Anticamera verso Levante, intercapedine tra la volta e il solaio, fregio.

42

43

44

Tav. 42. Maestranza piemontese, motivi decorativi geometrico floreali con rosette, perline e gigli, soffitto ligneo di tipo rustico con carte dipinte applicate, 1660-1670. Torino, Villa della Regina, Camera e Camerino sovra la Camera del Trucco. Tavv. 43-44. Carlo Francesco Fea (attr.), monocromo dorato con un satiro che suona il flauto e cornice decorativa con arpie e motivi decorativi a finto stucco (figura femminile e girali), affresco, 1660-1670. Torino, Villa della Regina, Camera e Camerino sovra la Camera del Trucco e Camera e Camerino sovra l'Anticamera verso Levante, fregio.

45

46

Tav. 45. Ambito di Charles Dauphin, amorini intenti a forgiare frecce, affresco, 1660-1670, Torino, Villa della Regina, Appartamento della Regina, Anticamera verso Ponente, intercapedine tra la volta e il solaio, fregio. Tav. 46. Simone Setti (attr.), piano di tavolo con Venere, Cupido e giochi di putti, scagliola, 1660-1670, Torino, Palazzo Madama – Museo Civico d'Arte Antica.

47

48

Tavv. 47-50. Giovanni Antonio Recchi (attr.), fregio, affresco, 1662 ca. Venaria Reale, Reggia, Sala delle Fiere feroci rese mansuete dall'ingegno umano. Parete nord (47): *Mentore siracusano estrae una spina dalla zampa di un leone* (a sinistra) e *Elpide Samio estrae un osso dalle fauci di un leone* (a destra). Parete sud (48): *Un elefante addomesticato da un indiano* (a destra); *Un Toro selvatico domato* (a sinistra). Parete ovest (49): *Il bambino della città di Baia e il delfino amico* (a sinistra); *Ircano cacciatore e la tigre allo specchio* (al centro); *I pescatori armeni e la tigre* (a destra). Parete est (50): *Toante di Arcadia e il drago* (perduti: *Filino Filosofo che aiuta la pantera* e *Monocerote che si arrende e placa all'incontro di una fanciulla*).

49

50

Tav. 51. Pittore attivo in Piemonte, *Carlo Emanuele II di Savoia e Maria Giovanna Battista di Nemours con Emanuele Filiberto Amedeo di Savoia-Carignano e Ludovica di Savoia*, olio su tela, 1665-1666. Venaria Reale, Reggia.

52

53

Tavv. 52-53. Agostino Santagostino, *Le nozze di Jolanda Ludovica e Filiberto II di Savoia* (già ritenute le nozze di Ludovica con Maurizio di Savoia) e *Luisa di Savoia restituisce la pace al regno*, olio su tela, 1660-1663 ca. Torino, Musei Reali - Palazzo Reale.

Tav. 54. Charles Dauphin, Ritratto equestre di Cristina di Francia (già riferito a Ludovica di Savoia), olio su tela, 1658-1663 ca. Racconigi, Castello.

Tav. 55. Charles Dauphin, Ritratto equestre di Ludovica di Savoia (già riferito a Cristina di Francia), olio su tela, 1659-1663 ca. Racconigi, Castello.

Tav. 56. Charles Dauphin, *Ludovica di Savoia e Francesca Maria Cacherano contessa di Bagnasco*, olio su tela 1658-1663. Racconigi, Castello, in comodato alla Reggia di Venaria.

Tav. 57. Georges Tasnière, su disegno di Giovanni Battista Brambilla (da Charles Dauphin), *La Principessa Ludovica Maria di Savoia e Francesca Maria Cacherano Contessa di Bagnasco*, da A. di Castellamonte, *Venaria Reale Palazzo di piacere, e di caccia [...]*, Torino, Bartolomeo Zapatta, 1674 (ma 1679).

Tav. 58. Charles Dauphin, *Ritratto equestre di principessa sabauda* (Ludovica di Savoia), olio su tela. Racconigi, Castello.

Tav. 59. Disegno del catafalco per il funerale della principessa Ludovica di Savoia. Torino, Archivio di Stato, Corte, Cerimoniale, Funerali, mz. 2, fasc. 4 Iscrizioni per il funerale della principessa Ludovica di Savoia, *L'Amor de Grandi alla tomba di Ludovica Maria di Savoia Prencipessa Amabilissima A.R.*

Tav. 60. Georges Tasnière, su disegno di Giovanni Battista Brambilla (da Charles Dauphin), La principessa Ludovica di Savoia, particolare da A. di Castellamonte, *Venaria Reale Palazzo di piacere, e di caccia*.

INDICE DEI NOMI

INDICE

FINITO DI STAMPARE
PER CONTO DI LEO S. OLSCHKI EDITORE
PRESSO ABC TIPOGRAFIA • CALENZANO (FI)
NEL MESE DI APRILE 2025

CENTRO STUDI DELLE RESIDENZE REALI SABAUDE

LA CIVILTÀ DELLE CORTI

1. *Le cacce reali nell'Europa dei principi*. A cura di A. Merlotti. 2017, XII-352 pp. con 23 figg. n.t. e 24 tavv. f.t. a colori.
2. *Il mito di Diana nella cultura delle corti. Arte letteratura musica*. A cura di G. Barberi Squarotti, A. Colturato, C. Goria. 2018, XIV-456 pp. con 100 figg. n.t. e 32 tavv. f.t. a colori.
3. PAOLO CORNAGLIA, *Il giardino francese alla corte di Torino (1650-1773). Da André Le Nôtre a Michel Benard*. 2021, XXII-236 pp. con 111 figg. n.t. e 40 tavv. f.t. a colori.
4. *Paggi e paggerie nelle corti italiane. Educare all'arte del comando*. A cura di A. Merlotti. 2021, XX-300 pp. con 7 figg. n.t. e 24 tavv. f.t. a colori.
5. *Maria Giovanna Battista di Savoia-Nemours. Stato, capitale, architettura*. A cura di C. Devoti. 2021, 566 pp. con 156 figg. n.t. e 16 tavv. f.t. a colori.
6. *Il corno da caccia. Musica a corte tra Piemonte ed Europa (secc. XVI-XIX)*. A cura di R. Meucci. 2023, XL-294 pp. con numerosi es. mus., 73 figg. n.t. e 39 tavv. f.t. a colori.
7. *Francesco di Sales. Memoria ed eredità culturale (1622-2022). François de Sales. Mémoire et patrimoine (1622-2022)*. A cura di P. Cozzo e F. Meyer. 2023, X-352 pp. con 18 figg. n.t. e 16 tavv. f.t. a colori.
8. *Ludovica di Savoia. Una principessa nell'ombra*. A cura di A. Merlotti. 2025, XVI-198 pp. con 27 figg. n.t. e 38 tavv. f.t. a colori.

VOLUMI IN CORSO DI REALIZZAZIONE

Residenze storiche e patrimonio culturale. Le dismissioni tra pubblica fruizione e forme museali. A cura di M.B. Failla e C. Goria.

Vittorio Emanuele II: l'immagine di un re. A cura di P. Gentile e A. Merlotti.